나 혼자만 알고 싶은 영어책

매운맛 Vol. 1

나 혼자만 알고 싶은 영어책

피유진 지음

매운맛 Vol. 1

서사원

시작하며

우선 저에게 큰 영향을 끼친 책 하나를 소개하겠습니다. 오랫동안 영어를 가르치는 데 근간이 되어온 책입니다. 외국어 습득 이론에 관한 세계적인 권위자인, 스티븐 크라센Stephen D. Krashen 교수가 저술한 《크라센의 읽기 혁명The Power of Reading》이라는 책인데요. 이 책에는 다음과 같은 내용이 있습니다.

"복잡한 문법 구조에 대한 학습은 읽기나 쓰기에 도움이 되지 않는다. 오히려 복잡한 문법을 숙달하는 것은 읽기를 통해 가능하다."

지난 13년간 영어를 가르치고, 스스로 영어를 습득하면서 깨달은 점은 영어 학습에 있어 문법은 그다지 중요하지 않다는 겁니다. 조금 과장해서 말하면 문법을 완벽하게 배우지 않아도 언어를 구사하는 데 큰 문제가 없는 경우도 많습니다. 문법책을 세상에 내놓으면서, 게다가 그 책의 서두에서 할 이야기는 아닌 것 같지만 조금 솔직하게 말씀드리려고 합니다. 영어를 잘 구사하려면 많이 읽고, 많이 듣는 수밖에 없습니다. 단순히 문장을 많이 외운다고, 혹은 문법에 통달했다고 해서 영어를 잘할 수 있는 건 아닙니다. 많이 읽고, 듣는 과정을 통해 언어를 습득해야만 비로소 자유롭게 그 언어를 구사할 수 있습니다.

영어로 말하거나 글을 쓸 때 상대를 배려하고 있는지, 혹은 내용이 충분히 설득력이 있는지 생각하기보다는 내가 방금 말한 문장이 '문법적으로 옳은지, 얼마나 정확한지'에만 신경 쓰지 않나요? 지금까지 영어 회화 실력이 늘지 않는 이유를 문법 탓으로 돌리지는 않으셨나요? 여러분이 그만큼밖에 말할 수 없고, 그런 문장밖에 쓸 수 없는 이유는 단순히 문법을 몰라서가 아닙니다. 말하고자 하는 주제에 관한 지식이 부족하거나, 영미권 국가의 문화에 익숙하지 않다거나, 자연스러운 표현을 습득하지 못했거나, 정확한 단어의 발음이나 연음을 숙지하지 못했거나 하는 등의 다양한 문제가 있기 때문입니다. 한국어 문장 몇 개를 보여드릴 테니 영어로 한번 떠올려봅시다. 학생들이 "이건 영어로 어떻게 말해요?"라고 물었던 문장들입니다.

1. 엄마는 이번 학기 성적을 가지고 나에게 잔소리를 해댔다. 내가 그러고 싶어서 그런 것도 아닌데.

2. 사회 초년생이 되면 책임져야 할 일이 점점 많아진다.

3. 물을 잘못 넘겨서 캑캑대다 눈물이 났다.

4. 이야기 많이 들었어요! 실제로 뵙게 되어 정말 반갑습니다.

5. 잘 모르겠는데 일단 되는 데까지 해보죠, 뭐.

6. 그 사람이 계속 투덜대고 징징대는 바람에 난 말 한마디도 못 했어.

7. (다리 찢기 연습을 하는 중) 아, 내일 근육통 생기겠네.

8. 콘서트 취소됐다고? 아, 12시간 동안 연습했는데 괜히 했네.

자, 머릿속으로 영작해보셨나요? 이제 아래 문장과 비교해보세요.

1. My mom got mad and yelled at me for my grades this semester. It's not like I wasn't trying.

2. Fresh out of college, your life involves gradual increases in social responsibility.

3. The water went down the wrong pipe, and I was gagging and gurgling pathetically.

4. (I've) Heard a lot about you! Good to put a face to the name.

5. I'm not sure, but here goes nothing.

6. He whined and whined, so I couldn't even get a word in edgewise.

7. (practicing the splits) Gosh, I'm going to feel this tomorrow.

8. What? The gig's canceled? That's 12 hours of practice down the drain.

두 언어 표현이 신기할 정도로 다름을 느낄 수 있을 겁니다. 이런 표현들을 일일이 외우지 않아도 원서나 미디어를 통해 자주 접하다 보면 저절로 체화됩니다. '내가 이런 문장을 말할 수 있었던가? 이런 걸 외운 적이 있었나?' 싶은 문장이 내 입에서 자연스럽게 튀어나오는 경우가 더 많습니다. 그런 의미에서 이 문법책은 원서 다독과 오디오북 듣기, 전화 영어 등의 다른 학습과 반드시 병행해야만 한다고 말씀드리고 싶어요. 그래야 균형 잡힌 영어 실력을 배양할 수 있습니다. 물론 공부하다 보면 내가 잘하고 있는 것인지 조바심이 날 때도 있을 겁니다. 그런 생각이 들 때 저에게도 좋은 '처방'이 되어준 책 하나를 마지막으로 소개하겠습니다.

《세인트존스의 고전 100권 공부법》이라는 책으로, 중국의 어느 욕심 많은 농부가 등장합니다. 그는 농사를 열심히 짓기 위해 누구보다 부지런히 밭을 돌봅니다. 온 마을 사람들이 그의 성실함을 칭찬했습니다. 그런데 1년이 지나 다른 밭의 식물들은 열매를 맺기 시작하는데, 그의 밭에서는 아무런 소식이 없었습니다. 알고 보니 농사를 너무 잘 짓고 싶은 마음에 매일 밤 식물이 잘 자라는지 뿌리를 뽑아 확인하고 다시 심기를 반복했던 겁니다. 책에서는 이렇게 말합니다.

"오늘 하루 물 주고 내일 꽃이 피지 않았다고 우울해져서 그날 할 일을 포기하지 말라고. 오늘의 '감정'에 좌지우지되지 말라고. 당장 결과가 보이지 않아도 끈기를 가지고 꾸준히 하다 보면 발전하고 있는 모습이 분명히 보일 거라고."

책의 마지막 수업까지 열정을 잃지 않고 진격할 수 있길 바랍니다. 그럼 정상에서 만나길 기다리겠습니다.

2021년 10월 26일
피유진 드림

책 소개

《나 혼자만 알고 싶은 영어책 : 순한맛》편이 '영포자'를 위한 '왕기초' 교재였다면 이번 책은 문법 Grammar과 용법Usage을 모두 다루는 '매운맛'입니다. 난이도가 3단계까지 오르기도 하고 처음부터 끝까지 모든 문제를 풀어내기가 여간 어려운 일이 아니기 때문입니다. 영어 문법 공부를 처음 시작하는 분뿐만 아니라 지루한 영어 공부에 지쳤거나, 영어 공부를 시작하려다 포기했던 분까지 함께할 수 있도록 난이도를 1단계부터 3단계까지 고르게 담았습니다. 매일 1시간 정도 천천히 읽어보고 또 답을 써보기만 해도 영어가 조금은 친숙해질 수 있을 거예요. 매일 적정한 분량을 정해서 꾸준히 공부하기를 당부드립니다.

또한 딱딱한 문법 설명보다는 다양한 미디어에 등장하는 예문을 싣기 위해 노력했습니다. 책에서 소개하는 원서의 문장을 보면서 '이 정도는 나도 충분히 읽을 수 있겠다' 싶다면 그 작품을 찾아 직접 읽어보시기를 바랍니다. 학습자의 레벨에 따른 추천 도서도 따로 소개하고 있으니 놓치지 말고 챙겨보세요!

이 책의 사용법

1. 난이도에 따라 3단계로 나누어 문법을 설명합니다. 불 아이콘(🔥)이 하나라면 1단계, 둘이면 2단계, 셋이면 가장 높은 단계입니다. 바른독학영어 시리즈 '나혼영 순한맛' 편을 읽고 오셨다면 1단계 수업만 골라 읽은 후 2, 3단계를 학습하면 됩니다. 이미 영문법에 익숙하다면 목차를 살펴본 후 원하는 수업만 골라 읽어도 좋습니다.

각 단계를 학습하면서 원서 읽기, 영어 일기 쓰기, 전화 영어 등 다른 활동을 병행하면 단기간에 빠르게 실력을 늘릴 수 있습니다. 혹시 어떻게 원서를 골라야 하는지 모르겠다면 저의 영어 학습 방법을 총정리한 책, 《오늘 하루도 걱정 없이, 영어》에서 '원서 읽기' 편을 참고해주세요. 문법부터 빨리 해치우겠다는 생각으로 진도의 노예가 되면 절대 안 됩니다. 침착하게 학습 계획을 먼저 세워주세요!

2. 수능, 토익, 토플, 아이엘츠 등 공인 영어 시험을 대비하는 학생들이 알아야 할 내용과 영어 회화 학습자를 위한 내용까지 전반적으로 다루고 있습니다. 하지만 반드시 암기해야 할 문법 공식 같은 건 없습니다. 대신 답을 채워나가며 자연스럽게 영어를 습득할 수 있도록 구성했으니 법칙을 암기하겠다는 생각보다는 자주 읽어서 익숙해져야겠다고 마음먹는 편이 좋습니다. 또한 연필 아이콘(✏️)도 자주 등장합니다. 연필 아이콘이 있는 부분은 직접 답을 써야 합니다. 절대 답안지를 바로 확인하지 마세요. 틀린 답을 적더라도 꼭 스스로 생각하는 연습을 해야 더욱 오래 기억에 남습니다.

책의 귀퉁이에는 추가적으로 도움이 되는 내용을 덧붙였으니 적절히 참고하시면 됩니다.

3. 영영사전을 자주 사용합니다. 대표적인 영영사전 사이트를 소개해드리니 참고해주세요.

용도 및 수준별 영어사전 활용 팁

영어 공부를 처음 시작하는 분들은 한글 지원이 되는 네이버 영어사전이나 다음 어학사전을 이용하도록 합니다. 영한사전 사용에 익숙해지고, 짧은 영어 예문을 해석 없이 이해할 수 있다면 아래 영영사전을 차례로 사용해보세요.

1) 브리태니커 사전 https://www.britannica.com/dictionary

쉬운 단어를 사용한 짧은 예문을 다수 제공합니다. 명사 검색 시, 먼저 셀 수 있는 명사와 셀 수 없는 명사를 구분할 수 있도록 [count], [noncount]로 표기해두었습니다. 타동사와 자동사도 transitive나 intransitive가 아닌 직관적인 [+object]와 [no object] 표기를 사용합니다. 단어의 의미와 발음, 예문 외에도 검색한 단어와 관련 용법, 관용어구에 대한 설명을 제공합니다. 특히 동사를 검색했을 때 구동사의 종류와 쓰임이 잘 설명되어 있습니다.

2) 옥스퍼드 학습자용 사전 https://www.oxfordlearnersdictionaries.com

브리태니커 사전과 마찬가지로 간결하고 쉬운 예문을 사용합니다. 단어 검색 결과창에서 영국식 발음과 미국식 발음을 모두 들어볼 수 있습니다. 동사는 활용법을 중심으로 의미와 예문이 정리되어 있어 특히 영어 작문을 연습할 때 도움됩니다.

3) 맥밀란 사전 https://www.macmillandictionary.com

학습자용 사전이 아닌 만큼 중급 이상 난이도에 해당하는 예문 위주로 수록되어 있습니다. 동사나 전치사의 다양한 활용법을 찾아보기에 적합하며, 검색 결과 페이지 최하단의 'GET IT RIGHT!' 섹션에서는 올바른 표현과 틀린 표현을 비교한 용법 및 문법 설명을 볼 수 있습니다.

4) 롱맨사전 https://www.ldoceonline.com

중급 이상 난이도에 해당하는 예문 위주로 수록되어 있습니다. 구동사는 일일이 표현을 클릭해서 확인해야 하는 단점이 있지만 코퍼스(언어 연구를 위해 텍스트를 컴퓨터가 읽을 수 있는 형태로 모아 놓은 언어 자료)를 대량 제공하고, 맥밀란 사전과 마찬가지로 'Grammar' 섹션이 있어 헷갈릴 수 있는 표현을 따로 모아 학습할 수 있습니다.

5) 옥스퍼드 사전 https://www.lexico.com

중고급 난이도에 해당하는 예문이 다수 수록되어 있습니다. 뉴스나 양서에서 발췌한 예문이 많아 사전 중 예문 난이도가 가장 높은 편에 속하며, 어원에 대한 설명이나 고어로 사용되었을 때의 의미도 찾아볼 수 있습니다. 옥스퍼드 사전은 클래식 도서를 읽고 있다면 더욱 유용하게 사용할 수 있습니다.

6) 동의어 사전 https://www.thesaurus.com

혹시 작문할 때 똑같은 단어를 반복하여 사용하진 않나요? 다양한 동의어를 적재적소에 사용하고 싶다면 동의어 사전을 사용해보세요. 검색한 단어는 품사별로 나눈 후 가장 유사한 의미를 가진 단어부터 덜 유사한 단어까지 색상으로 구별하여 제공합니다.

7) 쌍따옴표를 이용한 구글 검색

구글 검색창에서 단어 앞뒤로 쌍따옴표를 붙여 검색하면 해당 표현을 그대로 사용한 자료를 찾아줍니다. 예를 들어 "took it up with my"라고 검색하면 took이나 it이 들어간 자료가 아닌 "took it up with my"가 포함된 검색 결과를 볼 수 있습니다. 구동사처럼 여러 단어가 조합된 경우, 사전에서 찾기 힘들 때가 종종 있어요. 그럴 때는 따옴표와 구글 검색을 이용해보세요.

Contents

영어 실력을 올리기 위한 가장 효과적인 방법 : 원서 읽기

문법 내용도 충분히 알고, 단어도 꽤 많이 외웠고, 영문도 제법 읽어보셨다면 아마 마지막 과제는 말하기, 쓰기일 거예요. 그런데 살아 있는 말과 글이 아닌 문법책이나 교과서, 학습을 위해 만들어진 자료로 영어를 익히다 보면 실질적으로 영어를 사용하는 데 아주 적은 데이터밖에 없을 확률이 높습니다. 내가 알고 있는 표현만 이용해서 영어로 말하고 쓰다 보면 정작 내가 하고 싶은 말이 아닌 내가 할 줄 아는 말만 하게 됩니다. 이 단계에서 많은 분이 답답함을 호소합니다. 이렇게 어둡고 답답한 터널을 빠져나올 수 있는 가장 좋은 방법이 바로 다독입니다. 모국어도 마찬가지겠지만 머릿속의 생각이 말과 글이라는 옷을 잘 갖춰 입으려면 그 과정을 잘 해낸 사람들의 작품을 많이 보는 게 좋습니다.

내 감정과 생각을 정확하게 전달할 수 있는 표현을 학습하는 것 외에도 책 읽기를 권하는 이유가 있습니다. 토플이나 아이엘츠 같은 시험에서 좋은 성적을 얻어 외국으로 석사, 박사 과정을 밟고 있는 학생들이 이런 질문을 많이 합니다. '어떻게 하면 글을 잘 쓸 수 있죠?' 그런 주제로 대화할 때마다 '평소에 책을 많이 읽지 않은 것이 후회된다'라는 결론에 이릅니다. 단순히 언어를 잘하는 게 아니라, 그 언어에 담을 생각 역시 중요하다는 걸 깨닫게 되는 거죠. 하고 싶은 말이 없고, 아는 게 없는데 좋은 말과 글이 나올 리 만무합니다. 글쓰기 방법을 알려주는 책만 읽어서는 외양을 다듬는 기술만 쌓일 뿐 외화내빈의 곤궁함을 감출 수 없습니다. 즐겁게, 자유롭게 읽고 깊이 사유할수록 언어 능력뿐만 아니라 풍부한 교양도 쌓을 수 있습니다.

제가 추천해드리는 책의 목록을 무조건 다 읽어볼 필요는 없습니다. 가장 추천하는 방법은 스스로 골라 읽는 것입니다. 목록을 무시하고 너른 검색의 바다로 나가 직접 찾아보는 것도 좋습니다. 그리고 한번 선택한 책을 다 읽지 않아도 됩니다. 너무 지루하거나 동의할 수 없는 주장만 가득하다면 과감하게 책장을 덮어도 좋습니다. 다만 매일매일 독서하는 시간을 확보하기 위해 노력하고 꾸준히 독서 습관을 잘 만들어둔다면 언어 공부뿐만 아니라 앞으로 인생을 살아가는 데 큰 도움이 될 거라 믿습니다.

나에게 딱 맞는 원서 고르는 법

원서를 고를 때는 열 페이지 이상 읽은 후 흥미와 수준을 고려하여 결정하는 게 가장 좋습니다. 도서 정보에 보면 페이지 수와 렉사일lexile 지수가 표시되어 있습니다. 렉사일 지수는 원서의 난이도를 여러 가지 기준으로 평가해둔 지표로, 렉사일 독자 지수와 렉사일 텍스트 지수가 있습니다. 학생들의 테스트를 통해 얻게 되는 것이 렉사일 독자 지수입니다. 반면 렉사일 텍스트 지수는 메타메트릭스 개발사에서 책이나 신문 기사, 글 등을 분석하여 책이나 글에 점수를 매긴 것입니다. 국내 온라인 서점 YES24에 접속하여 외국도서 카테고리에서 'Lexile®'을 클릭하면 난이도에 맞는 책을 쉽게 선택할 수 있습니다. 이 외에도 아마존 킨들을 통해 전자책으로도 원서를 접할 수 있습니다.

- 렉사일 지수에 따른 도서 분류

  http://www.yes24.com/24/Category/Display/002001042

- 편하게 전자책으로 읽을 수 있는 아마존 킨들

  https://www.amazon.com/Kindle-eBooks/b?ie=UTF8&node=154606011

렉사일 지표만으로는 모든 상황과 경우에 적용할 수는 없으니 책을 고를 때는 직접 읽어보는 게 중요합니다. 그리고 다음 세 가지 기준에 따라 책을 고르면 됩니다.

1. 사전의 도움을 받는다면 내용을 절반 이상 이해할 수 있고, 책의 내용도 충분히 흥미로운 것 같다. → 이 책은 구매해도 좋습니다.
2. 사전의 도움을 받아 이해할 수 있는 정도가 50% 미만이지만 번역본과 비교하니 어느 정도 문장 해석과 의미 파악이 가능하다. → 이 책은 구매해도 좋습니다.
3. 사전, 번역본을 동원해도 어려운 문장이나 이해되지 않는 문장이 많다. → 이 책은 다음을 기약하세요.

원서 추천 리스트

Dinosaurs Before Dark

author : Mary Pope Osborne

pages : 80

lexile : 240

전 세계 어린이들에게 사랑받은 베스트셀러. 마법의 책《매직 트리 하우스》 시리즈의 첫 번째 책으로, 원서 도전자들이 선택하기 좋은 재미있고 쉬운 책입니다.

Thirteen Reasons Why

author : Jay Asher

pages : 336

lexile : 550

넷플릭스에서 큰 인기를 끌었던 〈루머의 루머의 루머〉의 원작. 루머로 고통받다 자살한 여자 주인공 '해나'의 목소리가 담긴 카세트 테이프가 '클레이'에게 배달됩니다. 타인을 대하는 방법에 대해 고찰하게 하는 제이 아셰르의 데뷔작입니다.

When You Trap a Tiger

author : Tae Keller

pages : 300

lexile : 590

한국계 작가 태 켈러의 작품. 아동문학의 노벨상 '뉴베리상' 수상작입니다. 병든 할머니를 구하기 위해 마법 호랑이와 대결하는 '릴리' 이야기입니다. 이 책은 시간이 넉넉할 때 보세요. 한번 펼치면 책을 덮지 못할 수도 있습니다!

Charlotte's Web

author : E. B. White

pages : 192

lexile : 680

순진한 돼지 '윌버'와 영리하고 지혜로운 거미 '샬럿'의 우정을 그린 이야기. 샬럿을 연기한 줄리아 로버츠의 매력적인 목소리를 듣고 싶다면 영화 역시 추천합니다!

Hello, Universe

author : Erin Entrada Kelly

pages : 352

lexile : 690

중학교에 올라가는 네 명의 아이들이 겪는 운명 같은 하루를 기록한 이야기. 동네에서 가장 못된 골목대장인 '쳇 불런스'가 '버질'을 장난삼아 우물에 빠뜨리게 되고, 아이들은 버질을 구하기 위해 우물로 달려갑니다. 과연 버질을 구조하는 데 성공할까요? '뉴베리' 수상작인 만큼 아이들뿐만 아니라 어른들도 재미있게 즐길 수 있는 동화입니다. 쉬운 영어 문장으로 적혀 있지만 유치하지 않은 책을 찾고 있다면 추천합니다.

How To Steal a Dog

author : Barbara O'Connor

pages : 176

lexile : 700

도망가버린 아빠와 사라진 집, 한순간에 거리로 나앉게 된 주인공 소녀와 엄마, 동생의 고군분투기. 개를 훔치는 과정을 통해 가족의 소중함과 희망을 보여주는 흥미로운 책으로, 어린아이의 시선을 따라가다 보면 인생의 진실을 깨닫게 됩니다. 출간된 지 오래된 책이지만 꼭 읽어보길 권합니다.

The Nightingale
author : Kristin Hannah

pages : 608

lexile : 740

제2차 세계대전을 배경으로 전개되는 두 자매의 이야기. 소설의 첫 문장 "In love we find out who we want to be; in war we find out who we are. 사랑에 빠지면 우리는 어떤 사람이 되고 싶은지 알게 되고, 전쟁에 휘말리면 우리가 어떤 사람인지 알 수 있다"에 매료되어 선택한 책입니다. 전쟁 속에서 만나는 인간 본성의 이면을 읽기 쉬운 문체로 풀어낸 소설로, 역사 소설 입문자에게도 강력 추천합니다.

Spy School
author : Stuart Gibbs

pages : 320

lexile : 740

반전에 반전을 거듭하는 얘기에 시간 가는 줄 모르고 읽었던 책. 단순히 재미만 있는 아이들 동화가 아닙니다. CIA를 통해 어른 세계의 현실을 적나라하게 드러내는 무게감 있는 창작 동화로, 재미와 깊이를 동시에 느낄 수 있습니다.

The Giver
author : Lois Lowry

pages : 240

lexile : 760

마을에서 유일하게 과거의 기억을 모두 지니고 있어야 하는 막중한 임무를 맡은 주인공 '조나스'. 어느 날 '쓸모없는 아기'로 분류된 한 아이의 운명을 목격하게 됩니다. 조나스를 응원하다 보면 순식간에 이야기가 끝나버리는 매우 흥미진진한 책입니다.

Wonder
author : R. J. Palacio

pages : 320

lexile : 790

300주 이상 〈뉴욕 타임스〉 베스트셀러 자리를 지키고 있는 소설. 마흔다섯 가지 언어로 번역되어 판매된 아주 유명한 아동 및 청소년 소설입니다. 2017년에는 이 소설을 원작으로 한 영화도 개봉되었습니다. '우리 인간에게 평범함이란 무엇인가'를 고민하게 했던 감동적인 작품입니다. 마음을 울리는 영화이니 훌쩍이고 싶은 날, 꼭 혼자 보시기를 추천합니다.

The Hunger Games
author : Suzanne Collins

pages : 374

lexile : 810

총 열두 개의 구역으로 이루어진 독재국가 '판엠'. 체제를 유지하기 위해 매년 생존 전쟁인 '헝거 게임'을 진행하며 각 구역에서 추첨을 통해 남녀 한 명씩을 선발합니다. 제니퍼 로렌스를 주인공으로 영화화되어 더욱 유명한 작품입니다. 판타지 시리즈물을 좋아한다면 《해리 포터》, 《반지의 제왕》에 더불어 이 책도 추천합니다.

Charlie and the Chocolate Factory
author : Roald Dahl

pages : 192

lexile : 810

원서를 처음 접하는 분들에게 항상 추천해드리는 작품입니다. 세계 최고의 초콜릿 공장을 운영하는 '윌리 웡카'와 그 공장을 견학하는 '찰리'의 이야기인데요, 현실과 판타지 요소가 절묘하게 섞인 흥미로운 작품으로, 생생한 장면 묘사가 돋보입니다.

Matilda

author : Roald Dahl

pages : 240

lexile : 840

《찰리와 초콜릿 공장》을 쓴 작가, 로알드 달의 또 다른 인기작. 똑똑한 주인공 '마틸다'가 숨겨진 초능력으로 '나쁜' 어른들과 맞서는 유쾌한 책입니다.

Harry Potter 1

author : J. K. Rowling

pages : 368

lexile : 880

워낙 유명해서 설명이 필요할까 싶은 작품. 《해리 포터》 시리즈는 총 7권으로, 영화로는 총 8편과 스핀 오프작이 다수 개봉했습니다. 어린 시절 영화로만 봤던 《해리 포터》 원작이 어떻게 쓰였을지 궁금하다면 《해리 포터》 1권으로 시작해보세요!

The Underground Railroad

author : Colson Whitehead

pages : 336

lexile : 890

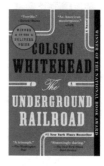

퓰리처상과 전미도서상을 동시에 받은 콜슨 화이트헤드의 장편소설. 19세기 미국 남부를 배경으로 하여 노예 제도의 비극성과 그 잔혹함을 엿볼 수 있는 소설입니다. 역사의 비극을 목도하는 것은 매우 아프지만 너무 매력적인 책이라 추천합니다.

Diary of a Wimpy Kid

author : Jeff Kinney

pages : 224

lexile : 950

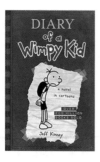

2억 명의 독자들에게 사랑받은 베스트셀러. 주인공 '그레그 헤플리'가 쓴 마성의 일기장입니다. 영어 회화 공부에 많은 도움을 받을 수 있으니, 꼭 오더블(Audible)과 병행해서 읽어보세요!

The Midnight Library

author : Matt Haig

pages : 304

lexile : unknown

주인공 '노라 시드'가 죽기로 결심한 시각은 밤 11시 22분. 죽기 전 도서관 사서의 안내로 과거의 선택을 바꿀 기회가 주어진다. 살아야 할 이유를 찾고 있다면, 다른 삶을 갈망한 적이 있다면 더 가까이 다가올 이야기입니다.

All the Light We Cannot See

author : Anthony Doerr

pages : 544

lexile : unknown

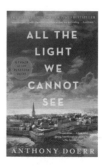

제2차 세계대전, 아버지와 함께 고향인 파리를 떠나 피난을 가게 된 장님 소녀 '마리로르'와 나치의 군사 양성 학교를 나와 전쟁에 휘말리게 되는 똑똑한 독일의 고아 소년 '베르너'의 이야기. 아름다운 문체와 한시도 책을 놓을 수 없게 하는 플롯 구성으로 〈뉴욕 타임스〉 베스트셀러에 등극한 책입니다. 아마존 오더블(Audible)과 함께 들으면 더욱 실감 납니다.

DAY 1.

명사 ①

첫 번째 시간에는 문법을 공부하는 가장 효율적인 방법과 더불어 세상 모든 것의 이름인, 명사에 대해 다뤄보고자 합니다. '순한맛' 수업에서도 명사는 가장 먼저 다룬 주제였습니다. 순한맛 수업에서는 단어를 중심으로 수업이 진행되었다면, '매운맛' 편에서는 앞서 다루지 못했던 명사에 대해 더 깊게 알아볼 예정입니다.

문법을 공부하는 방법

명사에 대해 배우기 전에, 문법을 공부하는 방법에 관한 이야기를 나눠보겠습니다. 여러분은 지금까지 어떻게 문법을 배우셨나요? 제가 지난 12년간 만난 학생들은 이렇게 대답했습니다. "문법 내용만 가득한 책을 무작정 달달 외웠어요", 《Grammar in Use》가 유명하다고 해서 풀어봤어요!", "회화용 문법책을 읽어보았습니다", 혹은 이런 분들도 많았습니다. "문법책을 많이 사긴 했는데 끝까지 본 적은 없는 것 같아요."

오랫동안 수많은 대답을 듣고 보니, 책으로 문법을 공부할 때 꾸준히 이어가지 못하는 이유는 대부분 비슷합니다. 천편일률적인 구성과 딱딱한 설명, 쓸데없이 동원되는 용어에 흥미를 잃고 맙니다. 문법을 익혀야 할 동기가 부족하다는 것도 큰 이유 중 하나입니다. 이 책은 여러분이 그런 장애물에 걸려 문법 공부를 포기하지 않도록 친절하고 다정한 친구가 되어주기를 바랍니다. 기존의 딱딱한 설명에서 벗어나 바로 옆에서 알려주는 것처럼 자세하고 쉽게 풀어내고자 했습니다. 과도한 용어 설명은 배제하고 실제로 사용하는 표현과 예문 위주로 실었습니다. 무엇보다 문법 공부에 대한 흥미와 동기를 잃지 않도록 노력했습니다.

저는 알파벳과 기본적인 영어 표현을 배우고 나서 약 2년 후부터 문법을 본격적으로 시작했던 것으로 기억합니다. 그때가 아마 중학교 1학년 정도였을 겁니다. 많은 분이 그러하듯, 저도 방과 후에 여러 학원을 다녔습니다. 그중 하나가 영어 학원이었는데요. 영문법과 원어민 영어 회화 수업을 동시에 들었습니다. 당시 영문법 수업에서는 롱맨 출판사에서 나온 책을 공부했습니다. 한국어로 번역된 책이었는데 문법 규칙이 나열되어 있고 그걸 외워서 문제를 푸는 수업이었지요. 회화 수업은 팝송을 듣고 발음 위주로 배워보는 수업이었습니다. 매일 노래 하나를 배우고, 선생님과 한두 마디 해보는 재미로 다녔던 기억이 있습니다. 둘 다 짧은 수업이라 부담스럽진 않았는데 수업이 진행될수록 문법 수업이 힘들어졌습니다. 수업에서 배우는 법칙을 다 외우기도 힘들었고, 무작정 외우다 보니 이렇게 공부하는 게 맞는지 회의감이 들었습니다. 하루는 회화 수업이 끝난 후 원어민 선생님을 찾아갔습니다. 당시 저에게는 두 가지 큰 문제가 있었는데요. 하나는 문법 수업을 따라가기가 벅찼다는 것, 그리고 말하거나 영작할 때 아주 기본적인 문장을 제외하고는 자꾸 문법을 틀린다는 것이었습니다. 심지어 문법 시간에 배워서 아는 내용조차 틀렸습니다. 저의 짧은 영어와 선생님의 짧은 한국어가 20분간 이어졌고, 대화를 통해 얻은 세 가지 방법은 제 영어 공부의 중요한 길잡이가 되었습니다.

> **첫 번째,** 문법책을 볼 때는 표에 나온 '단어'를 외우는 게 아니라 그 단어가 들어간 '문장'을 찾아서
> 외운다.
> **두 번째,** 문법 공부는 반드시 원서 읽기와 병행한다.
> **세 번째,** 문장을 큰 소리로 여러 번 읽어 눈과 귀 그리고 입까지 기억하도록 한다.

대화를 마치고 어머니와 함께 인근 서점에 들렀습니다. 불과 20분 전까지만 해도 근처에 서점이 있는 줄도 몰랐던 저는, 그곳에서 수많은 원서를 발견했습니다. 《나니아 연대기The Chronicles of Narnia》와 《해리 포터Harry Potter》를 시작으로 원서 읽기에 탄력을 받았고, 그 후 두세 달에 한 권씩 짧은 원서를 읽어내기 시작했습니다. 문법 공부를 대하는 자세도 완전히 달라졌습니다. 영어 단어를 무작정 외우지 않고, 단어가 들어간 문장을 먼저 찾아보았습니다. 문장을 큰 소리로 읽고, 쓰고, 또 녹음해서 다시 들어보았습니다. 규칙이나 용어에 집중하기보다는 예문 위주로 공부한 덕에 많은 문장이 자연스럽게 스며들었습니다. 이렇게 공부하니 회화나 영작을 따로 공부할 필요도 없었습니다. 그저 소리 내어 문장을 읽고 적절히 규칙을 떠올리다 보니 영어 공부가 더 쉽고 재미있어졌습니다.

이 책을 보시는 분들도 그랬으면 좋겠습니다. 문법, 회화, 글쓰기, 말하기를 따로따로 배우기보다 좋아하는 원서 하나와 이 책 하나를 번갈아 가며 공부해보세요. 책에 나온 대화와 예문을 위주로 여러 번 읽어보면서 영어와 더 가까워지면 좋겠습니다. 부디, 이 여정이 편안하고 즐겁기를 기원합니다.

문법 강의에서 가장 먼저 등장하는 내용이 바로 명사입니다. 우리가 수학을 공부할 때도 맨 앞에 등장하는 '집합과 명제' 파트만 닳도록 보는 것처럼 명사도 그렇지 않은가요? 그래서인지 명사는 비교적 익숙하게 느껴집니다. 영어에서 명사를 가장 처음 배우는 이유는 무엇일까요? 사실 명사는 인간이 가장 먼저 배우는 단어입니다. 이를테면 아직 말이 트이지 않은 아이가 목이 마를 때 '주세요'라는 서술어보다 '물'이라는 명사를 먼저 내뱉는 것처럼 말입니다. 어쩌면 명사는 의사소통의 근간이 되는 부분일지도 모르겠습니다.

영어 명사는 한국어와 달리 '단수'와 '복수'를 철저히 구분합니다. 지금 여러분의 책상 위에 혹시 책이 몇 권 있나요? 편의상 일단 책 몇 권이 놓여 있다고 생각해봅시다. 한 권이든, 네 권이든 우리는 '책이 있다'라고 말합니다. 필요한 경우에 '책들이 있다'라고 할 수도 있지만 문맥상 복수형이라는 걸 알 수 있다면 굳이 '들'을 붙이지 않습니다. 게다가 한국어에서는 '들'이라는 단어가 다소 부정적인 뉘앙스를 내포하고 있어, 상대에게 무례한 느낌을 줄 수도 있습니다.

> 아저씨, 빨리 좀 갑시다들.
> 아저씨들, 빨리 좀 갑시다.
> 아저씨, 빨리들 좀 갑시다.
> (한국어에서는 '들'이라는 단어를 붙이니 왠지 들들 볶는 느낌이 나죠…?)

하지만 영어로 표현할 때는 어떨까요? 'There is a book.'(한 권이 있을 때), 'There are 4 books.'(책이 네 권 있을 때)를 구분하여 말합니다. book이라는 단어 앞에 a가 붙어서 한 권을, 단어

끝에 s가 붙어서 여러 권을 나타냅니다. 단어의 앞뒤로 a, s가 붙는 것도 다르지만, is, are처럼 동사의 형태까지 바뀝니다. 여러 개를 나타낼 때는 이렇게 -s를 붙이는 경우가 대다수지만, 예외적으로 -es가 붙거나 아예 다른 형태의 복수형이 되기도 합니다.

이제 단수형 명사를 복수형으로 변형해볼까요? 책에 나오는 모든 연습 문제는 영어사전의 도움을 받지 않은 상태에서 먼저 풀어보고, 답하지 못한 부분이 있다면 영어사전을 찾아 완성해본 후 답안과 비교해봅시다.

PRACTICE 1

단수형	복수형
a pencil 연필	
an elephant 코끼리	
a glass 유리잔	
a baby 아기	
a bus 버스	
a match 성냥, 시합	
an apple 사과	
a sheep 양	
a birthday party 생일 파티	
a foot 발	
a day 날, 일	
an ax 도끼	
a photo 사진	
a piano 피아노	
a tooth 이(빨)	
a mouse 쥐	
a child 어린이	
a cargo 화물	
a euro 유로	

a hero 영웅

a mug 머그잔

a knife 칼

a wolf 늑대

a computer 컴퓨터

a watch 손목시계

a history book 역사책

a lady 숙녀

a pencil case 필통

a box 상자

a man 남자

a woman 여자

an entry 입구

a hundred-dollar ticket 100달러짜리 표

a sports field 경기장

a biology notebook 생물학 노트

a tomato 토마토

a zoo 동물원

a country 나라

a silk dress 실크 드레스

an ox 황소

a goose 거위

an analysis 분석, 연구

a criterion 기준

a hypothesis 가설

a nucleus 핵

a phenomenon 현상

a stimulus 자극제

잘 풀어보셨나요? 그럼 복수형 규칙을 정리해봅시다.

1. -sh, -ch, -s, -x, -z로 끝나면 -es 붙이기(ex. box → boxes)

2. 자음 + y는 y를 i로 바꾼 후 -es 붙이기(ex. lady → ladies)

   특정한 사람이나 사물의 이름을 가리키는 고유명사(ex. Kennedy)일 경우 -ys 붙이기

3. -o로 끝날 경우 -s 또는 -es 붙이기

4. -f(e)로 끝날 경우 -ves 붙이기

5. 특수한 외래어의 복수형은 따로 익히기(ex. analysis → analyses, criterion → criteria, hypothesis → hypotheses, nucleus → nuclei, phenomenon → phenomena, stimulus → stimuli)

규칙 자체를 외울 필요는 없습니다. 그보다는 다양한 단어를 복수 형태로 만드는 연습을 해보세요. 규칙은 머릿속에서 자연스럽게 자리 잡힐 거예요.

지금까지 복수형의 규칙을 살펴본 결과 대체로 -s, -es를 붙이는 걸 알 수 있었습니다. 다만, 단어의 마지막 철자가 -o로 끝나면 -(e)s를 붙이고, -y로 끝나면 y를 i로 고친 후 es를 추가하는 등 다양한 형태가 있습니다. 이 외에 불규칙하게 변형되는 경우도 있습니다. person의 복수형은 people, child의 복수형은 children이 되는 것처럼 말이죠. 이제 막 문법 공부를 시작했다면 굉장히 헷갈릴 수 있습니다. 복수형 규칙을 암기하기보다는 규칙만 일단 알아두고 다독으로 익히는 방법을 추천합니다.

글을 쓰거나 문제를 풀 때 명사의 복수형을 모르겠다면 네이버 영어사전에서 찾아보세요. 단어를 검색한 후 '복수형'이라고 적힌 부분을 참고하면 됩니다. 그런데 복수형 발음은 네이버 영어사전에서 찾아보기 힘듭니다. 옥스퍼드 학습자 사전을 이용하면 복수 형태의 발음도 들어볼 수 있어요. (앞으로 영영사전을 자주 찾아봐야 할 텐데 너무 당황하지 마세요. 기본적인 용어나 반드시 알고 넘어가야 할 부분은 설명을 덧붙여두었습니다. 조금 열린 마음으로 영영사전을 봐주셨으면 합니다.)

지금까지 단어에 -s나 -es 등을 붙여 복수형을 표현해보았습니다. 이렇게 복수형으로 나타낼 수 있는 명사를 셀 수 있는 명사Countable Nouns라고 합니다. 한국어에서는 어떤 명사가 셀 수 있는지, 없는지는 별로 중요하지 않습니다. 하지만 영어에서는 명사가 셀 수 있느냐, 없느냐에 따라 a 또는 -s가 붙거나, 동사의 형태가 바뀌기도 합니다. 그래서 어떤 명사가

셀 수 있는지, 없는지 알아두는 일이 아주 중요합니다.

셀 수 있는 명사가 있으니 당연히 셀 수 없는 명사도 있겠지요? 연필은 한 개, 두 개 세는 게 자연스러운 반면, 물은 어떤가요? 물을 한 개, 두 개라고 세는 건 좀 이상하지 않나요? 대표적인 셀 수 없는(혹은 세지 않는) 명사Uncountable Nouns는 다음과 같습니다.

advice 충고, 조언	air 공기	anger 화	art 예술
baggage 짐류	beauty 아름다움	butter 버터	cement 시멘트
electricity 전기	equipment 장비들	evidence 증거	fear 두려움
fun 재미	furniture 가구류	gas 가스	gold 금
happiness 행복	homework 숙제	information 정보	knowledge 지식
jewelry 보석류	love 사랑	luck 운	luggage 짐류
milk 우유	money 돈	music 음악	news 뉴스
permission 허락	power 힘	progress 진보, 발전	rain 비
research 연구	rice 쌀	rubbish 쓰레기	safety 안전
snow 눈	sugar 설탕	tea (마시는) 차	thunder 천둥
traffic 차량들, 교통량	water 물	weather 날씨	work 일
success 성공	machinery 기계류	bread 빵류	stuff 물질, 물건들

이걸 다 외워야 하는 건 아니니 놀라지 마세요. 우선 리스트에 있는 단어를 하나씩 천천히 읽어보세요. 이 중에 셀 수 있을 것 같은 단어도 있죠? 전기electricity는 왠지 하나둘 세면 어색한 느낌이 들지만, 금gold은 하나둘 셀 수 있을 것 같기도 하고 증거evidence도 셀 수 있을 것 같은 느낌이 들 수 있습니다. 여기서 뽑은 단어 몇 개를 옥스퍼드 학습자 사전에서 검색해봤습니다.

electricity a form of energy that is carried through wires and is used to operate machines, lights, etc.
전선을 통해 전달되고 기계나 조명 등을 작동시키는 데 사용되는 에너지의 한 형태

gold a soft yellow metal that is very valuable and that is used especially in jewelry.
매우 가치가 높고 특히 보석류에 쓰이는 부드러운 노란색 금속

evidence the facts, signs or objects that make you believe that something is true.

어떤 것이 진실이라고 믿게 만드는 사실이나 징후, 사물

love a feeling of strong or constant affection for a person.

어떤 사람에 대한 강하고 끊임없는 애정의 감정

electricity는 '에너지의 한 형태'이니까 '에너지 형태 하나', '에너지 형태 둘'이라고 세기에는 조금 어색한 면이 있습니다. 반면 gold는 'a yellow metal(노란색 금속 하나)'라는 뜻인데 왜 gold는 셀 수 없고 metal은 셀 수 있는지 의아합니다.

우리가 '셀 수 없는 명사'라 배우는 명사는 실제로 세지 못한다기보다는 관습적으로 '세지 않<u>게 되었다</u>'고 보는 게 더 정확할지도 모릅니다. 보통은 (사과, 컴퓨터, 펜처럼) 손에 쥘 수 있고, (운동 경기, 경쟁, 희생처럼) 그 횟수를 셀 수 있다면 셀 수 있는 명사라고 생각해도 됩니다. 하지만 이 규칙이 어느 상황에나 100% 통용되는 건 아닙니다. 단어의 의미를 사전에 찾아보면 '못 셀 것도 없잖아?'라는 생각이 드는 단어도 많거든요. 방금 위에서 본 gold와 같은 경우처럼요. 이 부분은 두 번째 수업에서 좀 더 다뤄보도록 할게요.

일단 표에 나온 명사를 '셀 수 없는 또는 세지 않는 명사'라고 이해했다면 다음 내용으로 넘어가도록 합시다. electricity, gold, evidence를 비롯하여 표에 나오는 단어들은 세지 않기 때문에 a, an, －s/es 등을 붙여 하나, 또는 여러 개를 나타낼 필요가 없습니다. one permission, two permissions라고 말할 필요가 없다는 겁니다. 또한 숫자로 셀 수 없기 때문에 양을 나타내는 표현과 붙어 다닙니다. 예를 들어 one water, two waters가 아니라 some water^{약간의 물}, much rain^{많은 비}, much mathematics^{많은 수학 공부}, very little money^{매우 적은 돈}로 사용하는 게 더 자연스럽습니다.

그렇다면 water, rain과 같은 셀 수 없는 단어를 세고 싶다면 어떻게 해야 할까요? 위 단어 중 furniture^{가구류}라는 단어가 있습니다. 이 단어를 사용하여 가구 세 개를 표현하고 싶다면 어떻게 할까요? furniture라는 단어는 '가구'가 아닌 '가구류'를 뜻하는 단어로 모든 종류의 가구를 집합적으로 일컫는 단어입니다. 그래서 가구 세 개를 말할 때는 'three furnitures'가

아닌 'three pieces of furniture'라고 합니다. 이 단어뿐만 아니라 다른 단어도 이렇게 셀 수 있습니다.

잠시 쉬어가는 의미로 체력 검사에 꼼수를 쓰는 제이슨이라는 인물의 대화를 살펴볼까요?

대화문

Jason : I'm so nervous about this week's fitness test. I'm supposed to gain 10 pounds for the wrestling match.

Hannah : When's the test?

Jason : This Saturday afternoon.

Hannah : Only two days left? Well, I've got some ideas.

(Jason waddling into the room.)

Mike : (looking at Jason, giggling) Hey, what are you wearing?

Jason : What? Nothing.

Mike : How many pairs of underwear do you have on?

Jason : ···Eight.

Jason : 이번 주 체력 검사 때문에 너무 긴장돼. 레슬링 시합에 나가려면 10파운드(약 5kg)는 더 쪄야 하는데.

Hannah : 검사가 언젠데?

Jason : 이번 주 토요일 오후.

Hannah : 이틀밖에 안 남았네? 흠, 나한테 좋은 생각이 있어.

(뒤뚱거리며 방으로 들어오는 Jason)

Mike : (Jason을 쳐다보며, 낄낄 웃는) 야, 너 뭘 입은 거야?

Jason : 뭐? 아무것도 아냐.

Mike : 속옷을 몇 개나 입은 거야?

Jason : ···여덟 개.

마이크가 하는 대사에서 'pairs of underwear'라는 표현을 잘 보셨나요? 그냥 underwears 라고 하지 않고 pair라는 단어를 사용해서 개수를 표현했죠? underwear는 단순히 속옷 한

점을 뜻하는 단어가 아니라, 겉옷 속에 입는 천clothing을 뜻하기 때문입니다. 개수를 세기 위해서는 pair가 함께 와야 해요.

underwear처럼 −s를 붙이지 않는 복수형을 더 배워볼까요?

세지 않는 명사의 복수형	해석 써보기
pieces of equipment	✎
bits of advice	✎
some advice	✎
a clap of thunder	✎
a glass of water	✎
too much* rain	✎
a lot of sugar	✎
a cube of sugar	✎
a scrap of food	✎
plenty of room	✎
plenty of time	✎
loaves of bread	✎
a speck of dust	✎
little* money	✎
a little* money	✎
a strip of land	✎
a drop of oil	✎
a grain of truth	✎

• 셀 수 있는 명사 앞에는 much 대신 many

• 셀 수 있는 명사 앞에는 few

• little은 거의 없는, a little은 조금의

위 표를 보면 water 앞에 a glass of가 붙어 있습니다. 이 부분은 평소에 지키기 어려운 규칙 중 하나인데요. coffee, beer, water와 같은 단어는 세지 않는 단어지만 한 잔, 또는 한 병 등을 나타낼 때는 a나 숫자를 붙일 수 있습니다. a coffee, two beers, waters 등으로

말할 수 있는 거죠. 친구들끼리 공부하다가, 혹은 회사에서 밤새워 프로젝트를 진행하다가 '우리 커피 한 잔하러 갈까?'라고 말하고 싶다면 'Hey, you know what? How about a coffee?' 또는 'Let's get a coffee.'라고 말하면 됩니다. -s를 붙여 셀 수 없는 명사의 복수형을 만드는 경우에는 wine, coffee, beer, water, cheese, jam, food 등 관용적으로 정해진 단어가 있으니 아무 단어에나 -s를 붙여 단위를 나타내려고 하면 안 됩니다.

첫 수업이 끝났습니다. 어떠셨나요? 별로 힘들지 않았지요? 문법 공부에 관한 가벼운 이야기로 시작해서 명사에 살짝 발을 담가보았습니다. 하루 수업은 약 50분에서 100분 정도의 분량으로 구성했으니 매일 밤 자기 전, 혹은 정해진 시간에 꼭 한 편씩 읽어주세요. 오늘 밤 자기 전에는 앞으로 문법 공부를 어떤 마음으로, 어떻게 해나갈 것인지 한번 생각해보는 것도 좋겠네요!

DAY 2.
명사 ②

오늘은 소유를 나타내는 표현과 함께 세는 단어와 세지 않는 단어에 대해 더 깊게 배워볼 겁니다. 주의해서 사용해야 할 명사까지 함께 살펴보도록 할게요.

소유를 나타내는 단어

오늘 배울 내용에는 아포스트로피(')가 등장합니다. 쉼표와 똑같이 생긴 녀석인데, 쉼표가 단어 밑에 붙어 있다면 아포스트로피는 문자의 위에 올라가는 기호입니다. 명사에 아포스트로피(')를 붙여주면 소유의 개념을 나타낼 수 있어요. 예를 들어 '내 아들의 자전거'는 my son's bike로, '우리 부모님의 침실'은 my parents' room으로 표현할 수 있습니다. 방금 본 두 개의 예시에서 아포스트로피의 위치와 s의 위치가 다릅니다. son's는 아포스트로피 뒤에 s가 있지만 parents'는 아포스트로피 앞에 s가 있지요?

> my son's bike = my son + 's + bike 내 아들 (단수)
> my parents' room = my parents + ' + room 나의 부모님 (복수)

발음의 편의를 고려해서 아포스트로피와 s를 붙이는 법칙이 어느 정도 정해져 있습니다. my son의 소유 표현처럼 my parents's라고 표현한다면 발음이 어떻게 될까요? my parents 와 my parents'와 my parents's는 발음이 다 같을 겁니다. 그렇다면 굳이 s's를 중복해서 쓸 이유는 없습니다. 그러니까 단수 명사에는 's를 붙이고, 복수 명사에는 아포스트로피만 붙이면 됩니다. 어차피 −s로 끝난 단어이니 아포스트로피만 붙여도 [스] 또는 [츠] 발음이 완성되겠지요. 또 불규칙 복수형(children, teeth 등)은 −s로 끝나지 않으니 [스] 또는 [츠] 발음을 더해주기 위해 's를 붙입니다.

단수 명사 + 's	my son's bike, the child's doll, Chris's family, at the dentist('s)
복수 명사 + '	my parents' room, the twins' mother, the boys' soccer team
불규칙한 복수 명사 + 's	children's dolls, young people's mental health

표로 정리한 위의 어구를 소리 내서 읽어볼까요? 첫 줄에 있는 at the dentist('s) 표현에 주목해주세요. 소유를 나타내는 법칙을 그대로 따르자면 's를 붙이는 게 맞지만 치과를 뜻하는 the dentist's(office)는 's를 빼고 the dentist라고도 합니다.

반면 Chris's family와 같은 표현을 보면 Chris의 마지막 철자가 s로 끝나더라도 's를 붙여 Chris's라고 합니다. 이 부분은 영어 문체 교본이나 문법학자마다 다른 의견을 보입니다. Chris's로 써야 한다는 사람들이 있는가 하면 Chris'로 해야 맞다고 주장하는 사람들도 있습니다. 일반적으로는 사람 이름이 s로 끝나더라도 's를 붙인다고 알아두면 됩니다. 간혹 s로 끝나는 단수 명사에 아포스트로피만 붙이기도 합니다. 고전 인물이나 문학 작품을 언급할 때 자주 쓰는 방법인데, 예를 들어 Edwards's works가 아니라 Edwards' works라고 합니다.

셀 때도 있는 셀 수 없는 명사

🔥🔥

첫 수업에서 셀 수 있는 명사와 셀 수 없는 명사에 대해 간단히 다루었습니다. 셀 수 없는 명사 중에 'gold' 같은 단어도 있었는데, 기억하시나요? 셀 수 있을 것 같은 명사지만 실제로는 세지 못하는 단어라는 게 다소 의아할 수 있다고 말씀드렸었지요. 아래 표를 다시 한번 살펴 봐주세요. 물론, 여전히 이 표는 외울 필요가 없습니다!

advice 충고, 조언	air 공기	anger 화	art 예술
baggage 짐류	beauty 아름다움	butter 버터	cement 시멘트
electricity 전기	equipment 장비들	evidence 증거	fear 두려움
fun 재미	furniture 가구류	gas 가스	gold 금
happiness 행복	homework 숙제	information 정보	knowledge 지식
jewelry 보석류	love 사랑	luck 운	luggage 짐류
milk 우유	money 돈	music 음악	news 뉴스
permission 허락	power 힘	progress 진보, 발전	rain 비
research 연구	rice 쌀	rubbish 쓰레기	safety 안전
snow 눈	sugar 설탕	tea (마시는) 차	thunder 천둥
traffic 차량들, 교통량	water 물	weather 날씨	work 일
success 성공	machinery 기계류	bread 빵류	stuff 물질, 물건들

이 단어들은 셀 수 없는 명사라고 이미 배웠습니다. 하지만 이 단어 중 일부는 한 개를 나타 내는 관사인 a가 붙을 수도 있고, -s를 붙여서 복수로도 표현할 수 있습니다. 좀 당황스럽 지요? 셀 수 없다고 해놓고 갑자기 또 셀 수 있다는 건 무슨 말일까요. 제가 하나씩 설명해 보도록 할게요. 예를 들어 success라는 단어를 브리태니커 사전에서 한번 검색해보세요.

먼저 사전에서 검색된 결과를 보면 숫자 1 옆에 [noncount]라 적혀 있습니다. 이것은 non(~하지 않음) + count(세다)라는 말이 합쳐진 것으로 '셀 수 없는 명사'라는 뜻입니다. success를 셀 수 없는 명사라고 배웠으니 납득이 가는 설명입니다. 지금까지는 우리가 배운 바와 일치하죠? 그렇다면 조금 더 내려서 전체 화면을 볼까요?

당황스럽게도, 2번에는 [count]라고 적혀 있는 걸 볼 수 있습니다. 사전에 나온 의미와 예문을 하나씩 해석해봅시다.

Success₁ the fact of getting or achieving wealth, respect, or fame

부, 존경 또는 명성을 얻는 것(추상적 의미)

Success₂ someone or something that is successful

성공한 사람이나 성공적인 물건/사건(구체적 대상이 있음)

의미를 잘 읽어보면 '성공'이라는 단어는 <u>추상적인 개념일 때는 셀 수 없는 명사이지만 '성공 사례' 또는 '성공한 사람', '성공작' 등을 말할 때는 셀 수 있는 명사가 된다</u>고 합니다. 이렇게 추상적인 의미를 나타내는 명사가 일반적인 개념을 의미할 때(성공success이라는 개념 자체, 경쟁competition이라는 개념 자체)는 셀 수 없는 명사로 사용하고, 구체적인 개념일 때(성공 사례 successes 또는 경연 대회a music competition)는 셀 수 있는 명사로 사용합니다.

세지 않는다고 배운 knowledge라는 단어도 사전에서 찾아보면 놀라운 결과를 볼 수 있습니다. knowledge 역시 관사를 붙여 a knowledge of라는 형태로 자주 사용된다는 것이죠. 이번에는 맥밀란 사전에서 knowledge를 검색해보면 하단부에 아래와 같은 내용을 볼 수 있습니다.

Knowledge is sometimes used with a, but only in the pattern a knowledge of something (or a good/deep/thorough etc knowledge of something):

Effective use of language necessitates a good knowledge of grammar.

첫 줄을 읽어보면 Knowledge는 가끔 a와 함께 사용할 수 있는데, a knowledge of something이라는 패턴에서만 그렇게 사용한다고 나와 있습니다. a good/deep/thorough knowledge of something이라고도 사용한다고 하네요. Effective로 시작되는 a good knowledge of grammar를 사용한 예문을 해석해보면 '언어의 효과적인 사용은 문법에 대한 풍부한 지식을 필요로 합니다'가 되겠습니다.

함께 사전을 살펴보면서 이미 눈치를 채셨을 수도 있겠지만, 셀 때와 세지 않을 때 뜻이 달라지는 영어 단어는 정말 너무나도 많습니다. 예를 들어 paper라는 단어는 '종이를 구성하는 물질'이라는 뜻으로, 일반적인 생각과 다르게 셀 수 없는 명사에 속합니다. 따라서 a sheet of paper, a piece of paper 등 sheet, piece라는 단어를 사용해서 한 장, 두 장의 의미를 표현할 수 있습니다. 반면 신문a newspaper이나 서류papers, 논문a paper이라는 뜻으로 사용된다면 셀 수 있는 명사가 됩니다.

또 공기라는 의미의 셀 수 없는 명사인 air는 허풍이나 젠체하는 태도를 뜻하는 airs라는 단어로 변할 수도 있습니다. 셀 수 있는 명사와 없는 명사를 구분해서 정해두면 좋겠지만 그렇지가 않습니다. 그래서 이 내용을 처음 배우고 나면 새로운 명사를 만날 때마다 '이 명사는 셀 수 있을까, 없을까?' 같은 고민에 빠질 수 있습니다. 하지만 평소에 다독하면서 많은 단어를 접하게 되면 자연스럽게 습득할 수 있으니 너무 걱정할 필요는 없습니다.

주의해서 사용해야 하는 명사

명사 수업을 마치기 전에 지금까지 배운 명사를 되돌아봅시다. 일단 세지 않는 명사(ex. furniture)와 세는 명사(ex. pencil), 또 셀 때와 세지 않을 때의 의미가 다른 경우(ex. success)도 살펴봤습니다. 이 외에 주의해서 사용해야 하는 명사가 더 있습니다. 이쯤 되면 '규칙이라는 게 정말 있는 건가' 쓴웃음이 나오기도 하지요? 하지만 조금만 더 참고 들어주세요. Bear with me!

먼저 다음 단어를 봅시다.

staff전체 직원, family가족, committee위원회, team팀, police경찰들

단어를 읽어보니 어떤 느낌이 드시나요? 뭔가 한 명, 또는 하나가 아니라 여러 명을 한꺼번에 칭하는 단어 같죠? 먼저 staff는 '전체 직원'을 뜻하는 단어입니다. 직원 한 명을 말하고 싶다면 a staff member라고 말합니다. 단어 자체가 여러 명을 한꺼번에 묶은 의미를 지녀서 단체로 본다면 단수가 되고, 단체에 소속된 개인에 초점을 맞춘다면 복수가 됩니다. 예를 들어 그룹 하나에 열 명이 포함될 때 그룹에 초점을 맞추면 단수(한 개), 포함된 각 인원에 초점을 맞추면 복수(열 명)가 되는 것이지요. 따라서 아래 두 표현 모두 가능합니다.

The staff is at a meeting.
직원 그룹은 회의 중입니다.

The staff are at a meeting.
직원들은 회의 중입니다.

마찬가지로 family라는 단어도 '가족(구성원)'을 나타내기 때문에 가족 구성원 한 명을 말할 때는 a family member라는 표현을 사용합니다. staff와 마찬가지로 my family is, my family are을 모두 사용하여 'Her family is rich.' 또는 'My family are not normal at all.' 이라고 말할 수 있습니다. 취향이나 특성 등이 다양한 각 구성원 개인에 초점을 맞춘다면 여러 명인 복수로 취급하고, 집단 자체에 초점을 맞춘다면 단수로 취급합니다.

이 외에도 faculty, committee, audience 등이 이렇게 사용됩니다.

마지막 단어인 police는 예상과 달리 '경찰 한 명'이 아니라 '경찰들'을 나타내는 집합적 단어입니다. 영영사전에 찾아보면 the **people** or the department of people who enforce laws, investigate crimes, and make arrests법을 집행하고, 범죄를 수사하고, 범인을 체포하는 사람들 또는 부서라고 나옵니다. 따라서 경찰 한 명은 a staff member와 유사하게 a policeman, policewoman, police officer 등으로 나타냅니다. 다만 police 자체는 항상 복수로 사용되어 'The police **are** barricading all the doors.'라고 표현해야 합니다. 단어가 항상 복수로 사용되는지 알고 싶다면 사전에서 그 힌트를 얻을 수 있습니다. 브리태니커 사전에 police를 검색하면 [plural]이라는 표시를 볼 수 있습니다. 이전에 봤던 [noncount]가 표시된 자리에 적혀 있지요? [plural]은 항상 복수로 사용한다는 뜻이니 꼭 기억해두세요.

그렇다면 다음 단어들은 어떨까요?

dice주사위, sheep양, deer사슴, fish물고기, aircraft항공기, data데이터, fruit과일

이 단어들은 단수와 복수의 형태가 모두 똑같습니다. 예를 들어 deer 같은 단어를 보면 'There is a deer!'라는 표현도 가능하지만 'There are deer!'라는 표현도 할 수 있다는 거예요. 나머지 단어들도 단수형과 복수형이 같으며 -s를 붙이지 않습니다.

예외적으로 fish나 fruit에 -es를 붙여 fishes, 또는 fruits라고 표현할 수 있습니다. 이때는 물고기 여러 마리가 아닌 '여러 종류의 물고기varieties of fish/fishes', fruit에 -s가 붙은 fruits는 다양한 종류의 과일을 뜻하는 단어가 됩니다.

지금까지 단수 명사를 복수 명사로 바꿀 때 -s를 붙인다고 배웠지만 단어의 마지막 철자가 s라고 해서 모두 복수인 건 아닙니다. maths/mathematics수학, physics물리, aerobics에어로빅,

measles홍역, economics경제학, billiards당구, mumps볼거리와 같은 단어들은 s로 끝나지만 단수 명사(혹은 세지 않는 명사)에 속합니다.

또 단수형과 복수형이 똑같이 생긴 경우도 있는데요. athletics운동 경기, series연속, species종, headquarters본사, politics정치(학) 같은 단어들이 여기에 속합니다.

반면 항상 두 개가 짝지어 나오는 단어도 있습니다. glasses안경, pants바지, jeans청바지, scissors가위, tweezers핀셋 같은 단어들은 두 짝pair이 한 묶음이라 항상 복수형으로 사용합니다. 짝으로 말하는 단어들은 a pair of를 붙여서 셀 수 있습니다. (ex. a pair of jeans)

마무리하기 전에 한 가지만 더 살펴봅시다. 동사가 딱 하나의 뜻만 가지고 있지 않은 것처럼 명사도 마찬가지입니다. 의외로 이 사실을 잘 모르는 사람이 많습니다. 예를 들어 movie라는 익숙한 단어에도 여러 뜻이 숨어 있습니다.

a Hollywood movie 할리우드 영화

Let's go to the movies. 영화관에 가자. (영화 보러 가자.)

I used to work in the movies. 나는 영화 산업에 종사했었다.

굳이 theater나 industry라는 단어가 붙지 않아도 movie 하나로 다양한 의미를 나타낼 수 있다는 점을 꼭 기억해주세요!

DAY 3.

관사 ①

세 번째 수업에 오신 것을 환영합니다. 지난 시간에 명사를 배우면서 정말 다양한 단어들을 만났습니다. 이번 시간에 배우는 관사는 딱 세 개뿐입니다. **a, an, the**. 오늘부터 이틀간 관사에 대해서 배워봅시다.

관사에 대하여

관사는 명사 앞에 붙어 사람이나 사물의 수를 나타내거나 해당 명사의 뉘앙스를 바꿔주는 단어입니다. 관사는 한국어에 없는 개념이라 처음 보면 많이 낯설 겁니다. 그래서 초보 학습자들이 말하고 글을 쓸 때 자주 생략하거나 빠뜨리는 단어입니다. 관사 한 개만으로도 문장의 의미와 뉘앙스가 바뀌기도 합니다. 예를 들어 'I like cats.'라는 문장과 'I like cat.'을 비교해보겠습니다. 앞의 문장은 '나는 고양이를 좋아해'라는 뜻이지만 뒤의 문장은 '고양이 고기를 좋아한다'라는 뜻이 될 수 있습니다. 다소 극단적인 예시인데요. 하지만 대부분의 상황에서 맥락을 고려한다면 관사가 빠져도 내용을 이해하는 데는 큰 무리가 없습니다.

신문 기사 헤드라인이나 잡지 기사의 제목에는 관사가 빠진 경우가 많습니다.

White House scrambles to reassure public after pause on Johnson & Johnson's vaccine

2021년 4월 13일 CNN에 실린 기사의 제목입니다. 존슨앤드존슨의 백신 접종 중단 후에 백악관이 대중을 안심시키기 위해 애쓰고 있다는 의미입니다. the White House, the public, the pause 등 지면을 최대한 아끼기 위해 the가 모두 생략되어 있습니다. 이렇게 관사가 빠지더라도 맥락에 따라 어떤 의미인지 짐작할 수 있습니다.

맥락을 고려한 글 읽기가 어느 정도까지 가능한지 궁금하다면 아래 글을 한번 읽어봅시다. 유명한 인터넷 밈을 가져와 봤습니다. 숙련된 언어 사용자라면 단어 내부의 철자 위치를 일부 변경하더라도 내용 자체를 이해하는 데는 무리가 없다는 흥미로운 연구

결과를 바탕으로 탄생했다고 합니다.*

> 캠릿브지 대학의 연결구과에 따르면, 한 단어 안에서 글자가 어떤 순서로 배되열어 있는가하는 것은 중하요지 않고, 첫째 번와 마지막 글자가 올바른 위치에 있것것이 중하요다고 한다. 나머지 글들자은 완전히 엉진창망의 순서로 되어 있지을라도 당신은 아무 문없제이 이것을 읽을 수 있다. 왜하냐면 인간의 두뇌는 모든 글자를 하나하나 읽것는이 아니라 단어 하나를 전체로 인하식기 때문이다. 〈유명 인터넷 밈, 한국어 버전〉

> Aoccdrnig to a rscheearch at Cmabrigde Uinervtisy, it deosn't mttaer in waht oredr the ltteers in a wrod are, the olny iprmoetnt tihng is taht the frist and lsat ltteer be at the rghit pclae. The rset can be a toatl mses and you can sitll raed it wouthit porbelm. Tihs is bcuseae the huamn mnid deos not raed ervey lteter by istlef, but the wrod as a wlohe. 〈유명 인터넷 밈, 영어 버전〉

하지만 우리가 평소에 일부러 글자의 순서를 바꾸거나 생략하지 않는 것과 같이 뇌의 인지 능력을 차치하고라도 정확한 뉘앙스나 의미를 전달하기 위해서 관사는 올바르게 사용하는 습관을 들이는 게 좋습니다.

이제 본격적으로 관사에 대해 하나씩 알아봅시다. 관사 a, an은 셀 수 있는 명사 앞에 붙어서 하나, 한 명, 한 마리 등 아무나 한 명, 아무거나 하나를 나타냅니다. a 또는 an을 유사어로 바꾸자면 one하나이나 any어느/어떤, one of many많은 것 중 하나로 대체할 수 있습니다.

He is a doctor. 그는 의사다.

She is a good person. 그녀는 좋은 사람이다.

She is an astronaut. 그녀는 우주 비행사다.

I have a pen. 나는 펜을 하나 가지고 있다.

A child needs love and care. (any child) 아이는 사랑과 보살핌이 필요하다.

한국인 입장에서는 'She is doctor.'나 'She is a doctor.'라는 문장이 해석 면에서 큰 차이가

---

* 철자 위치를 아무렇게나 바꾼다고 모두 읽을 수 있는 상태가 되는 건 아닙니다. 해당 논문에 관한 내용 및 밈에 대한 피드백을 읽어보고 싶다면 다음 사이트를 방문해보세요.
https://www.mrc-cbu.cam.ac.uk/people/matt.davis/cmabridge/

없습니다. 잘 아시는 것처럼 한국어에는 관사가 없거든요. 그런데 영어에서는 꼭 사용해줍니다. 셀 수 있는 명사 중 단수라면 무조건 관사를 붙여 사용한다고 생각해주세요.

He is a bastard. 많고 많은 나쁜 놈 중 하나

He is the bastard. 전에 말한 (청자와 화자가 모두 알고 있는) 그 자식

반면 the는 아무나 혹은 하나가 아닌 특정 사람이나 사물, 또는 유일한 '그것'을 말합니다. a/an은 '하나'라는 수를 나타내지만 the는 수를 나타내는 개념이 아니므로 셀 수 있는 명사와 셀 수 없는 명사 모두에 사용할 수 있습니다. 아래 단어를 읽어보고 직접 올바른 관사를 써보세요.

PRACTICE 3

의미	기본 단어	관사 써보기
시계 하나	watch	✎
조언 하나	advice	✎
아기 한 명	baby	✎
100만 명의 사람	people	✎
역사책 한 권	history book	✎
상자 하나	box	✎
여자 한 명	woman	✎
사과 하나	apple	✎
입구 한 곳	entry	✎
하루	day	✎
도끼 한 자루	ax	✎
유럽 사람 한 명	European	✎
셔츠 하나	shirt	✎
우산 하나	umbrella	✎
1시간	hour	✎

컵 하나	cup	✎
영광스러운 일	honor	✎
한 번	time	✎
두 번, 두 배	times	✎
백 번, 백 배	hundred times	✎
천 번, 천 배	thousand times	✎
2천 번, 2천 배	thousand times	✎
그 남자	man	✎
그 이야기	story	✎
그 컴퓨터	computer	✎
그 펜	pen	✎
그 컵	cup	✎
거실	living room	✎
그 사무실	office	✎
학교 운동장	playground	✎

관사를 모두 써보았나요? 틀린 부분은 반드시 점검하여 기억해두세요. 이제 위 표에 나온 단어 중 두 개만 골라내어 다시 한번 살펴봅시다.

cup → a cup
honor → an honor

왜 cup 앞에는 a가 붙고 honor 앞에는 an이 붙을까요? 둘 다 의미는 같지만 a와 an을 구분하는 법칙은 다음과 같습니다.

모음 발음으로 시작하는 단어 앞에는 an을 붙인다
honor[ánər]라는 단어는 모음 발음으로 시작하기 때문에 an honor라고 합니다. 모음 알파

벳(a, e, i, o, u)이 아닌 '모음 발음'이기 때문에 직접 발음해보고 모음으로 발음될 경우 an을 씁니다. 예를 들어 university[ˌjuːnɪˈvɜːrsəti]는 철자가 모음 'u'로 시작하지만 발음은 'ju[유]'로 시작하므로 an university가 아닌 a university라고 말해야 합니다. 좀 헷갈리는 것 같지요? 조금 더 설명하기에 앞서 아래 표를 보고 각 단어를 큰 소리로 읽어봅시다. (속삭이지 말고요!) 또 an이 붙은 단어들을 통째로 여러 번 읽어봅시다. 어떤 소리가 모음 소리인지 감이 오나요?

시작 단어	관사 붙이기	시작 소리 (한글)
angel	an angel [ˈeɪndʒl]	애
element	an element [ˈelɪmənt]	애
iron	an iron [ˈaɪərn] bar	아
eraser	an eraser [iréisər]	이
umbrella	an umbrella [ʌmˈbrelə]	어
hour	an hour [auər]	아
MBA	an M[em]BA	에
igloo	an igloo [ˈɪgluː]	이
octopus	an octopus [ɑːktəpəs]	아
owl	an owl [aʊl]	아
orange	an orange [ˈɔːrɪndʒ]	어(오)
actor	an actor [ˈæktər]	에
egg	an egg [eg]	에
easy question	an easy [ˈiːzi] question	이
ugly doll	an ugly [ˈʌgli] doll	어

영어에서 모음 알파벳은 다섯 개지만 모음 소리는 약 열다섯 개입니다. 모음의 소리를 종류별로 모두 암기하고 모든 단어의 시작 소리가 모음의 소리인지 확인하려면 정말 많은 시간과 노력이 듭니다. 그래서 모음의 소리를 암기하기보다는 표의 마지막 열에 한글로 석힌 시작 소리를 참고하여 a와 an을 구별해보고, 책이나 미디어 등을 통해 영어 단어를 많이 읽고 쓰면서 a/an 구분법을 익히도록 합니다. 모음 발음 앞에 an이 붙는 것은 특별히 만들어진 법칙이라기보다는 발음하기가 편해서 생긴 사람들의 습관입니다. 고대 영어에는 one을 뜻하는 단어 ān 하나만 있다가 자음 앞에 ān보다는 a를 넣는 게 발음이 수월해서 두 개로 나뉘

게 되었습니다. 그래서 직접 발음해보고 예문을 읽어보면서 입에 익히는 것이 좋습니다.

명사의 첫 발음에 따라 a/an이 나뉘는 것과 유사하게 the라는 관사 역시 발음이 바뀝니다. the가 모음 발음으로 시작되는 단어 앞에 있으면 '더'가 아니라 '디'로 발음됩니다. 예를 들어 apple, eye, arm, egg와 같은 단어 앞에 the가 왔을 때 '디'라고 발음합니다.

the의 사용법

a/an은 특정하지 않은 어떤 하나의 사물을 나타낸다고 배웠습니다. a/an의 쓰임은 단순한데 비해 the는 조금 더 복잡합니다. the를 사용하는 경우를 상황별로 살펴볼 텐데요. 총 다섯 개가 넘는 다양한 상황에 the를 사용하는 것을 볼 수 있을 겁니다. 만약 the의 활용법을 처음 배운다면 이 부분을 여러 번 읽으면서 기억해두시는 게 좋습니다.

첫 번째로 특정 사물 또는 사람을 말할 때 the를 사용합니다. 청자와 화자 모두가 아는 '그것'에 대해 지칭할 때, 또는 문맥상 '그'라는 단어를 붙일 수 있는 경우 사용합니다.

A: Did you bring your biology book?
생물학 책 가져왔어?

B: I think I left the book at home.
책을 집에 두고 온 것 같아.

여기에서 the book은 my biology book을 말합니다. 청자와 화자 모두가 알고 있는 그 책이지요.

Maggie, where are the children?
Maggie, 애들은 어디 있어?

만약 Maggie의 남편이 말한 대사라면 여기서 the children은 my(our) children을 말합니다. 청자와 화자 모두가 알고 있는 '그 아이들'을 가리킵니다.

I talked to the man living next door.

나는 옆집에 사는 남자와 이야기를 나누었다.

아무 남자가 아니라 옆집에 사는 바로 그 남자를 말합니다.

The book that you recommended to me was amazing.

당신이 추천해준 책 정말 재미있었어요.

여기에서 the book은 상대가 추천한 바로 그 책입니다. 청자와 화자 모두가 알고 있는 그 책이지요. 아래 캐롤과 브라이언의 대화를 살펴볼까요?

대화문

(Carol wandering about the library)

Brian : What are you looking for?

Carol : Anything, actually. Anything to get my mind off things. (Carol picking a book from the second shelf)

Brian : Are you sure about that? The book has the word "murder" in its title.

Carol : (chuckles) I know.

(도서관을 돌아다니고 있는 캐롤)

Brian : 뭐 찾아?

Carol : 아무거나. 다른 생각 좀 안 나게 할 수 있는 거. (두 번째 선반에서 책 한 권을 꺼내는 캐롤)

Brian : 그 책 읽으려고? 책 제목에 '살인'이 들어가잖아.

Carol : (웃으며) 그러게.

캐롤이 두 번째 선반에서 집어 든 책은 a book이라고 말합니다. '아무 책 한 권'이니 a book이라고 하면 됩니다. 캐롤이 꺼내 든 '그 책'을 말하는 브라이언은 the book이라고 the를 사용해서 말하지요.

방금까지 the를 쓰면 특정 사물이나 사람을 정확히 지칭하게 된다고 했습니다. 만약 the를 사람 이름 앞에 쓰면 어떨까요? 사람 이름 앞에 the를 쓰면 '바로 그'라는 의미를 나타냅니다. 일반인보다는 유명 인사, 연예인 이름 앞에 the를 붙여서 사용하는데요. 예를 들어 the Britney라고 하면 '우리가 다 아는 바로 그 Britney'라는 뜻이 됩니다. 이 부분도 문맥을 통해 한번 봅시다.

대화문

Maggie : Oh my god, did you just see him?

Brian : Who?

Maggie : Him. Tommy Franklin! His father is the James Franklin of James Brokerage.

Brian : Really? Didn't you do an intern there last summer?

Maggie : Don't get me started. (Sigh) Don't get me wrong. I love this field. I just didn't love it there.

Maggie : 대박! 방금 쟤 지나가는 거 봤어?

Brian : 누구?

Maggie : 쟤! 토미 프랭클린! 쟤 아빠가 제임스 증권사의 (그) 제임스 프랭클린이잖아.

Brian : 그래? 너 작년 여름에 거기서 인턴하지 않았어?

Maggie : 말도 마. (한숨) 아니 이 분야는 좋은데, 그 회사 진짜 별로였어.

두 번째로 (세상에) 유일한 사람이나 사물을 가리킬 때도 the를 사용합니다. 이런 the의 특징을 활용하여 the only유일한, the one and only정말 유일한처럼 강조하는 표현도 있습니다.

My parents had several meetings with the principal.
부모님은 교장 선생님과 몇 번 만나서 이야기를 나눴다.

위 문장을 읽어보면 우리 학교에는 한 명의 principal교장만 있다는 걸 알 수 있습니다. 이 외에도 세상에서 유일하다고 생각되는 the air공기, the moon달, the sun해, the sky하늘, the world세계 등의 단어나 국가 내에서 유일하다고 생각되는 the government정부도 the와 함께 사용합니다. 또한 친숙한 주변 환경이어서 화자와 청자가 별도 설명 없이 어떤 것인지 알 수 있는 것에도 the를 붙여서 말합니다. 예를 들어 the daytime대낮, the past과거, the future미래, the morning아침, the afternoon오후, the sea바다, the rain비, the weather날씨 등의 단어에 the를 붙여서 말합니다.

방금 본 리스트에서는 the와 함께 sun을 사용하여 the sun이라고 표현한다고 배웠습니다. 하지만 이는 우리가 아는 '태양(해)'일 때만 the sun으로 표현하며, '항성'이라는 뜻으로 사용할 때는 the 없이 suns라고도 표현할 수 있습니다. (ex. distant suns)

세 번째로는 특정 유형의 사람을 통칭하고 싶을 때 'the + 형용사' 형태를 써서 표현할 수 있습니다. elderly people은 노인들, 고령자들을 뜻하는 말입니다. 여기에 people을 떼고 앞에 the를 붙여서 the elderly라고 표현해도 같은 뜻이 됩니다. 그렇다면 다음 단어들은 어떻게 해석할 수 있을까요?

PRACTICE 4

the + 형용사	해석 써보기
the employed	
the unemployed	
the obese	
the rich	
the poor	
the homeless	
the dead	
the old	
the young	
the blind	
the deaf	
the French	
the Spanish	

the employed, the unemployed 등 위에 쓰인 구何는 집단을 뜻하는 말이라 복수로 취급합니다. 한국어 뜻을 확인해봐도 '~한 사람들'이니 당연한 것 같지요? 아래 예문을 보면 the French에 대한 동사로 has가 아니라 복수형인 have를 사용했습니다. (단수형은 has, 복수형은 have)

> The French have been protesting nonstop since the citizens of Paris attacked the Bastille prison in 1789.
> 프랑스인들은 1789년 파리 시민들이 바스티유를 습격한 이후 쭉 시위를 벌여왔다.

네 번째로는 산맥, 군도, 대양, 강, 해협, 사막 등의 장소에 the를 붙여 사용합니다.

> the Alps 알프스산맥, the Rockies 로키산맥, the Canaries 카나리아 제도, the Himalayas 히말라야산맥, the Gulf of Mexico 멕시코만, the Thames 템스강, the Han River 한강, the North Sea 북해, the Atlantic Ocean 대서양, the Ganges River 갠지스강, the Panama Canal 파나마 운하, the Sahara 사하라 사막

이렇게 잘 알려진 명소 외에 보통 대륙이나 국가 앞에는 관사를 붙이지 않고 사용합니다. 한국을 영어로 표기한다면 the Korea가 아닌 Korea로 표기하면 됩니다.

> Korea 한국, China 중국, Japan 일본, Africa 아프리카, Peru 페루
> Mexico 멕시코, Chile 칠레, France 프랑스, Switzerland 스위스

하지만 국가 이름에 republic, state, union이 들어간 경우에는 the를 붙여서 사용합니다.

> the United States of America 미국, the United Kingdom 영국, the Republic of Korea 한국

republic, state, union이 붙지 않는 국가 이름 앞에는 the를 사용하지 않는 걸로 정리할 수 있을 것처럼 보입니다. 하지만 네덜란드the Netherlands나 필리핀the Philippines, 몰디브the Maldives

등은 섬이 모여 만든 군도이므로 한데 묶은 느낌으로 the를 붙여 사용합니다. 국가의 이름은 구성 상태에 따라 결정되므로 일일이 이 나라가 섬이 모여 만들어진 것인지, union이라는 단어가 들어가야 하는 것인지 떠올릴 수는 없을 거예요. 국가 이름은 관사까지 통째로 기억해두는 것이 좋습니다.

마지막으로 서수 또는 최상급(ex. the most beautiful가장 아름다운, the best최고의 등)의 표현이 나온다면 주로 the를 사용합니다. 서수는 사물의 순서를 나타내는 수로 첫 번째, 두 번째 등이 서수에 해당합니다. 아래 단어를 읽어보고 각 구의 의미를 써봅시다.

PRACTICE 5

the + 서수/최상급	해석 써보기
the first	✎
the second	✎
the youngest son	✎
the oldest player	✎
the best movie in history	✎
It was the best movie in history.	✎

the라는 관사는 참 오묘한 것이어서 몇 가지 법칙만으로 모든 용례를 일괄 적용하기가 어렵습니다. 관사와 관련한 내용은 법칙이 많기도 하지만 예외도 그만큼 많습니다. 예를 들어 주로 악기명 앞에는 the를 붙여서 사용합니다. the piano, the violin 등 the를 붙여 사용하라는 규칙이 있긴 하지만 말할 때는 종종 the를 생략하기도 합니다. 예를 들어 'She's learning to play the guitar.'라는 문장이나 'She's learning to play guitar.'나 둘 다 사용할 수 있습니다.

또 신문이나 잡지명에 주로 the를 사용한다는 법칙이 있긴 하지만 the를 사용하지 않는 신문이나 잡지명도 많기 때문에 외울 필요는 없습니다. 라디오나 인터넷 등을 말할 때도 the를 씁니다. the internet, listen to the radio와 같이 통째로 굳어진 표현들도 있지만 over radio, a radio처럼 the가 없는 상황에서도 다양하게 사용할 수 있습니다. 무조건 the +

radio라고 외우면 곤란합니다. 따라서 the에 관한 법칙은 참고만 하고 관사의 쓰임이 익숙
해질 때까지 좋은 글을 많이 읽어보도록 합시다.

앞서 등장했던 서수를 제대로 연습해보면서 오늘 수업을 마무리합시다. 사물의 순서를 나타내는 수를 서수라고 합니다. 첫 번째, 두 번째 등이 서수에 해당합니다. 1부터 시작하여 100까지 해당하는 서수를 써봅시다.

1st First	**21st** Twenty-First	**41st** Forty-First	**61th** _____	**81st** Eighty-First
2nd _____	**22nd** Twenty-Second	**42nd** _____	**62nd** Sixty-Second	**82nd** _____
3rd Third	**23rd** _____	**43rd** Forty-Third	**63rd** _____	**83rd** Eighty-Third
4th Fourth	**24th** Twenty-Fourth	**44th** _____	**64th** Sixty-Fourth	**84th** _____
5th Fifth	**25th** Twenty-Fifth	**45th** Forty-Fifth	**65th** Sixty-Fifth	**85th** Eighty-Fifth
6th _____	**26th** _____	**46th** _____	**66th** _____	**86th** Eighty-Sixth
7th Seventh	**27th** Twenty-Seventh	**47th** Forty-Seventh	**67th** Sixty-Seventh	**87th** _____
8th Eighth	**28th** Twenty-Eighth	**48th** _____	**68th** Sixty-Eighth	**88th** Eighty-Eighth

9th _____	**29th** Twenty-Ninth	**49th** Forty-Ninth	**69th** Sixty-Ninth	**89th** Eighty-Ninth
10th _____	**30th** Thirtieth	**50th** Fiftieth	**70th** _____	**90th** Ninetieth
11th Eleventh	**31st** Thirty-First	**51st** Fifty-First	**71st** Seventy-First	**91st** _____
12th Twelfth	**32nd** _____	**52nd** Fifty-Second	**72nd** Seventy-Second	**92nd** Ninety-Second
13th Thirteenth	**33rd** Thirty-Third	**53rd** _____	**73rd** Seventy-Third	**93rd** Ninety-Third
14th _____	**34th** Thirty-Fourth	**54th** Fifty-Fourth	**74th** Seventy-Fourth	**94th** _____
15th _____	**35th** Thirty-Fifth	**55th** Fifty-Fifth	**75th** Seventy-Fifth	**95th** Ninety-Fifth
16th Sixteenth	**36th** _____	**56th** Fifty-Sixth	**76th** Seventy-Sixth	**96th** _____
17th Seventeenth	**37th** Thirty-Seventh	**57th** Fifty-Seventh	**77th** _____	**97th** Ninety-Seventh
18th _____	**38th** Thirty-Eighth	**58th** _____	**78th** Seventy-Eighth	**98th** Ninety-Eighth
19th Nineteenth	**39th** _____	**59th** Fifty-Ninth	**79th** _____	**99th** Ninety-Ninth
20th _____	**40th** Fortieth	**60th** Sixtieth	**80th** _____	**100th** _____

DAY 4.

관사 ②

드디어 네 번째 수업입니다. 오늘은 지난 시간에 배운 a와 the에 대해 복습한 후 관사에 대해 더 깊게 다뤄볼 예정입니다.

the와 a/an의 차이

지금까지 a/an의 쓰임과 the의 쓰임에 대해 알아보았습니다. 이제 마지막으로 the와 a/an의 차이를 살펴보고 다음 내용으로 넘어가 볼게요. 먼저 아래 두 문장을 읽어봅시다.

I saw a girl at the crossroads.
교차로에서 여자애 한 명을 보았다.

I saw the girl at the crossroads.
교차로에서 그 여자애를 봤다.

첫 번째 문장에 나온 a girl은 '여자애 한 명'이라는 의미입니다. 어떤 여자애 한 명이 교차로에 서 있는 걸 보았다는 거지요. 누군지는 모르지만 거기에 서 있더라는 겁니다. 두 번째 문장에서의 the girl은 '그 여자애'라는 의미입니다. 함께 학교에 다니고 있는 친구일 수도 있고, 계속 찾고 있던 여자애일 수도 있습니다. 맥락에 따라 정확히 어떤 여자애였는지 결정되겠지요? 비슷한 차이를 가지고 있는 문장 몇 개를 더 살펴봅시다.

Mark bought a tie. The tie was very expensive.
마크는 넥타이를 하나 샀다. 그 넥타이는 비쌌다.

앞 문장의 a tie는 one tie라는 의미입니다. 특별히 정해진 넥타이가 아니라 그냥 넥타이 하나를 샀다는 말입니다. 이어 나오는 문장의 the tie는 방금 앞 문장에서 말한 '그 넥타이'입니다. 비슷한 문장들을 몇 개 더 살펴봅시다.

There was a boy in the elevator. The boy started to scream all of a sudden.

엘리베이터 안에는 소년이 한 명 있었다. <u>그 소년</u>은 갑자기 소리를 지르기 시작했다.

*all of a sudden : 갑자기

It was a really beautiful ranch. The ranch had more than a hundred horses.

참 예쁜 목장이었다. <u>그 목장</u>에는 100마리가 넘는 말이 있었다.

I want more salt. Can you pass me the salt?

소금이 더 필요해. <u>(테이블 위의 그) 소금</u> 좀 여기로 줄래?

이제 a와 the의 차이가 조금 정리되는 느낌인가요? 다음 내용으로 넘어가기 전에 하나 더 말씀드릴게요. 지난 시간에 국가 이름에 republic, state, union이 들어간 경우에는 the를 붙여서 사용한다고 했었지요. 예시에서 아래 두 표현을 살펴봤습니다.

the United States of America

the Republic of Korea

두 표현의 공통점은 the ~ of ~의 형태입니다. 이렇게 the는 of와도 자주 함께 사용됩니다. 예를 더 들어볼까요? the sleeve of that coat(그) 코트의 (그) 소매, the completion of the new building새 건물의 완공, the success of my plan내 계획의 성공, the sound of footsteps발자국 소리, the wave of change변화의 물결

하지만 무조건 of가 왔다고 해서 앞에 the를 붙여야 하는 건 아닙니다. a wave of fear물밀 듯 몰려오는 두려움, a bottle of water물 한 병, a range of drinks다양한 음료 등의 표현도 가능합니다. 이 부분은 오늘 수업 마지막 즈음에 다시 설명드릴게요.

총칭해서 말하기

우리는 일반적으로 어떤 사물이나 사람, 동물의 특성이나 선호도, 상황 등을 말할 때 하나만 콕 짚어서 말하기보다는 대상을 총칭해서 말합니다. 일반적으로 '나는 강아지를 좋아해'라고 말하거나 '판타지 영화는 재미있어'라고 말할 때를 한번 생각해볼게요. '나는 강아지를 좋아해'라는 말은 '어떤 강아지 한 마리'를 좋아한다는 뜻일까요? 일반적으로는 그렇지 않습니다. '전반적으로 강아지라는 동물을 좋아한다'는 의미이죠. 또 '판타지 영화는 재미있어'라고 말한다면 '어떤 판타지 영화 하나'를 두고 하는 말은 아닐 겁니다. 판타지라는 하나의 장르를 좋아한다는 의미겠지요.

이 문장을 제대로 된 영어로 말한다면 복수형을 써서 I love dogs, I love fantasy movies 라고 표현해야 합니다.

아래 표에 나와 있는 한글 문장을 영작해봅시다. 오늘 영작은 좀 어려울 수 있으니 부담 없이 틀려도 됩니다! 영어사전도 적극적으로 활용해보세요. 또한 동사 두 개를 쓰지 않도록 유의하세요. 예를 들어 3번에서 '컴퓨터는 ~돕는다'라는 문장을 영작할 때 흔히 computers are help라고 생각하기 쉽습니다. are는 '~은(는) ~이다'라는 뜻을 가진 단어입니다. computers are help라고 쓰면 '컴퓨터는 ~이다, 돕는다'라는 뜻이 됩니다. 동사가 중복되지 않게 조심하도록 합니다!

PRACTICE 6

한국어 문장	영어 문장
개는 사랑스러운 동물이다.	✏️
나는 개를 좋아하지 않는다.	✏️

컴퓨터는 커뮤니케이션 과정을 돕는다.	✎
코끼리는 육지에 사는 가장 큰 포유동물이다.	✎
곱슬머리는 관리하기 힘들다.	✎
와인은 포도로 만든다.	✎
우리의 주식은 쌀(밥)이다.	✎
가솔린은 가연성 물질이다.	✎
나는 아이스크림을 좋아하지 않는다.	✎
베이비파우더는 수렴성 분말이다.	✎

어떤 사물이나 사람을 총칭하여 말할 때는 a, an, the와 같은 관사를 붙이지 않고 말하는 것이 일반적입니다. 셀 수 있는 명사라면 복수형으로 (모든 개들은 dogs, 모든 컴퓨터들은 computers), 셀 수 없는 명사라면 그냥 그대로 (모든 곱슬머리는 curly hair, 모든 가솔린은 gasoline) 말하면 됩니다. 물론 a/the를 붙여서 총칭하는 방법이 아예 불가능한 건 아니지만 다소 제약이 따릅니다. 위의 해석된 문장을 다시 봅시다.

The dog is an adorable animal.

개는 사랑스러운 동물이다.

The computer helps people communicate better.

컴퓨터는 커뮤니케이션 과정을 돕는다.

She's learning to play the guitar.

그녀는 기타를 배우고 있다.

The whale is in danger of extinction.

고래는 멸종 위기에 처해 있다.

the + 단수 명사의 형태로 바꾼다면 복수 명사를 쓴 것과 같이 어떤 사물이나 동물, 사람을 총칭할 수 있긴 합니다. 여기서 the dog, the computer 등은 '그 개', '그 컴퓨터'가 아니라 '모든 개', '모든 컴퓨터'와 같이 총칭하는 의미로 사용되었습니다. 하지만 이때 computers

가 아닌 the computer를 사용하게 되면 이 표현이 '모든 컴퓨터'를 뜻하는 총칭적 표현인지 혹은 일반적인 the의 쓰임으로 '그 컴퓨터'를 뜻하는 것인지 모호할 수 있겠지요. 일반적으로는 the를 이용한 총칭이 다소 드물기도 하고, 문맥상 총칭하는 표현으로 해석될 수밖에 없다고 확신하는 게 아니라면 평소에는 복수형을 사용하는 것을 추천합니다.

그렇다면 'a + 단수 명사'의 형태도 총칭하는 데 사용할 수 있을까요?

> A girl is a female child.
> 소녀는 여자아이를 뜻한다.

> A tiger is a large fierce animal.
> 호랑이는 크고 사나운 동물이다.

보통 영영사전에 단어를 검색하면 위와 같이 a를 사용해서 설명하는 것을 볼 수 있습니다. 위 두 문장에서 모든 소녀, 모든 호랑이처럼 단어를 총칭하는 방법으로 a가 사용됩니다. 'A girl is a female child.'라는 문장에서의 'a girl'(소녀의 총칭)은 이전에 보았던 'I saw a girl at the crossroads.'라는 문장에서의 'a girl'(어떤 여자애 한 명)과는 조금 다른 의미입니다. 문맥을 고려해봤을 때 'I saw a girl at the crossroads.'라는 문장에서의 a girl이 모든 여자아이를 총칭하기는 힘들겠지요? 'a + 명사'로 총칭하려면 the와 마찬가지로 <u>문맥상 의미가 통해야</u> 하며, 주로 개념을 정의할 때 사용합니다. 다음 예를 더 봅시다.

> A whale is in danger of extinction.
> A lion lives in Africa.

언뜻 보면 맞는 문장처럼 보이지만 <u>존재의 유무나 수의 많고 적음을 나타낼 때는 'a + 셀 수 있는 명사'를 사용하지 않습니다.</u> a 대신 one, any 또는 one of many를 넣어서 문장을 읽어보면 어색하게 느껴질 겁니다. 집단의 모든 구성원에게 해당하는 상황이나 설명일 경우에는 'a + 셀 수 있는 명사'보다는 앞서 배운 'the + 셀 수 있는 명사' 형태를 사용하거나 복수 명사로 씁니다.

The whale is in danger of extinction. 고래는 멸종 위기에 처해 있다.

= Whales are in danger of extinction.

The lion lives in Africa. 사자는 아프리카에 서식한다.

= Lions live in Africa.

종 자체에 대해 총칭하여 말하는 방법에 대해 한번 정리해볼까요? 셀 수 없는 명사라면 관사 없이 쓰면 되고, 셀 수 있는 명사라면 다음과 같이 쓰면 됩니다.

1. 복수형으로 만들어서 총칭할 수 있습니다. 가장 일반적이며 추천하는 방법입니다.

2. the + 단수 명사 형태로 총칭합니다.

3. a + 단수 명사 형태로 총칭할 수는 있으나 상황에 따라 제약이 있으니 유의해서 사용합니다.

관사에 대해 조금 익숙해지셨나요? 관사는 텍스트로 볼 때는 무심결에 지나치기 쉽고, 영작하거나 말할 때는 정확히 어떤 관사를 써야 하는지 헷갈립니다. 그 차이를 여러 번 살펴본다고 해도 새로운 단어를 보면 또 '여기에 a를 써야 하는 거야, the를 써야 하는 거야?' 하는 의문이 들기도 하겠지요. 관사를 사용할 때 자주 실수한다거나, 혹은 관사에 대해 더 공부하고 싶다면 다음 장의 '관사 써보기' 실습을 해보세요.

관사 채워 넣기 실습

조지 오웰George Orwell이라는 필명으로 더 유명한 에릭 아서 블레어Eric Arthur Blair의 《동물농장 Animal Farm》이라는 소설의 도입부입니다. 《동물농장》은 20세기 영미 문학에서 가장 중요한 작가로 손꼽히는 조지 오웰의 기념비적인 작품입니다. 관사 자리를 비워뒀으니 a/an/the를 알맞게 써봅시다. 관사가 필요 없다고 생각한다면 빈칸으로 두어도 좋습니다. (혼자서 읽기 벅차다면 네 번째 수업 뒤에 실린 '보충 수업' 편을 먼저 보고 오세요. 참고로 《동물농장》의 난이도는 원어민 기준 중학생 정도입니다.)

아래 텍스트를 통해 관사를 더 익힌 후 지금 읽고 있는 책이나 기사에서 직접 관사를 지우고 연습해보세요. 앞으로 더 심화된 내용으로 들어가니 앞부분 내용을 꼭 복습하고 오셔야 합니다.

Animal Farm by George Orwell

Chapter I

Mr. Jones, of ① Manor Farm, had locked ② hen-houses for the night, but was too drunk to remember to shut the pop-holes. With the ring of light from his lantern dancing from side to side, he lurched across ③ yard, kicked off his boots at the back door, drew himself a last glass of beer from the barrel in the scullery, and made his way up to bed, where Mrs. Jones was already snoring.

As soon as the light in the bedroom went out there was ④ stirring and a fluttering all through the farm buildings. Word had gone round during ⑤ day that old Major, ⑥ prize Middle White boar, had had ⑦ strange dream on the previous night and wished to communicate it to the other animals. It had been agreed that they should all meet in the big barn as soon as Mr. Jones was safely out of the way. Old Major (so he was always called, though the name under which he had been exhibited was Willingdon Beauty) was so highly regarded on the farm that everyone was quite ready to lose ⑧ hour's sleep in order to hear what he had to say.

At one end of the big barn, on a sort of raised platform, Major was already ensconced on his bed of straw, under a lantern which hung from a beam. He was twelve years old and had lately grown rather ⑨ stout, but he was still ⑩ majestic-looking pig, with a wise and benevolent appearance in spite of ⑪ fact that his tushes had never been cut. Before long the other animals began to arrive and make themselves comfortable after their different fashions. First came the three dogs, Bluebell, Jessie, and Pincher, and then the pigs, who settled down in the straw immediately in front of ⑫ platform. The hens perched themselves on the window-sills, the pigeons fluttered up to the rafters, the sheep and cows lay down behind the pigs and began to chew the cud. The two cart-horses, Boxer and Clover, came in together, walking very slowly and setting down their vast hairy hoofs with great care lest there should be some small animal concealed in the straw. Clover was ⑬ stout motherly mare approaching middle life, who had never quite got her figure back after her fourth foal. Boxer was ⑭ enormous beast, nearly eighteen hands high, and as strong as any two ordinary horses put together. ⑮ white stripe down his nose gave him a somewhat stupid appearance, and in fact he was not of first-rate intelligence, but he was universally respected for his steadiness of character and tremendous powers of work. After the horses came Muriel, the white goat, and Benjamin, the donkey. Benjamin was ⑯ oldest animal on ⑰ farm, and ⑱ worst tempered. He seldom talked, and when he did, it was usually to make some cynical remark–for instance, he would say that God had given him a tail to keep the flies off, but that he would sooner have had no tail and no flies. Alone among ⑲ animals on the farm he never laughed. If asked why, he would say that he saw nothing to laugh at. Nevertheless, without openly admitting it, he was devoted to Boxer; the two of them usually spent their Sundays together in the small paddock beyond the orchard, grazing side by side and never speaking.

The two horses had just lain down when a brood of ducklings, which had lost their mother, filed into ⑳ barn, cheeping feebly and wandering from side to side to find some place where they would not be trodden on. Clover made a sort of wall round them with her great foreleg, and the ducklings nestled down inside it and promptly fell asleep. At ㉑ last moment Mollie, the foolish, pretty white mare who drew Mr. Jones's trap, came mincing daintily in, chewing at a lump of sugar. She took ㉒ place near the front and began flirting her white mane, hoping to draw attention to the red ribbons it was plaited with. Last of all came ㉓ cat, who looked round, as usual, for ㉔ warmest place, and finally squeezed herself in between Boxer and Clover; there she purred contentedly throughout Major's speech without listening to a word of what he was saying.

All the animals were now present except Moses, the tame raven, who slept on a perch behind the back door. When Major saw that they had all made themselves comfortable and were waiting attentively, he cleared his throat and began:

"Comrades, you have heard already about __㉕__ strange dream that I had last night. But I will come to __㉖__ dream later. I have something else to say first. I do not think, comrades, that I shall be with you for many months longer, and before I die, I feel it my duty to pass on to you such wisdom as I have acquired. I have had a long life, I have had much time for thought as I lay alone in my stall, and I think I may say that I understand the nature of life on this earth as well as any animal now living. It is about this that I wish to speak to you.

"Now, comrades, what is __㉗__ nature of this life of ours? Let us face it: our lives are miserable, laborious, and short. We are born, we are given just so much food as will keep the breath in our bodies, and those of us who are capable of it are forced to work to the last atom of our strength; and the very instant that our usefulness has come to __㉘__ end we are slaughtered with hideous cruelty. No animal in England knows the meaning of happiness or leisure after he is a year old. No animal in England is free. __㉙__ life of an animal is misery and slavery: that is the plain truth.

"But is this simply part of the order of nature? Is it because this land of ours is so poor that it cannot afford __㉚__ decent life to those who dwell upon it? No, comrades, a thousand times no! The soil of England is fertile, its climate is good, it is capable of affording food in abundance to an enormously greater number of animals than now inhabit it. This single farm of ours would support __㉛__ dozen horses, twenty cows, hundreds of sheep–and all of them living in a comfort and a dignity that are now almost beyond our imagining. Why then do we continue in this miserable condition? Because nearly the whole of the produce of our labour is stolen from us by human beings. There, comrades, is the answer to all our problems. It is summed up in __㉜__ single word–Man. Man is the only real enemy we have. Remove Man from the scene, and the root cause of hunger and overwork is abolished for ever.

"Man is __㉝__ only creature that consumes without producing. He does not give milk, he does not lay eggs, he is too weak to pull the plough, he cannot run fast enough to catch rabbits. Yet he is lord of all the animals. He sets them to work, he gives back to them the bare minimum that will prevent them from starving, and __㉞__ rest he keeps for himself. Our labour tills the soil, our dung fertilises it, and yet there is not one of us that owns more than his bare skin. You cows that I see before me, how many thousands of gallons of milk have you given during this last year? And what has happened to that milk which should have been breeding up sturdy calves? Every drop of it has gone down ㉟ throats of our enemies. And you hens, how many eggs have you laid in this last year, and how many of those eggs ever hatched into chickens? ㊱ rest have all gone to market to bring in money for Jones and his men. And you, Clover, where are those four foals you bore, who should have been the support and pleasure of your old age? Each was sold at a year old–you will never see one of them again. In return for your four confinements and all your labour in the fields, what have you ever had except your bare rations and a stall?

"And even the miserable lives we lead are not allowed to reach their natural span. For myself I do not grumble, for I am one of ㊲ lucky ones. I am twelve years old and have had over four hundred children. Such is the natural life of a pig. But no animal escapes the cruel knife in the end. You young porkers who are sitting in front of me, every one of you will scream your lives out at the block within ㊳ year. To that horror we all must come–cows, pigs, hens, sheep, everyone. Even the horses and the dogs have no better fate. You, Boxer, the very day that those great muscles of yours lose their power, Jones will sell you to the knacker, who will cut your throat and boil you down for the foxhounds. As for ㊴ dogs, when they grow old and toothless, Jones ties a brick round their necks and drowns them in the nearest pond.

"Is it not crystal clear, then, comrades, that all the evils of this life of ours spring from the tyranny of human beings? Only get rid of Man, and ㊵ produce of our labour would be our own. Almost overnight we could become rich and free. What then must we do? Why, work night and day, body and soul, for ㊶ overthrow of the human race! That is my message to you, comrades: Rebellion! I do not know when that Rebellion will come, it might be in ㊷ week or in a hundred years, but I know, as surely as I see this straw beneath my feet, that sooner or later justice will be done. Fix your eyes on that, comrades, throughout the short remainder of your lives! And above all, pass on this message of mine to those who come after you, so that future generations shall carry on the struggle until it is victorious.

빈칸을 채운 후에는 답안과 비교해보세요. 만약 절반 이상 틀렸거나, 답을 봐도 이해가 어렵다면 이전 내용을 복습한 후에 다시 풀어보세요. 책으로 관사를 연습하는 게 부담스러운 분들은 짧은 기사로 연습해보셔도 좋습니다. 영어 학습에 적당한 잡지를 소개해드릴게요.

1. 〈Time〉 http://time.com

세계 최대 규모의 주간지이자 가장 영향력 있는 잡지 중 하나입니다. 신문이나 잡지로 영어 공부를 해보신 분들은 다들 한 번쯤 들어본 이름일 겁니다. 경제, 정치, 문화, 과학, 예술 등 다양한 주제를 다룹니다.

2. 〈The Economist〉 https://www.economist.com

1843년 영국에서 창간된 정통 경제 주간지로 국내에도 많은 독자를 보유하고 있습니다. 정치나 경제에 관한 기본적인 배경지식이 필요하므로, 정보를 충분히 탐색해가며 꾸준히 보시길 권합니다.

3. 〈1843〉 https://www.1843magazine.com

〈이코노미스트〉의 창간 연도 1843년에서 제호를 가져온 다소 가벼운 잡지입니다. 정통 경제 주간지인 〈이코노미스트〉와 달리 〈타임〉지처럼 문화, 예술, 과학 등 폭넓은 주제를 다룹니다. 앱과 웹사이트를 이용하면 모든 기사의 전문을 무료로 볼 수 있습니다.

4. 〈Psychology Today〉 https://www.psychologytoday.com

미국의 유명 심리학 전문지입니다. 전문지라는 수식이 붙지만 쉽고 재미있게 읽을 만한 기사도 많이 올라옵니다. 잡지 한 권을 구매하는 게 부담스러울 때 웹사이트에서 마음에 드는 기사를 골라 인쇄하여 한 편씩 가볍게 볼 수 있습니다.

the가 없는 서수와 최상급

🔥🔥🔥

오늘은 이전에 배운 내용을 다시 짚고 넘어가려고 합니다. 'the의 사용 방법'에서 배웠던 내용 중 두 가지를 다시 살펴볼게요. 특정 유형의 사람을 묶어서 말하고 싶을 때 'the + 형용사' 형태를 써서 표현할 수 있다고 배웠습니다. the employed, the rich, the young 등의 표현이 어떤 의미인지도 배웠고요. 또 the French has가 아니라 the French have라고 적힌 표현도 보았습니다. 대부분 'the + 형용사'는 이렇게 집단을 나타내는 복수 표현으로 쓰인다고 배웠습니다. 하지만 격식을 차린 표현이나 추상적인 개념을 나타낼 때는 예외적으로 단수로 쓰일 때도 있다는 점을 알아둬야 합니다. 다음 표현들은 관용적으로 정해져 있으니 the에 형용사를 아무렇게나 붙인 후 단수로 취급하지 않도록 유의해야 합니다.

I think the former would be better.

전자가 더 낫겠어요.

I think the latter would be better.

후자가 더 낫겠어요.

The deceased was a respected actor.

고인은 존경받는 배우였다.

a fear of the unknown

미지의 것에 대한 두려움

The Marines have a slogan that says, "The difficult, we do immediately; the impossible takes a little longer."

미국 해병대에는 '어려운 일은 즉시 하고, 불가능한 일은 조금 더 오래 걸린다'라는 슬로건이 있다.

또한 '서수 또는 최상급의 표현이 나온다면 주로 the를 사용한다'고 설명한 적이 있습니다. 이때 제가 '항상'이 아니라 '주로'라고 말한 데는 이유가 있습니다. 그 이유에 대해 오늘 알아보려고 합니다. 우리가 일반적으로 알고 있는 the + 서수는 아래와 같은 예문에서 사용됩니다.

They won <u>the first prize</u> in the competition.

그들은 대회에서 1등 상을 탔다. (유일한 1등)

Who was <u>the first person</u> to climb Everest?

에베레스트산을 최초로 오른 사람은 누구였나요? (유일한 최초)

Our apartment's on <u>the second floor</u>.

우리 집은 2층에 있어. (유일한 2층)

하지만 예외적으로 만약 서수 앞에 a가 붙는다면 어떤 의미가 될까요?

We met <u>on the fourth floor</u>.

우리는 4층에서 만났다.

This building doesn't have <u>a fourth floor</u>.

이 건물은 4층이 없다.

the fourth floor의 의미 : ✎ _____

a fourth floor의 의미 : ✎ _____

먼저 연필 아이콘 옆에 각 구의 의미를 직접 적어봅시다. 틀려도 좋으니 어떤 생각이 먼저 들었는지 꼭 적어보세요.

the fourth floor나 a fourth floor나 한국어에서는 두 문장 모두 '4층'이라고 해석됩니다. 한글만 봐서는 어떤 차이가 있는 건지 구분하기가 좀 힘들죠. 첫 번째 문장에서 the fourth floor는 '이 건물에 있는 바로 그 4층'을 특정하여 말합니다. 보통 건물에 4층은 딱 하나만 있지요. 하지만 두 번째 문장에서 'a fourth floor'는 어느 건물에나 있을 수 있는 '4층이라는 곳'을 뜻합니다. 예를 들어 우리가 친구에게 무서운 이야기를 해주고 있다고 가정해봅시다. "학교 별관 4층 복도 끝에서 피아노 소리가 들리는 거야. 그런데 이 건물에는 4층이 없어!" 라고 말할 때 "But this building doesn't have a fourth floor."라고 말하면 됩니다. 또 비슷한 예를 더 볼까요?

The first step in fixing the house is to put on a new roof.
집을 고치는 첫 번째 단계는 새 지붕을 얹는 것이다.

Going to university can be **a first step** in learning more about yourself.
대학 진학은 자신에 대해 더 잘 알게 되는 첫걸음이 될 수 있습니다.

the first step의 의미 : ✎ _____

a first step의 의미 : ✎ _____

the first step은 이미 정해진 단계 중 첫 번째 단계를 말합니다. 지붕을 얹는 단계는 몇 가지로 이미 정해져 있는데 그중 첫 번째를 말하는 겁니다. 반면 a first step은 다음 단계나 이미 정해진 단계 등을 고려하지 않은 그저 하나의 '첫걸음'을 말합니다. 스스로에 대해 더 잘 알게 되는 방법도, 단계도 많겠지만 대학에 가는 게 그 방법 중 첫 단계가 될 수 있다는 뜻입니다.

이 외에도 a first name이름, a last name성, a first impression첫인상, a first child첫아이, a second language제2의 언어, a second thought숙고/재고, a second chance두 번째 기회, on second thought(s)다시 생각해보니, a third choice세 번째 선택 등 상황에 따라 a와 서수가 함께 올 수 있습니다.

Many people study and practice a second language.
제2의(또 다른) 언어를 배우고 연습하는 사람들이 많다.

I answered without a second thought.
나는 곧바로 대답했다.

Starting a family means having a first child.

가족을 꾸린다는 말은 첫아이를 갖는 것을 의미한다.

Their marriage was finished after the first child was born.

그들의 결혼 생활은 첫째가 태어난 후 끝났다.

the라는 관사가 사물이나 사람을 특정하여 나타내는 표현이다 보니 서수뿐만 아니라 유일하다는 의미를 가진 only 역시 the와 자주 함께 옵니다.

She was the only person to complain.

불평하는 사람은 그녀뿐이었다.

You are the only person for me.

당신은 나에게 유일한 사람이에요.

하지만 이것 역시 예외 상황이 있습니다. 아래 세 문장은 각각 어떤 차이가 있을까요?

It can be lonely to be brought up as an only child.

외동으로 자라면 외로울 수 있다.

Tommy was the only child in the family.

Tommy는 가족 중 유일한 아이였다.

She was the only child on the bus.

그녀는 버스에 타고 있던 유일한 아이였다.

an only child의 의미 : ✎ _____

the only child의 의미 : ✎ _____

첫 번째 문장에 나오는 an only child는 '외동'을 뜻하는 단어입니다. 두 번째 문장에 나오는 the only child는 가족 중에 유일한 아이라는 뜻입니다. 결과적으로 가족 중에 유일한 아이라면 외동이 되는 셈이긴 합니다. 하지만 세 번째 문장에서 the only child는 버스에 탄 유일한 아이였다는 뜻입니다. 외동이라는 뜻이 아니지요?

서수에 the 대신 a가 붙는 예외적인 상황 이외에도 아예 관사 없이 사용되는 경우(이런 경우를 '무관사'라고도 합니다)도 있습니다. 서수가 다른 명사와 함께 와서 통째로 하나의 셀 수 없는 명사가 되는 경우(복합명사), 혹은 서수와 명사의 조합이 부사로 사용될 때도 관사가 필요없습니다. 아래 표현을 하나씩 읽어볼까요? 복합명사나 부사를 구별해내려고 하기보다는 표현을 통째로 기억해두는 게 좋습니다.

I learned first aid at school.

나는 학교에서 응급처치법을 배웠다.

She has second sight.

그녀는 미래를 내다본다.

They always fly first class.

그들은 항상 1등석을 탄다.

I called the office first thing this morning.

나는 오늘 일어나자마자 사무실에 전화했다.

Who came first in the race?

누가 이겼어?

항상 the와 함께 쓰인다고 배웠던 단어들이 무관사로, 혹은 a/an과 함께 오는 걸 보니 혼란스러운 분들도 있겠습니다. 서수든, only처럼 the가 자주 함께 오는 단어든 의미에 따라 다른 관사와 함께 쓰일 수 있으니 법칙을 무조건 암기하는 것보다는 많은 문장을 보며 감을 익히는 걸 추천합니다.

관사를 아예 사용하지 않는다면?

🔥🔥🔥

서수뿐만 아니라 관사를 사용하지 않는 추가적인 경우가 있어서 두 가지만 더 알아볼까 합니다. 첫 번째로 어떤 목적에 따라 어딘가로 갈 때는 관사를 사용하지 않습니다. 무슨 말인가 싶지요? 예를 들어봅시다. 만약 엄마가 아이에게 '너 학교 가야지!'라고 말한다면 그 말은 단순히 학교 건물을 통과해서 들어가야 한다는 뜻일까요? 아니면 학교에 공부하러 가야 한다는 뜻일까요? 후자가 맞겠지요? 그래서 이 표현은 다음과 같이 말합니다.

You have school.

너 학교 가야지.

여기에는 the나 a가 필요하지 않아요. school이 들어간 표현을 더 볼까요?

Where do you go to school?

너는 학교 어디 다니니?

I will start school next year.

나는 내년부터 학교를 다닌다.

MIke Is at school.

마이크는 지금 학교에 있다. (수업 중)

The city is going to build a new school.

시에서 새 학교(건물)를 지을 것이다.

Do you see the school building over there?

저기 학교 건물 보이죠?

school이 학교 건물을 뜻하는 거라면 다른 명사와 똑같이 관사를 붙여주고, 배우러 가는 곳 (학교에서 배우는 것)이라는 의미로 학교를 말하는 거라면 관사가 필요 없습니다. 비슷한 의미의 college, university도 이렇게 사용해서 다음과 같이 표현할 수 있습니다.

I go to university next year. 나는 내년에 대학에 간다.

I dropped out of college. 나는 대학을 중퇴했다.

school뿐만 아니라 prison, church도 동일하게 사용합니다. 감옥에 투옥된 거라면 관사 없이 in prison, go to prison이라고 말하고 교도소에 누구를 면회하러 가거나 업무차 방문했다면 visit a/the prison, visit someone in prison이라고 말합니다. prison과 church가 무관사로 사용된 예를 대화를 통해 살펴볼까요?

아래 대화는 미국 내 유명한 갱생 프로그램recovery program 중 하나인 알코올 중독자 모임AA, Alcoholics Anonymous의 미팅 장면입니다. AA 모임은 열 명 정도의 인원이 의자에 원형으로 둘러앉아 서로의 고충을 털어놓는 자리입니다. 칼의 이야기를 들어보도록 합시다.

대화문

Noah : So... what's your story, Kal?

Kal : Well... I don't know where to begin.

(a moment of silence)

Noah : No pressure. Just tell us a little bit about yourself.

Kal : (deep sigh) My dad went to prison when I was 11. He, uh, he said they were trumped-up charges but I was too young to understand all that.

(silence)

Noah : Go on.

Kal : The next month, Mom, uh, my mom disappeared and, umm, I moved to the city and lived alone. Uh, sorry, could I have some water?

Noah : Sure. Here.

Kal : I had no place to stay, no job, no nothing. I mostly stayed near the Bethel Church building.

Noah : Did you pick the place yourself?

Kal : Yeah, I went to church before all that. But I couldn't anymore. I was either hammered or high all day. I couldn't go to church like that.

Noah : 그래서, 어쩌다 여기에 오게 됐어요?

Kal : 음… 무슨 말부터 해야 할지 모르겠네요.

(잠시 침묵)

Noah : 천천히 하세요. 간단히 자기소개만 해주시면 돼요.

Kal : (깊은 한숨) 제가 열한 살 때 아버지가 감옥에 가셨어요. 아버지는 누명을 쓴 거라고 했지만 저는 그런 걸 다 이해하기엔 너무 어렸고요.

(침묵)

Noah : 계속 말씀하세요.

Kal : 다음 달에 엄마는 어디론가 사라졌어요. 음, 그리고 전 도시로 나와서 혼자 살았고요. 아, 죄송해요. 혹시 물 좀 마실 수 있을까요?

Noah : 네, 여기 있어요.

Kal : 지낼 곳도 없고 일할 곳도 없었어요. 아무것도 없었죠. 주로 베델 교회 건물 주변에서 지냈어요.

Noah : 직접 그 장소를 선택하신 거예요?

Kal : 네, 예전엔 교회를 다녔거든요. 근데 더는 갈 수 없었어요. 항상 술이나 약에 취해 있었으니까요. 그런 상태로 교회에 갈 순 없잖아요.

칼의 대사에서 관사 없이 go to prison, go to church라고 말한 부분이 보이시죠?

두 번째로 관사를 사용하지 않는 사례를 살펴볼게요. 누가 선출되거나 임명되었다고 표현할 때는 직함이나 관직에 the를 붙이지 않습니다.

In 2016, Trump was elected president.

2016년에는 트럼프가 대통령에 당선됐다.

He was appointed Prime Minister in 2018.

그는 2018년 총리로 임명되었다.

Ralph was appointed manager as expected.

예상대로 랄프가 매니저로 뽑혔다.

위 문장에 굳이 the elected president, the Prime Minister라고 하지 않아도 됩니다. the President of the United States, the prime minister of France라고 the를 붙여서 표기하는 것이 일반적이지만 누가 대통령으로 뽑혔다, 누가 임명되었다고 할 때는 관사 없이 사용합니다.

of와 the

드디어 오늘 수업의 마지막 장입니다. of와 the의 관계에 대해 되짚어볼 건데요. 제가 수많은 원서와 대화를 통해 영어 표현을 읽고, 듣고, 또 말하고 쓰면서 경험한 바에 따르면 [   ] of [   ]의 형태일 때 a보다는 the가 오는 경우가 더 많은 것 같습니다. 하지만 의미상 '유일'하거나 '확실히 정해진 경우'가 아니라면 the를 사용하지 않습니다. 예를 들어 다음과 같은 표현을 볼까요?

He is a son of my sister.
그는 내 여동생의 아들이다.

This is a photograph of my late grandmother.
이건 돌아가신 할머니의 사진이야.

a child of three
세 살짜리 아이

여동생에게 여러 명의 아들이 있고 그중 하나라면 a son이라고 표현하겠지요? 또한 할머니의 사진이 여러 장인데 그중 하나라면 a photograph of라고 표현하는 게 더 일리가 있습니다. of와 관사의 관계를 살펴봤으니 이제 관사에 관한 중요한 내용은 대부분 다 돌려보았습니다. 관사의 쓰임은 아주 사소해 보이지만 많은 법칙과 예외가 숨어 있습니다. 관사는 사소하게는 미국 영어, 영국 영어에서 차이를 보이기도 합니다.

I'm not going to the hospital. (US)
나는 병원에 안 갈 거야!

I'm not going to hospital. (UK)

나는 병원에 안 갈 거야!

제가 처음 관사를 배웠을 때는 '꽤 쉬운데?'라고 느꼈고, 더 깊이 공부하면서는 '법칙은 대체 무슨 쓸모가 있지?' 하는 생각이 들었습니다. 아마도 지금까지 관사에 관한 내용을 쭉 읽으면서 저와 비슷한 감정을 느끼셨을 거예요. 이 내용은 가이드라인으로 참고만 할 뿐 자주 보면서 익숙해지는 수밖에 없습니다. 그래서 대부분의 문법책에서 짧게 설명하고 넘어가는 관사 파트를 이렇게 오래 설명하게 되었습니다. 다음 수업부터는 대명사로 넘어갈 예정이니 관사 부분을 잘 복습하고 오세요!

● 보충 수업

직독직해에 대하여

앞서 관사를 채우는 연습 문제였던 소설 《동물농장》의 도입부를 해석하다가 어려움을 겪었던 분들이 있을 거예요. '중학생들이 읽는 건데 왜 이렇게 어려워' 같은 생각을 하지는 않으셨나요? 수업을 하다 보면 학생들이 꼭 질문하는 게 있습니다. '어떻게 하면 해석을 잘할 수 있나요?'

오늘 보충 수업에서는 어떻게 하면 원서를 잘 읽을 수 있는지 이야기해보도록 하겠습니다. 조지 오웰 소설의 첫 두 문단만 다시 살펴봅시다.

Mr. Jones, of the Manor Farm, had locked the hen-houses for the night, but was too drunk to remember to shut the pop-holes. With the ring of light from his lantern dancing from side to side, he lurched across the yard, kicked off his boots at the back door, drew himself a last glass of beer from the barrel in the scullery, and made his way up to bed, where Mrs. Jones was already snoring.

As soon as the light in the bedroom went out there was a stirring and a fluttering all through the farm buildings. Word had gone round during the day that old Major, the prize Middle White boar, had had a strange dream on the previous night and wished to communicate it to the other animals. It had been agreed that they should all meet in the big barn as soon as Mr. Jones was safely out of the way. Old Major (so he was always called, though the name under which he had been exhibited was Willingdon Beauty) was so highly regarded on the farm that everyone was quite ready to lose an hour's sleep in order to hear what he had to say.

먼저 위 두 문단을 기준으로 원서 읽는 법을 설명해보겠습니다. 잘 읽으려면 아래 다섯 가지를 갖추어야만 합니다.

1. 단어나 구의 뜻을 모두 알아야 합니다.

말 그대로 읽고자 하는 글에 나온 단어의 의미를 알고 있어야 한다는 뜻입니다. 예를 들어 위 첫 문단에 나온 hen-houses나 pop-holes와 같은 단어의 의미를 모른다면 내용을 완전히 이해하기에는 무리가 있습니다. 사전에 단어를 검색하기만 하면 되니 이 부분은 큰 문제가 되지 않겠지요?

2. 단어나 구의 뜻을 '제대로' 알아야 합니다. 문맥에 따라 사용되는 의미가 다를 수 있습니다.

여기부터는 좀 어렵습니다. 사전은 하나가 아닌 여러 개의 결과를 보여줍니다. 예를 들어 본문에 나온 kick off를 사전에 검색하면 1) (경기가) 시작되다 2) 버럭 화를 내다 3) 갑자기 난폭해지다 4) 옷을 벗어버리다 5) 닻을 올리다 등 다양한 의미를 볼 수 있습니다. 여기에서는 'kick off his boots'이니 4번이 가장 문맥에 맞는 의미겠지요. 이 단어는 굳이 사전을 찾지 않아도 부츠를 kick(발로 차서) off(벗긴다)는 의미를 유추할 수 있긴 합니다.

3. 정해진 구문이나 관용적인 표현의 뜻을 알아야 하며, 제대로 끊어서 해석할 수 있어야 합니다.

본문에 나온 too drunk to remember to는 두 개의 의미 덩어리가 합쳐져 있습니다. 하나는 too drunk to do something~하기에 너무 술에 취한, 그리고 나머지 하나는 remember to do something~해야 할 것을 기억하다입니다. 두 표현이 합쳐져서 '너무 술이 취해서 ~해야 할 것을 기억하지 못하다'라는 뜻이 됩니다.

made his way up to bed라는 표현에서는 make one's way가 '~로 가다'라는 뜻을 가지고 있다는 것을 알고 있어야 수월하게 읽을 수 있습니다.

Word had gone round를 잘 읽으려면 word has gone round/ word has gone out이라는 표현이 '어떤 소문이 돌다'라는 의미를 가지고 있다는 것을 알아야 합니다. 그대로 직역해서 '단어가 나가서 돈다'라고 해석하면 이상하지요?

Mr. Jones was safely out of the way를 해석하기 위해서는 (be) out of the way라는 표현이 '(길에서) 비키다, 잠잠해지다'라는 의미임을 알아야 합니다.

4. 소설의 경우 비유적인 표현을 이해할 수 있어야 합니다.

(모든 글에 해당하지는 않는 사항이지만) 소설은 워낙 비유적 또는 묘사하는 표현이 많아서 글을 읽으면서 어느 정도 머릿속에 이미지가 그려져야 합니다. 예를 들어 the ring of light from his lantern이라는 표현을 읽을 때는 '반지 + 불 + 랜턴'의 조합이 아니라 어두운 곳에서 손전등을 켰을 때 동그랗게 불빛이 비치는 것을 상상할 수 있어야 더 생생하게 읽을 수 있습니다.

5. 앞에서 뒤로, 차례대로 해석해야 합니다.

한국어와 마찬가지로 영어 역시 글이 쓰인 순서대로 의미를 받아들이는 게 좋습니다. 간혹 뒤에 있는 단어를 끌어와서 앞의 단어와 연결해 해석하는 경우가 있습니다. 이 부분은 글을 한 문장씩 해석해보면서 배우게 될 텐데요. 한국어 문장으로 번역해야 하는 상황이 아니라면 절대 뒤에서 앞으로 오거나 마음대로 순서를 바꾸면 안 됩니다.

다독을 통해 다섯 가지 능력을 갖추게 되면 비로소 더는 해석하는 방법에 얽매이지 않고 자유롭게 작가의 의도를 파악하고, 이야기에 집중할 수 있습니다.
이제 본격적으로 《동물농장》을 함께 해석해볼 겁니다. 사전을 참고하는 건 언제나 환영입니다! 힌트를 참고해서 본문을 해석해보세요. 마지막으로 제가 해둔 직역과 비교해보면 오늘 수업이 마무리됩니다.

Animal Farm by George Orwell

Chapter I

Mr. Jones, of the Manor Farm, had locked the hen-houses for the night, but was too drunk to remember to shut the pop-holes. With the ring of light from his lantern dancing from side to side, he lurched across the yard, kicked off his boots at the back door, drew himself a last glass of beer from the barrel in the scullery, and made his way up to bed, where Mrs. Jones was already snoring.

> **hen-house** 닭장 **too drunk to do something** ~하기에 너무 술에 취한 **remember to do something** ~해야 할 것을 기억하다 **too drunk to remember to~** 너무 술에 취해서 ~해야 할 것을 기억하지 못하다 **pop-hole** 닭장의 쪽문 **lurch** 휘청거리다 **kick off** (옷을) 벗어버리다, 발로 차서 벗다 **barrel** 통, 배럴 **scullery** 작은 부엌 방 **make one's way** ~로 가다 **snore** 코를 골다

_____

_____

_____

_____

_____

_____

As soon as the light in the bedroom went out there was a stirring and a fluttering all through the farm buildings. Word had gone round during the day that old Major, the prize Middle White boar, had had a strange dream on the previous night and wished to communicate it to the other animals. It had been agreed that they should all meet in the big barn as soon as Mr. Jones was safely out of the way. Old Major (so he was always called, though the name under which he had been exhibited was Willingdon Beauty) was so highly regarded on the farm that everyone was quite ready to lose an hour's sleep in order to hear what he had to say.

At one end of the big barn, on a sort of raised platform, Major was already ensconced on his bed of straw, under a lantern which hung from a beam. He was twelve years old and had lately grown rather stout, but he was still a majestic-looking pig, with a wise and benevolent appearance in spite of the fact that his tushes had never been cut. Before long the other animals began to arrive and make themselves comfortable after their different fashions. First came the three dogs, Bluebell, Jessie, and Pincher, and then the pigs, who settled down in the straw immediately in front of the platform. The hens perched themselves on the window-sills, the pigeons fluttered up to the rafters, the sheep and cows lay down behind the pigs and began to chew the cud. The two cart-horses, Boxer and Clover, came in together, walking very slowly and setting down their vast hairy hoofs with great care lest there should be some small animal concealed in the straw. Clover was a stout motherly mare approaching middle life, who had never quite got her figure back after her fourth foal. Boxer was an enormous beast, nearly eighteen hands high, and as strong as any two ordinary horses put together. A white stripe down his nose gave him a somewhat stupid appearance, and in fact he was not of first-rate intelligence, but he was universally respected for his steadiness of character and tremendous powers of work. After the horses came Muriel, the white goat, and Benjamin, the donkey. Benjamin was the oldest animal on the farm, and the worst tempered. He seldom talked, and when he did, it was usually to make some cynical remark–for instance, he would say that God had given him a tail to keep the flies off, but that he would sooner have had no tail and no flies. Alone among the animals on the farm he never laughed. If asked why, he would say that he saw nothing to laugh at. Nevertheless, without openly admitting it, he was devoted to Boxer; the two of them usually spent their Sundays together in the small paddock beyond the orchard, grazing side by side and never speaking.

---

sort of 다소, 어느 정도, 일종의 **raised** 높이가 높은 **platform** 연단, 강단 **ensconce** 안락하게 자리를 잡다 **ensconced** 안락하게 자리를 잡은 **hung (hang)** 매달다, 걸리다 **beam** 기둥 **lately** 최근에 **rather** 다소, 조금 **stout** 통통한, 몸집이 큰 **majestic** 장엄한, 위풍당당한 **benevolent** 자애로운 **appearance** 모습, 외모 **in spite of the fact that** ~이지만, ~라는 사실에도 불구하고 **tushes (tush)** 송곳니 **make themselves comfortable (make oneself comfortable)** 편하게 자리 잡다 **fashions (fashion)** 방식 **immediately** 바로 가까이에 **perched (perch) (무엇의 끝에)** 걸터앉다 **window-sills (window sill)** 창틀, 창턱 **fluttered (flutter)** 파닥이다 **rafters (rafter)** 서까래 **chew the cud** 되새김질하다 **cart-horses** 짐마차를 끄는 말 (농장에서 주로 힘든 일을 하는 덩치가 크고 힘이 센 말) **vast** 거대한, 어마어마한 **hoofs (hoof)** 발굽 **with great care** 조심스럽게 **lest** ~하지 않게, ~할까 봐 **concealed** 숨겨진 **motherly** 어머니의, 어머니 같은 **mare** 암말 **middle life** 중년 **figure** 모습, 몸매 **foal** 망아지 **enormous** 거대한, 엄청난 **put together** 합하나, 합친 **somewhat** 다소 **first rate** 일류의, 최고의 **intelligence** 지능 **universally** 일반적으로 **steadiness** 끈기 **character** 기질, 성격 **tremendous** 엄청난, 대단한 **worst tempered (bad-tempered)** 곧잘 성질을 내는, 성미가 가장 고약한 **seldom** 좀처럼 ~하지 않는 **cynical** 냉소적인 **make a remark** 말을 하다 **keep the flies off (keep something off)** 파리들을 쫓아내다 **sooner** 오히려, 차라리 **admitting (admit)** 인정하다 **paddock** 작은 방목장 **orchard** 과수원 **grazing (graze)** 풀을 뜯다

_____
_____
_____
_____
_____
_____
_____
_____
_____
_____
_____
_____

The two horses had just lain down when a brood of ducklings, which had lost their mother, filed into the barn, cheeping feebly and wandering from side to side to find some place where they would not be trodden on. Clover made a sort of wall round them with her great foreleg, and the ducklings nestled down inside it and promptly fell asleep. At the last moment Mollie, the foolish, pretty white mare who drew Mr. Jones's trap, came mincing daintily in, chewing at a lump of sugar. She took a place near the front and began flirting her white mane, hoping to draw attention to the red ribbons it was plaited with. Last of all came the cat, who looked round, as usual, for the warmest place, and finally squeezed herself in between Boxer and Clover; there she purred contentedly throughout Major's speech without listening to a word of what he was saying.

a brood of 한배에서 난 (병아리나 오리 등) ducklings (duckling) 새끼 오리 filed into (file into) 줄지어 ~로 들어가다 cheeping (cheep) 짹짹거리다 feebly 약하게, 힘없이 wandering (wander) 헤매다, 돌아다니다 trodden (tread) 밟다 be trodden on 밟히다 foreleg 앞다리 nestled (nestle) 자리 잡다, 따뜻이 앉다 promptly 제시간에, 지체하지 않고 at the last moment 마지막 순간에 trap 이륜마차, 경마차 mincing (mince) (고상한 듯) 짧고 빠르게 걷다 daintily 우아하게 a lump of 덩어리 flirting (flirt) 휙휙 움직이다 mane 갈기 plaited (plait) 땋다, 꼬다 purred (purr) 골골거리다 contentedly 만족스럽게 throughout ~내내

All the animals were now present except Moses, the tame raven, who slept on a perch behind the back door. When Major saw that they had all made themselves comfortable and were waiting attentively, he cleared his throat and began:

present 참석한 **except** ～을 제외하고 **tame** 길들여진 **raven** 큰까마귀 **attentively** 유심히, 세심히 **cleared his throat (clear one's throat)** 목을 가다듬다

✎ _____

_____

_____

_____

_____

_____

_____

_____

"Comrades, you have heard already about the strange dream that I had last night. But I will come to the dream later. I have something else to say first. I do not think, comrades, that I shall be with you for many months longer, and before I die, I feel it my duty to pass on to you such wisdom as I have acquired. I have had a long life, I have had much time for thought as I lay alone in my stall, and I think I may say that I understand the nature of life on this earth as well as any animal now living. It is about this that I wish to speak to you.

comrades (comrade) 동지, 동무 **come to the dream later (come to something again)** 다시 언급하다, 다시 이야기하다 **shall (will)** ～일 것이다, ～할 것이다 **duty** 의무 **pass on to you (pass on to someone)** ～에게 전달하다 **such** 그러한 **acquired (acquire)** 가지게 되다, 습득하다, 획득하다 **as** ～하는 동안 **stall** 마구간, 외양간 **may say** 아마도 ～라 말할 수 있을 것 같다 **nature** 본질, 본성 **living** 살아 있는

✎ _____

_____

_____

_____

_____

"Now, comrades, what is the nature of this life of ours? Let us face it: our lives are miserable, laborious, and short. We are born, we are given just so much food as will keep the breath in our bodies, and those of us who are capable of it are forced to work to the last atom of our strength; and the very instant that our usefulness has come to an end we are slaughtered with hideous cruelty. No animal in England knows the meaning of happiness or leisure after he is a year old. No animal in England is free. The life of an animal is misery and slavery: that is the plain truth.

> **face** 직시하다, 직면하다 **miserable** 비참한 **laborious** 힘든 **just so much ~ as ~** 딱 ~할 만큼의 ~ **just so much food as ~** 딱 ~할 만큼의 음식 **capable of it (capable of something)** ~할 수 있는 **forced to work** 일하라고 강요를 받는 **force someone to do something** ~에게 ~하라고 강요하다 **atom** 원자 **the very instant** 딱 그 순간 **usefulness** 유용함, 사용 가능성 **come to an end** 끝이 나다 **slaughtered (slaughter)** 도 살하다 **be slaughtered** 도살당하다 **hideous** 흉측한, 끔찍한 **cruelty** 잔인함 **leisure** 여가, 레저 **misery** 고통 **slavery** 노예, 노예제 **plain** 명백한

✎ _____
_____
_____
_____
_____
_____
_____

"But is this simply part of the order of nature? Is it because this land of ours is so poor that it cannot afford a decent life to those who dwell upon it? No, comrades, a thousand times no! The soil of England is fertile, its climate is good, it is capable of affording food in abundance to an enormously greater number of animals than now inhabit it. This single farm of ours would support a dozen horses, twenty cows, hundreds of sheep–and all of them living in a comfort and a dignity that are now almost beyond our imagining. Why then do we continue in this miserable condition? Because nearly the whole of the produce of our labour is stolen from us by human beings. There, comrades, is the answer to all our problems. It is summed up in a single word–Man. Man is the only real enemy we have. Remove Man from the scene, and the root cause of hunger and overwork is abolished for ever.

simply 단순히 **order** 질서, 법칙 **so poor that** ~ 너무 척박해서 ~한 **so ~ that ~** 너무 ~해서 ~한 **afford** 제공하다, ~할 형편이 되다, ~을 살 여유가 되다 **decent** 품위가 있는, 괜찮은 **dwell** 살다 **soil** 땅, 대지 **fertile** 비옥한 **climate** 기후 **in abundance** 풍부하게 **inhabit** 살다 **a dozen** 열두 개의 **comfort** 안락함 **dignity** 품위, 위엄 **beyond** ~너머 **beyond our imagining** 우리의 상상을 너머 **miserable** 비참한 **nearly** 거의 **the whole of** ~의 전체 **produce** 생산물 **labour (labor)** 노동 **summed up (sum up)** 요약하다 **be summed up** 요약되다 **enemy** 적 **remove** 제거하다 **scene** 현장, 장면, 상황, 분야 **root** 뿌리 **overwork** 과로 **abolished (abolish)** 폐지하다 **be abolished** 폐지되다 **for ever (forever)** 영원히

✎ _____

_____

_____

_____

_____

_____

_____

_____

_____

_____

_____

"Man is the only creature that consumes without producing. He does not give milk, he does not lay eggs, he is too weak to pull the plough, he cannot run fast enough to catch rabbits. Yet he is lord of all the animals. He sets them to work, he gives back to them the bare minimum that will prevent them from starving, and the rest he keeps for himself. Our labour tills the soil, our dung fertilises it, and yet there is not one of us that owns more than his bare skin. You cows that I see before me, how many thousands of gallons of milk have you given during this last year? And what has happened to that milk which should have been breeding up sturdy calves? Every drop of it has gone down the throats of our enemies. And you hens, how many eggs have you laid in this last year, and how many of those eggs ever hatched into chickens? The rest have all gone to market to bring in money for Jones and his men. And you, Clover, where are those four foals you bore, who should have been the support and pleasure of your old age? Each was sold at a year old–you will never see one of them again. In return for your four confinements and all your labour in the fields, what have you ever had except your bare rations and a stall?

creature 생명체 consumes (consume) 소비하다 producing (produce) 생산하다 lay 낳다 plough 쟁기 lord 왕 set them to work 일하게 하다 set someone to do something ~하게 하다 the bare minimum 최소한의 것 prevent them from starving 굶지 않도록 하다 prevent someone from doing something ~가 ~하지 못하게 막다, 예방하다 keeps for himself (keep for oneself) 독차지하다 tills (till) 갈다, 경작하다 dung 똥 fertilises (fertilize) 비옥하게 하다 owns (own) 소유하다 bare skin 맨살 before ~의 앞에 (있는) gallons (gallon) 갤런(약 4리터) during ~동안 should have been breeding up 키웠어야 했다 should have done something ~했어야 했다 breed up 키우다 laid '낳다'를 뜻하는 lay의 과거 분사형 hatched (hatch) 부화하다 bore '낳다'를 뜻하는 bear의 과거형 in return for ~에 대한 보답으로 confinements (confinement) 분만 bare 기본적인, 얼마 되지 않는 rations (ration) 배급량

✎ _____

_____

_____

_____

_____

_____

_____

_____

_____

_____

_____

_____

_____

"And even the miserable lives we lead are not allowed to reach their natural span. For myself I do not grumble, for I am one of the lucky ones. I am twelve years old and have had over four hundred children. Such is the natural life of a pig. But no animal escapes the cruel knife in the end. You young porkers who are sitting in front of me, every one of you will scream your lives out at the block within a year. To that horror we all must come–cows, pigs, hens, sheep, everyone. Even the horses and the dogs have no better fate. You, Boxer, the very day that those great muscles of yours lose their power, Jones will sell you to the knacker, who will cut your throat and boil you down for the foxhounds. As for the dogs, when they grow old and toothless, Jones ties a brick round their necks and drowns them in the nearest pond.

✎ _____

_____

_____

_____

_____

_____

_____

_____

"Is it not crystal clear, then, comrades, that all the evils of this life of ours spring from the tyranny of human beings? Only get rid of Man, and the produce of our labour would be our own. Almost overnight we could become rich and free. What then must we do? Why, work night and day, body and soul, for the overthrow of the human race! That is my message to you, comrades: Rebellion! I do not know when that Rebellion will come, it might be in a week or in a hundred years, but I know, as surely as I see this straw beneath my feet, that sooner or later justice will be done. Fix your eyes on that, comrades, throughout the short remainder of your lives! And above all, pass on this message of mine to those who come after you, so that future generations shall carry on the struggle until it is victorious.

"And remember, comrades, your resolution must never falter. No argument must lead you astray. Never listen when they tell you that Man and the animals have a common interest, that the prosperity of the one is the prosperity of the others. It is all lies. Man serves the interests of no creature except himself. And among us animals let there be perfect unity, perfect comradeship in the struggle. All men are enemies. All animals are comrades."

resolution 결심 falter 흔들리다 argument 주장 astray 길을 잃게, 못된 길에 빠지게 a common interest 공통의 관심사 prosperity 번영 serves (serve) 도움을 보태다, 기여하다 interests (interest) 이득, 이익 unity 화합 comradeship 우애, 동지애

At this moment there was a tremendous uproar. While Major was speaking four large rats had crept out of their holes and were sitting on their hindquarters, listening to him. The dogs had suddenly caught sight of them, and it was only by a swift dash for their holes that the rats saved their lives. Major raised his trotter for silence.

uproar 소란 **rats (rat)** 쥐 **crept** '기어가다, 살금살금 움직이다'라는 뜻을 가진 creep의 과거 분사형 **hindquarters** 뒷다리 **caught sight of (catch sight of)** 언뜻 보다 **swift** 재빠른 **dash** 질주, 돌진 **trotter** 돼지의 발, 족발

✎ _____

_____

_____

_____

_____

_____

"Comrades," he said, "here is a point that must be settled. The wild creatures, such as rats and rabbits–are they our friends or our enemies? Let us put it to the vote. I propose this question to the meeting: Are rats comrades?"

settle 합의하다 **wild** 야생의 **put it to the vote (put to a vote)** 투표에 부치다 **propose** 제안하다

✎ _____

_____

_____

The vote was taken at once, and it was agreed by an overwhelming majority that rats were comrades. There were only four dissentients, the three dogs and the cat, who was afterwards discovered to have voted on both sides. Major continued:

at once 즉시 **agreed (agree)** 동의하다 **be agreed** 동의되다, 합의되다 **overwhelming** 압도적인 **majority** 다수, 다수표 **dissentient** 다수의 의견에 반대하는 사람(여기서는 동물들) **afterwards** 나중에 **discovered** 밝혀진

✎ _____

_____

_____

_____

"I have little more to say. I merely repeat, remember always your duty of enmity towards Man and all his ways. Whatever goes upon two legs is an enemy. Whatever goes upon four legs, or has wings, is a friend. And remember also that in fighting against Man, we must not come to resemble him. Even when you have conquered him, do not adopt his vices. No animal must ever live in a house, or sleep in a bed, or wear clothes, or drink alcohol, or smoke tobacco, or touch money, or engage in trade. All the habits of Man are evil. And, above all, no animal must ever tyrannise over his own kind. Weak or strong, clever or simple, we are all brothers. No animal must ever kill any other animal. All animals are equal.

merely 그저, 단지 **enmity** 원한, 증오 **ways** 방식들 **fighting against (fight against)** ~와 대적하여 싸우다 **resemble** 닮다 **conquered (conquer)** 정복하다 **adopt** 채택하다, 쓰다 **vices (vice)** 악, 비행 **engage in** ~에 종사하다, 관여하다 **trade** 무역, 장사 **tyrannise (tyrannize)** 폭군같이 굴다 **kind** 종 (= species) **one's own kind** 동종, 동족 **equal** 평등한

✎ _____

_____

_____

_____

_____

_____

_____

_____

_____

_____

_____

"And now, comrades, I will tell you about my dream of last night. I cannot describe that dream to you. It was a dream of the earth as it will be when Man has vanished. But it reminded me of something that I had long forgotten. Many years ago, when I was a little pig, my mother and the other sows used to sing an old song of which they knew only the tune and the first three words. I had known that tune in my infancy, but it had long since passed out of my mind. Last night, however, it came back to me in my dream. And what is more, the words of the song also came back-words, I am certain, which were sung by the animals of long ago and have been lost to memory for generations. I will sing you that song now, comrades. I am old and my voice is hoarse, but when I have taught you the tune, you can sing it better for yourselves. It is called 'Beasts of England'."

describe 묘사하다 vanished (vanish) 사라지다 reminded me of something (remind someone of something) ~에게 ~가 생각나게 하다, 상기시키다 forgotten '잊다'라는 뜻을 가진 forget의 과거 분사형 sows (sow) 암퇘지 used to sing 부르곤 하다 used to do ~하곤 하다 tune 음, 선율 infancy 유아기 long since 오래전에 certain 확신하는 sung '노래하다'라는 뜻을 가진 sing의 과거 분사형 hoarse 목이 쉰 taught '가르치다'라는 뜻을 가진 teach의 과거 분사형 beasts (beast) 짐승

_____
_____
_____
_____
_____
_____
_____
_____
_____
_____
_____

이제 답안지를 참고하여 해석을 비교해봅시다. 저와 함께 답안지로 확인해보니, 혼자 읽을 때와 해석이 많이 다른가요? 나의 독해력이 어느 정도인지 파악해볼 수 있는 좋은 기회였기를 바랍니다.

초급일 때는 단어를 잘 모릅니다. 그래서 사전을 정말 자주 찾아야 합니다. 사전을 찾으면서 영어를 계속 읽다 보면 문맥에 맞는 적절한 단어를 모른다는 걸 깨닫습니다. 게다가 내가 알고 있는 구문이나 관용 표현이 얼마 안 된다는 걸 알게 됩니다. 구문이나 관용 표현의 의미 단위를 모르니 어디까지가 의미 단위인지 모르고, 어디서 끊어 읽어야 하는지 모릅니다. 결

국 내용이 잘 이해되지 않고 재미도 없어집니다. 그래서 대부분은 혼자서 읽어보다가 그만 두는 경우가 많습니다. 그렇다면 어떻게 의미 단위를 잘 파악해서 읽을 수 있을까요?

글을 읽을 때는 어디서 끊어 읽느냐에 따라 의미가 달라집니다. 잘못 끊어 읽게 되면 '아버지가 / 방에 / 들어가신다'가 '아버지 / 가방에 / 들어가신다'로 의미가 완전히 바뀌어버립니다. 끊어 읽는 걸 어려워하는 학생들은 학원에서 끊어 읽기 수업을 듣거나, 아예 영어로 된 글을 읽는 걸 포기하기도 합니다.

끊어 읽기는 '전치사 앞에서 끊어라', '접속사는 세모를 친다', 'ing가 나오면 그 앞을 끊는다' 등 수많은 법칙이 있고 이 법칙은 때로 유용하게 사용할 수 있습니다. 이 법칙을 모두 찾아 외운 다음 글을 읽어야 할까요?

모국어인 한글을 익힐 때 어떻게 끊어 읽기를 습득했는지 떠올려봅시다. 특별한 품사나 단어 앞, 혹은 뒤를 끊어서 의미 단위로 파악해야 한다고 명시적으로 배우진 않았던 것 같습니다. 일단 한국어는 띄어쓰기를 잘 보면 문장 내 의미를 쉽게 파악할 수 있기도 하고, 또 한국어가 모국어라면 고등교육과정을 거치며 수많은 글을 읽게 되므로 기본적인 독해 실력이 생깁니다. 그렇다면 영어는 의미상 잘 끊어 읽으려면 어떻게 해야 할까요? 먼저 제가 위에서 설명해드린 끊어 읽기 법칙을 외운 후 적용하는 방법이 있습니다. 하지만 법칙을 외우는 것은 휘발성이 강하고 응용력이 떨어진다는 한계가 있습니다. (지루하기도 하고요!) 그래서 효과가 좋은 끊어 읽기 훈련법을 다음 세 단계로 간단하게 정리해보았습니다.

1단계, 현재 수준에서 읽어낼 수 있는 짧은 문장이 나오는 책을 많이 읽습니다. 처음부터 복잡하고 긴 문장을 해석하려고 하기보다는 아래처럼 단순한 문장들에 익숙해지세요.

Tom didn't want to do anything.
Tom didn't want to do anything rashly.

2단계, 짧은 문장에 익숙해지면 수식이 더 많고 복잡한 분상을 읽어보세요. 위의 단순한 문장들에 익숙해졌다면 아래와 같이 복잡한 문장에 도전해보는 겁니다.

Tom didn't want to do anything rashly because he knew something.
Tom didn't want to do anything rashly because he knew what shock or surprise could do.

처음부터 이런 문장에 덤벼들지 말고 단계별로 난이도를 높여가야 합니다.

3단계. 2단계를 계속 수행하면서 자신의 수준에 맞는 문법책을 골라 병행하는 게 좋습니다. 이렇게 세 단계를 꾸준히 하면 혼자서도 충분히 직독직해 실력을 향상시킬 수 있습니다.

많은 학생이 혼자 원서를 읽을 때 '틀리게 해석하면 어떡하지'라며 굉장히 불안해합니다. 그런 분들을 위해 저의 개인적인 이야기를 해보려고 합니다.

제가 초등학교 6학년이나 중학교 1학년 때쯤 《해리 포터》 시리즈를 처음 원서로 접하게 되었습니다. 원서로 읽어보신 분들은 알겠지만, 책에 나오는 '해그리드'의 대사는 사투리를 그대로 옮겨서 영어가 서툰 사람들은 거의 이해하기 힘듭니다. 예를 들면 한국 소설에서 극 중 인물이 부산 출신이고, 그 인물이 말하는 대사를 부산 사투리 그대로 썼다고 생각하시면 됩니다. 당연히 저는 해그리드 대사는 거의 이해하지 못했고 나머지 부분도 저만의 소설을 쓰면서 봤다고 해도 무리가 아닐 겁니다. 그렇게 중·고등학교 시절을 거쳐 해리 포터 시리즈를 모두 읽었습니다. 물론 그사이 단어도 외우고, 학교 시험도 대비하고, 미국 드라마도 자막 없이 보는 나날이 계속되었지요. 그러다 고등학교 1학년이 되어 문득 《해리 포터》 1권을 다시 읽고 싶어졌습니다. 책을 가지고 소파에 앉아 읽는데, 그때를 생각하면 지금도 소름이 돋습니다. 초등학교 때 읽었던 내용과 너무 달랐던 겁니다. 번역판을 빌려와 비교해보니 고등학생이 돼서야 비로소 정확히 해석할 수 있다는 걸 깨달았습니다.

그래서 제가 하고 싶은 말은, 지금 당장 정확히 읽지 못하더라도 상관없다는 거예요. 끊어 읽기 좀 못하면 어떤가요? 내용을 조금 잘못 안다고 큰일 나는 것도 아닙니다. 모든 문장을 잘못 읽는 게 아니라 몇몇 문장을 오역하는 정도라면 아주 심각한 수준은 아닙니다. 그러니 모든 문장을 처음부터 완벽히 해석해야겠다고 생각할 필요는 없습니다. 그런 건 번역가가 고민해야 할 문제입니다. 그저 재미있게, 꾸준히 읽다 보면 어느 날 '유레카의 순간'이 찾아옵니다. 막혔던 문장이 읽히고, 외계어로 보였던 원서가 눈에 들어오기 시작할 때까지 꾸준히 다독하길 바랍니다.

혼자서 꾸준히 읽기 어렵다면 주변 사람들과 함께 하는 방법도 있습니다. 영어 원서를 함께 읽는 오프라인 소모임이나 디스코드 같은 온라인 사이트, 인터넷 카페도 좋습니다. 같이 책을 읽으면서 토론할 수 있는 자리는 얼마든지 있을 겁니다. 줄거리를 요약해보기도 하고, 소감도 나누고, 해석이 잘되지 않는 부분은 서로 의논해보세요. 팀원들과 꾸준히 독서 습관을 만들다 보면 어느새 놀랍도록 영어 실력이 자라 있을 거예요. 이보다 더 빨리 영어가 느는 방법은 없다고 자부할 정도로 효과가 좋습니다.

DAY 5.

대명사 ①

이번 대명사 수업에서는 직접 영작하거나 해석해보는 문제가 수록되어 있습니다. 문제를 풀 때는 너무 많이 생각하지 말고 한 문제당 1~2분 정도 타이머를 설정해두고 풀어보세요. 실제 영어로 대화할 때는 입에서 바로 문장이 나와야 합니다. 그러니 오래 생각해서 답을 풀어내려고 하기보다는 즉각적으로 답이 나오는지 테스트해보는 게 좋습니다. 만약 문장의 의미를 모르겠다면 바로 해답을 보셔도 좋습니다.

연습 문제를 푸는 또 다른 팁을 하나 드리자면, 핸드폰의 음성 인식 기능을 이용하는 것입니다. 음성 인식으로 문장을 만들어보세요. 발음 연습까지 할 수 있는 좋은 방법입니다!

대명사에 대하여

오늘 배울 대명사는 사람이나 사물의 이름을 대신 나타내는 말입니다. 김철수, 박영희, 자전거, 은행 등 직접 사람이나 사물의 이름을 말하지 않고 그녀, 그, 너, 나, 우리, 그것 등으로 대신해서 사용하는 것을 대명사라 부릅니다. 실제 사물이나 사람의 이름을 말하면 될 텐데, 왜 굳이 대명사를 쓰게 되었을까요?

먼저 Hannah Sparks의 작품《Where Dragons Fly》의 도입부를 함께 살펴봅시다.

> Until he was eight years old, Ethan Broom's life was very ordinary. He lived with his dad in a cosy little house on a quiet road just outside of the town. 여덟 살이 될 때까지 Ethan Broom의 삶은 아주 평범했어요. 그는 아버지와 함께 마을 외곽의 조용한 도로에 있는 아늑하고 작은 집에서 살았어요.

만약 대명사가 없다면 이 글은 아래와 같이 써야 합니다.

> Until Ethan Broom was eight years old, Ethan Broom's life was very ordinary. Ethan Broom lived with Ethan Broom's dad in a cosy little house on a quiet road just outside of the town.

대명사를 사용하지 않을 때는 'Ethan Broom'이라는 등장인물의 이름이 반복되는 게 보이시죠? 같은 단어가 반복되면 이야기 자체에 집중력을 잃게 됩니다. 대명사는 간단하게 단어를 대체하여 이야기에 집중할 수 있도록 해줍니다. 오늘 알아볼 대명사는 I를 비롯하여 you, she, he, they 등입니다. 각 대명사의 변형 형태도 모두 알아볼 예정입니다. 대명사는 내용을 이해하기 어렵다기보다 사용법을 헷갈리는 경우가 많습니다. 사소한 철자 하나로 의미가 바뀌기 때문에 많이 해석해보고, 또 써보는 게 좋습니다. 그럼 아래 예문을 해석해봅시다.

PRACTICE 7

I 나(항상 대문자)

Nobody knows where I am.

I should do my best.
*should : ~해야만 하다

I kissed him goodnight.

I planned to visit my grandmother.
*plan to do something : ~하기로 계획하다

me 나를, 나에게

She hates me very much.

Give me the pen.

Are you talking to me?

Look me in the eyes.

my 나의 (내)

My dog is 3 years old.

Have you seen my jeans?

My stomach hurts.
*stomach : 배

My hands are cold.

mine 나의 것

This book is not mine.

The red car is mine.

He is an old friend of mine.	✎
That bag used to be mine.	✎

'엄청 팬이에요!'라는 표현은 'I am a big fan of you.'라고 하지 않고 'I am a big fan of yours!'라고 표현합니다. 마찬가지로 다음 표현들도 확인해보세요.

She is a friend of mine. (She is one of my friends.) 그녀는 내 친구 중 하나다.

She is a friend of Steve's. 그녀는 Steve의 친구이다.

She is a fan of Steve's. 그녀는 Steve의 팬이다.

myself 나 자신(에게), 나 스스로, 직접

I blamed myself for not noticing. *blame oneself : 스스로를 탓하다	✎ ....
I told them so myself. *so : 그렇게	✎ ....
I was proud of myself for finishing the course.	✎
I'm going to get myself a new bag. *I'm going to do something : 나는 ~할 예정이야	✎ ....

You 너(에게), 너희, 너를

You are absolutely wrong.	✎
You are so amazing!	✎
You boys, stop talking!	✎
Between you and me, I think she broke it.	✎

he 그

He is my father.	✎
He is a kind person.	✎
He was very confident.	✎
It was he who suggested the idea. *it was he who ~ : ~한 사람은 바로 그였다.	✎ ....

him 그에게, 그를

I already told him that.	✎
I often hang out with him. *hang out : 어울려 놀다	✎
Do you know him?	✎
Are you in love with him? *in love with : ~와 사랑에 빠진	✎

his 그의, 그의 것

I already read some of his novels.	✎
This is not his problem.	✎
The book is his.	✎
At that moment, he took my hand in his.	✎

himself 그 자신, 그 스스로

He shyly introduced himself.	✎
He doesn't like to wash himself.	✎
He introduced himself to me.	✎
Everyone should learn to love himself. (herself/themselves)	✎

she 그녀

She is my mother.	✎
She was a doctor.	✎
She planned the trip.	✎
She is my mother, too.	✎

her 그녀를, 그녀(에게), 그녀의

She bought her house last week.	✎

That must be her.

What is her name?

Did you invite her, too?

hers 그녀의 것

The idea was hers.

The choice was hers.

Hers is the one on the right.
*the one : 그것, 그 사람
*on the right : 오른쪽에

Marie is a friend of hers.

herself 그녀 자신, 그녀 스스로

She was talking to herself.
*talk to oneself : 혼잣말을 하다

She set the table herself.

Maggie was sitting by herself on the couch.
*sit by oneself : 혼자 앉아 있다

She made herself a cup of tea.

it 그것, 그것을, 그것에게

A: Where's the notebook?
B: It's on your desk.

She ate it!

Did you see it?

I immediately punched it.

its 그것의

itself 그 자신, 스스로

Each region has its own recipes.

The house has its own pool.

Nature can heal itself.

The cat was washing itself on the bed.

we 우리

We had a party last night.

We would like a table for four.

We traveled around the world.

We will offer you a new job.

us 우리를, 우리에게

She looked at us.

Give us more time.

They invited us both.

They showed us a new guitar.

our 우리의

Do you want to stay at our house?

Do you want to see our dog?

Our family is not normal.

Our parents are so generous.

ours 우리의 것

The book is ours.

The bags are ours.

She is a friend of ours.   ✎

That's not ours.   ✎

ourselves 우리 자신, 우리 스스로, 직접

We can do it ourselves.   ✎

We saw it for ourselves.   ✎

We consider ourselves very lucky.   ✎

We built the temple ourselves.   ✎

they 그들

They don't have an apartment.   ✎

They don't have any ideas.   ✎

Do they have uniforms?   ✎

They are salesmen.   ✎

them 그들을, 그들에게

She is angry with them.   ✎

I was in front of them.   ✎

No one was near them.   ✎

I still haven't met them.   ✎

their 그들의

They freely expressed their opinions.   ✎

Their eyes met.   ✎

Their three small children are playing basketball.   ✎

She heard their conversation through the wall.   ✎

theirs 그들의 것

The cars are theirs.	✎
He is a friend of theirs.	✎
That house is probably theirs.	✎
Our house is just as big as theirs.	✎
*just as big as : 꼭 ~만큼 큰	

themselves 그들 자신, 그들 스스로

To protect themselves, hedgehogs use spines.	✎
They bought themselves a new computer.	✎
They are at home by themselves.	✎
They disagreed among themselves.	✎

사람, 사물을 지칭할 때 자주 사용하는 대명사

앞서 배웠던 대명사들 외에도 사람이나 사물을 지칭할 때 this/these, that/those를 자주 사용합니다. this는 가까이 있는 것을 지칭하여 '이것'이라는 의미를 지닙니다. 이것, 이 사람, 이분, 이곳, 여기 또는 이번 등으로 다양하게 해석할 수 있습니다.

반대로 that은 다소 떨어져 있는, 멀리 있는 것을 지칭하여 '저것'이라는 의미를 가지고 있습니다. this와 마찬가지로 저것, 저 사람, 저분, 그것, 그 사람 등으로 다양하게 해석할 수 있겠습니다. 두 단어 모두 '이것', '저것'으로 명확히 번역되지 않고 사라질 때도 있는데요. 아래 예문을 하나씩 읽어보면서 옆에 적힌 의미와 비교해볼까요?

Mark, this is Maggie. Mark, 나 Maggie야.

Kate, this is John. Kate, 나 John이야.

I don't go to school this week. 나는 이번 주에 학교에 가지 않는다.

This is really good wine. 이거 정말 좋은 와인이야.

Hello. This is Jamie. Can I speak to Maggie? (통화 중) 안녕하세요. Jamie인데요. Maggie 있어요?

This is a list of rules. 이것은 규칙 목록이다.

That looks fancy! 정말 멋지다!

Who is this? 누구세요?

That is a very good idea. 그거 정말 좋은 생각이네.

Yes, that is right. 네, 맞아요.

No, that is wrong. 아뇨, 그거 틀렸어요.

Was that mom on the phone? 방금 엄마랑 통화한 거야?

This is my boat, and that one over there is Maggie's. 이건 내 보트고, 저쪽에 있는 건
Maggie의 보트야.

This is Maggie's house. 여긴 Maggie의 집이다.

위 예시에서 Maggie's라는 표현은 두 가지로 해석될 수 있습니다.

This is my boat, and that one over there is Maggie's. → Maggie의 것

This is Maggie's house. → Maggie 소유의

이렇게 '~의 것(소유의 개념)'을 나타낼 때 <u>사람 이름</u>에 아포스트로피를 붙여서 나타냅니다.

They were at Maggie's house. 그들은 Maggie의 집에 있었다.

These are Jane's shoes. 이것은 Jane의 신발이다.

These are Jane's. 이것들은 Jane의 것이다.

this/that은 한 사람 또는 한 개의 사물, 즉 단수의 무언가를 지칭합니다. 여러 사람이나 여러 개의 사물에 대해 말하고 싶다면 these^{이것들/이 사람들}, those^{저것들/저 사람들/그것들}를 사용하면 됩니다.

These are expensive books. 이것들은 비싼 책(들)이다.

These are very difficult questions to answer. 이것들은 대답하기 매우 어려운 질문(들)이다.

Those were his last words. 그것이 그의 마지막 말이었다.

Those are her shoes. 저것은 그녀의 신발이다.

These books are expensive. 이 책들은 비싸다.

this/these/that/those는 물리적으로 가까이 있는, 혹은 멀리 있는 사람이나 사물을 말할 뿐만 아니라 심리적 거리를 나타내는 데 사용할 수도 있습니다.

This new boyfriend of yours – how old is he?
새 남자 친구는 나이가 어떻게 돼?

That new boyfriend of yours – where is he now?

너 새로 사귄다는 남자 친구는 대체 어디에 있는 거야?

this를 사용한 첫 번째 문장은 긍정적인 관심의 표현으로 보이지요? 반면 that을 사용한 두 번째 문장은 다소 부정적인, 반감을 가진 사람의 말투입니다. this/these/that/those는 물리적인 거리뿐만 아니라 심리적 거리를 나타낼 수도 있으니 구별하여 사용하도록 합니다.

this/that과 더불어 one도 정말 자주 쓰는 표현 중 하나입니다. 생긴 것만 봐도 어떤 뜻을 가지고 있는지 짐작이 되지요? one은 기본적으로 '하나'라는 의미를 가지고 있어 한 개인 사물이나 사람을 나타내기도 하고, 앞에 이미 언급했거나 상대방이 알고 있는 사람이나 사물을 지칭하여 one, ones라고 표현합니다.

My dress is the pink one. 분홍색이 내 드레스야.

Which one do you prefer? 어떤 게 더 좋아?

Which one do you want? 어떤 걸 원하니?/ 어떤 걸로 할래?

Which one is yours? 어느 것이 네 거야?

My house is the one on the left. 왼쪽에 있는 게 우리 집이야.

I like this one better. 이게 더 마음에 들어.

We have many flavors. Which one do you want? 맛이 여러 종류가 있어요. 어떤 걸로 드릴까요?

그뿐만 아니라 one은 일반적인 사람들people을 뜻하는 의미로도 사용할 수 있습니다.

One should never judge a book by its cover. 겉모습만 보고 판단해서는 안 된다.

One has to think before acting. 사람은 행동하기 전에 생각부터 해야 한다.

대명사도 종류가 참 많습니다. 지금까지 봤던 대명사 이외에도 자주 사용되는 any-, every-, no-, some-이 들어간 대명사를 살펴본 다음 아래 문장을 해석해봅시다.

PRACTICE 8

Anybody 누군가, 누구든지, 아무도

Anyone 누구(나), 아무나

Anything 무엇(이든), 아무것이나

Anywhere 어디든, 아무 데나

If anybody asks, tell them I am not here.	✎
Is anybody out there?	✎
She did not see anybody in the garden.	✎
Anybody can do that!	✎
Anyone can join.	✎
Ask anyone. They'll answer. *They'll = They will	✎
I didn't hear anything.	✎
I didn't do anything.	✎

Everybody 누구든지, 모두

Everyone 모든 사람, 모두

Everything 모든 것, 전부

Everywhere 어디나, 모든 곳

Where is everybody?	✎
We have to invite everyone!	✎
Everyone else is working.	✎
Everything is fine.	✎
People purchase everything he makes.	✎
They went everywhere they could.	✎

Nobody 아무(도) ~않다

No one 아무(도), 누구도 ~않다

Nothing 아무것도 (아니다)

Nowhere 아무 데도 (없다, 않다)

Nobody knows the truth.	✎
Nobody came to the party.	✎
This is nobody's business but mine.	✎
This is no one's problem.	✎
I called earlier, but no one answered.	✎
There is nothing you can do.	✎
There was nothing you could do.	✎
I had nowhere to go.	✎
Nobody called, did they?	✎

Somebody 누군가

Someone 누군가, 어떤 사람, 누구

Something 어떤 것, 어떤 일

Somewhere 어딘가에

There's somebody at the door.	✎
I think somebody just shouted.	✎
There's someone at the door.	✎
This is someone else's bag.	✎
Would you like something to eat?	✎
Would you like something to drink?	✎
Would you like some more coffee?	✎
Somewhere over the rainbow, bluebirds fly.	✎

오늘 수업은 여기까지입니다. 내용이 어렵진 않지만 자칫하면 틀릴 수 있는 단어들이니 사용법을 잘 익혀두어야 합니다. 이번 대명사 수업의 문장 해석이 어려웠던 분들은 매운맛을 표시하는 불덩이 하나를 모두 학습한 후 두세 개짜리로 넘어가는 것을 추천합니다. 다음 수업에서는 대명사에 대해 조금 더 깊게 다룰 예정입니다.

DAY 6.

대명사 ②

저번 시간에는 대명사가 들어간 문장을 해석하느라 고생이 많았을 겁니다. 그래서 오늘은
좀 더 심화된 내용이긴 하지만 손은 쉬어가려고 합니다. 가볍게 읽고 이해하고 넘어가면 되
는 내용이 대부분이니 편안한 마음으로 시작하셔도 좋습니다.

대명사 파고들기

저번 시간에 배웠던 내용을 간단히 정리해보겠습니다.

주격 대명사 subject pronoun	목적격 대명사 object pronoun	소유 형용사 possessive adjectives	소유 대명사 possessive pronoun	재귀 대명사 reflexive pronoun
I	me	my	mine	myself
you 너	you	your	yours	yourself
he	him	hls	his	himself
she	her	her	hers	herself
it	it	its	its	itself
we	us	our	ours	ourselves
you 너희들	you	your	yours	yourselves
they	them	their	theirs	themselves

- 주격 대명사 : 주어 자리에 들어가는 대명사(~은/는)
- 목적격 대명사 : 목적어 자리에 들어가는 대명사(~을/를, ~에게)
- 소유 형용사 : 누구의 소유인지 나타내는 형용사(~의. 대명사가 아니라 형용사지만 의미 변화가 유사
  하여 대명사와 형용사를 혼합하여 배웠습니다.)
- 소유 대명사 : 소유격 + 명사를 대신한 표현으로 '~의 것'이라고 해석되는 대명사
- 재귀 대명사 : 어떤 동작을 하는 사람 또는 사물 자신에게 이루어지는 행위를 말할 때 쓰는 대명사

위 대명사 표가 어느 정도 익숙한 분들도 있을 거라 생각합니다. 지난 수업에서 예문을 통해 모두 학습한 내용이니 표를 따로 외울 필요는 없습니다. 이 내용을 다시 정리하는 이유는 '목적격 대명사'를 다시 한번 살펴보기 위해서입니다. (아직 '목적어'가 무엇인지 모른다면 DAY 19 수업을 잠시 보고 오세요!)

목적격 대명사 me, you, him, her, it, us, them은 말 그대로 '목적어' 자리에 들어가는 대명사입니다. 동사의 목적어 자리에, be동사 뒤에, 혹은 전치사 뒤에 목적격 대명사를 사용합니다. 복잡한 말인 것 같지만 예문을 보면 쉽게 이해할 수 있습니다. 아래 주어진 문장 중 올바른 문장에는 O, 올바르지 않은 문장에는 X 표시를 해보세요.

| 예시 | Can you help us? | (○) |
| | Can you help we? | (×) |

PRACTICE 9

Just talk to him tomorrow.	Check it out! This is me in Paris.
Just talk to he tomorrow.	Check it out! This is I in Paris.
She is waiting for us.	Hello, mom, it's me.
She is waiting for we.	Hello, mom, it's I.
We were at his house with him.	Between you and I
We were at his house with he.	Between you and me
I saw her yesterday.	Stop punching him!
I saw she yesterday.	Stop punching his!

대명사에 대한 감이 있다면 위 문장들을 쉽게 구분할 수 있을 거라 생각합니다. 법칙을 적용해서 세 문장 정도만 살펴볼까요?

She is waiting for us.

Hello, mom, it's me.

Stop punching him!

첫 번째 문장에서는 for가 전치사라 목적격 대명사인 us가 온 게 보입니다. 두 번째는 is(be동사)다음에 목적격이 왔지요. 세 번째는 punch의 목적어로 목적격 대명사가 온 것을 알 수 있습니다. 앞서 설명한 법칙과 다 맞아떨어지는 것 같죠? 실제로 글을 읽고 말할 때는 법칙 자체를 달달 외워서 쓰는 건 아닙니다. 우리가 올바른 한국어 문장을 자연스럽게 알게 되는 것처럼 글을 많이 접하다 보면 어떤 대명사가 쓰였을 때 더 자연스러울지 저절로 습득하게 됩니다. 마지막으로 아래 표현만 살펴보고 넘어가겠습니다.

Between you and I
Between you and me

전치사 뒤에는 목적격 대명사가 와야 하기 때문에 올바른 표현은 Between you and me입니다.

Between you and me, I think he's wrong. (O)
Between you and I, I think he's wrong. (X)

하지만 격식을 차리지 않는 자리에서는 Between you and I라고 말하기도 합니다. 마찬가지로 주어 자리에 Maggie and I 대신 Maggie and me 또는 Me and Maggie라고 말할 수도 있다는 점을 알아두세요!

it에 대해 더 알아보기

DAY 6

지난 시간에 배운 it에 대해 좀 더 자세히 알아볼 겁니다. it이라는 단어가 가지고 있는 기본 의미는 '그것'입니다. 'I like it, I don't like it.' 같은 문장에서 '그거 좋네', '그거 별로야'라는 뜻으로 사용할 수 있지요. 하지만 it은 '그것'이라는 의미 외에도 다양한 용도로 사용할 수 있습니다. 혹시 아델Adele의 'Hello'라는 곡을 들어보신 적 있나요? 곡의 첫 소절은 이렇습니다.

Hello, it's me. 안녕 나야.

I was wondering if after all these years you'd like to meet.

정말 오랜만에 전화하네. 혹시 시간 되면 한번 볼래?

한 여자가 오래전 만났던 남자에게 전화를 걸어 처음 건네는 말입니다. Hello, it's me. 익숙하게 봐온 it이지요? 여기서 it은 '그것'이라는 뜻이 아닙니다. it은 누구인지 물어보고 답하거나 신분을 말할 때도 쓰입니다. 추가로 다음 문장을 봐주세요.

Who is it? – It's Jack! 누구세요? – Jack이야!

It's me. (통화 중에) 나야.

이 외에도 it은 날짜, 시간, 계절을 나타낼 때도 사용됩니다.

What time is it? – It is 10 o'clock. 몇 시야? – 10시야.

What day is it today? – It is Friday. 오늘이 무슨 요일이지? – 금요일이야.

It has been a year since I saw him. 그를 본 지 1년이 되었다.

It is so cold. 너무 춥다.

It is still raining. 아직도 비가 오고 있다.

It was getting dark. 날이 어두워지고 있었다.

It is nice and warm. 날이 따뜻하고 좋다.

It is a beautiful day. 날씨가 좋다.

It was very hot! 아주 더웠어!

It is going to rain soon. 곧 비가 올 것이다.

It takes forever to fix that car. 그 차는 고치는 데 오랜 시간이 걸린다.

It is October 5th. 10월 5일이다.

의견을 말할 때도 씁니다. 이럴 때 it은 별다른 해석이 필요 없는 것 같죠? 영어는 주어 자리를 비워두길 참 싫어하는 언어입니다.

It is difficult to learn French. 프랑스어는 배우기 어렵다.

It is dangerous to drink and drive. 음주 운전은 위험하다.

It is hard for me to solve. 내가 풀기에는 어렵다.

It was so kind of you. 정말 친절하시네요.

It is so great that you passed the test! 네가 시험에 합격해서 정말 좋아!

It is nice being with you. 너와 함께 있어서 좋아.

I like it here. 여기 좋네.

I hate it when that happens. 그런 일이 일어나면 정말 짜증 난다.

It doesn't matter who she is. 그녀가 누구인지는 중요하지 않다.

It's typically a painless procedure. 일반적으로 통증이 없는 시술이다.

I made it clear that I was not at all intrigued. 나는 전혀 관심이 없다는 것을 분명히 했다.

It sounds awful. 끔찍한 얘기네요. (끔찍한 소리네요.)

It's good to talk. 이렇게 이야기하니 좋네요.

It is for him to decide. 그가 결정할 일이다.

It is important for the concert to start on time. 콘서트는 정시에 시작해야 한다.

It is difficult for her to learn French. 그녀에게 프랑스어는 배우기 어렵다.

위 문장 중 마지막 두 개 문장은 다시 한번 볼 필요가 있습니다. 'It is important for the concert to start on time.'이라는 문장은 it을 사용한 표현을 만들기 위해 다소 억지로 만든 문장입니다. 보통은 'The concert needs to start on time.'이라고 말합니다. 또 '그녀에게 프랑스어는 배우기 어렵다.'라고 말할 때는 유의할 점이 하나 있습니다. 절대 'She is difficult to learn French.'라고 말하지 마세요. She is difficult라고 말하면 '그녀는 어려운 사람이다'라는 뜻이 됩니다.

it을 사용한 표현에는 이런 것도 있습니다.

It is said that…

It is believed that…

It is thought that…

'~라고 말해진다, 믿어진다, 생각해진다'라는 뜻인데 한국어에서는 조금 어색한 문장입니다. 한국어로는 '~라고 말한다, 믿는다, 생각한다'처럼 능동형 표현이 더 자연스럽습니다.

It is believed that the body 'shape' is also important nowadays.
요즘에는 체형도 중요하다고 믿어진다. (be believed 수동태 사용)

People believe that the body 'shape' is also important nowadays.
요즘 사람들은 체형도 중요하다고 믿는다. (believe 능동태 사용)

두 문장의 의미는 같지만, 첫 번째 문장에서는 it 뒤에 주어가 숨어 있습니다. 누가 that 이하의 사실을 믿고 있는지 밝히지 않아요. 진짜 주어를 숨기는 건 영어의 특징 중 하나입니다. 만약 듣는 이가 주어에 관심이 없거나 이미 주어를 충분히 예상할 수 있다면, 혹은 말하는 이가 주어를 의도적으로 숨기고 싶다면 수동태를 써서 나타냅니다. 다음의 예문처럼 말이죠.

The president was rumored to be considering a career in real estate following his administration. 대통령은 그의 정부에 이어(퇴임 후) 부동산업에서의 경력을 고려하고 있다는 소문이 있었다.

After the invention of the internet, many jobs were created.
인터넷 발명 이후 많은 일자리가 창출되었다.

여기까지가 오늘 수업의 끝입니다! 다음 시간에는 형용사를 배워볼 텐데요. 역시나 어려운 내용은 없으니, 마음 편히 내일 수업에서 뵙겠습니다.

DAY 7.

형용사

오늘 수업에서 배워볼 품사는 형용사입니다. 형용사는 우리가 모국어로 사용하는 한국어에도 있는 개념이기도 하고, 또 단어의 뜻만 알면 수월하게 문장을 해석할 수 있으니 편히 따라오세요!

형용사에 대하여

형용사는 명사 앞, 또는 뒤에 와서 그 뜻을 더욱 풍성하게 만들어줍니다. 만약 형용사가 없었다면 사람이나 사물의 특성을 하나도 설명할 수 없을 테니 우리의 언어 생활은 정말 재미없었을 거예요. 형용사는 기본적으로 아래와 같은 기능이 있습니다. 형용사에 해당하는 붉은색 부분에 주목해주세요.

> **어떤 + 사람 혹은 사물** = **예쁜** 그녀, **건강한** 음식, **상쾌한** 음료, **빨간** 색연필
>
> **사람 혹은 사람 + 어떠하다** = 그녀는 **예쁘다**, 나는 기분이 **좋다**, 색연필이 **빨갛다**

위 문장을 영어로 바꿔볼까요?

> pretty woman, healthy food, refreshing beverage, red crayon
>
> She is pretty. I feel good. The crayon is red.

형용사가 어떤 건지 대충 감이 오지요? 이제 아래에서 자주 사용되는 형용사 목록을 확인하고 각 단어와 문장의 뜻을 채워볼게요. 처음에는 사전의 도움 없이 모두 써보도록 하세요!

PRACTICE 10

형용사	해석 써보기	형용사	해석 써보기
beautiful	✎	true	✎
nice	✎	untrue	✎

cold	✎	unable	✎
hot	✎	well	✎
warm	✎	obvious	✎
cool	✎	vague	✎
annoyed	✎	fun	✎
interested	✎	funny	✎
glad	✎	easy	✎
pleasant	✎	difficult	✎
happy	✎	deep	✎
unhappy	✎	long	✎
sad	✎	old	✎
afraid	✎	tall	✎
alive	✎	stupid	✎
alone	✎	crazy	✎
asleep	✎	indoor	✎
sleepy	✎	outdoor	✎
sure	✎	designate	✎
unsure	✎	designated	✎
main	✎	intricate	✎
high	✎	able	✎
short	✎	willing	✎
total	✎	unwilling	✎
proper	✎	small	✎
concerned	✎	big	✎
involved	✎	bound	✎
responsible	✎	due	✎
expected	✎	ready	✎

greedy	✎	anxious	✎
normal	✎	early	✎
red	✎	blind	✎
blue	✎	interesting	✎
gray	✎	adorable	✎
absent	✎	right	✎
addictive	✎	wrong	✎
great	✎	different	✎
affordable	✎	appealing	✎

이제 문장도 살펴볼까요? 형용사가 들어간 아래 문장을 해석해봅시다.

형용사가 포함된 문장	해석 써보기
He is old.	✎
You are completely wrong.	✎
You might be right.	✎
Are you ready?	✎
Are you sure?	✎
Tom lives all alone.	✎
She is so adorable.	✎
I love indoor sports.	✎
It was a nice big house.	✎
I feel cold.	✎
The day was cold and dusty.	✎
Maggie has a beautiful smile.	✎
This cake tastes funky.	✎
She seemed annoyed.	✎
The lake is deep.	✎

This book is for people eager to earn easy money. *eager to do something : ～하고 싶은 마음이 간절한	✎ ....
She grew taller every month.	✎
He was the devil incarnate.	✎
When is the assignment due?	✎
The baby was due in only two weeks.	✎
It was bound to rain.	✎
Who's the designated driver?	✎
The water is 30 meters deep.	✎
He is 39 years old. (He is 39.)	✎
I am 6 feet tall. (I am 6 ft.)	✎

영어에는 수천 개 이상의 형용사 단어가 있어요. 그중 원어민들은 500~600개 정도를 대화에서 자주 사용하는데요. 'Top-500-Adjectives'를 구글에 검색해보면 다양한 결과를 볼 수 있습니다.

형용사의 순서

과연 한 문장 안에 형용사를 몇 개까지 쓸 수 있을까요? 가독성을 위해서라면 보통 세 개 이내가 적당한 수준입니다.

> **She was the** best **teacher I've ever had.** 그녀는 내가 만난 선생님 중 최고였다.
>
> **It is** hot **and** humid. 덥고 습한 날이다.
>
> **I feel** tired **and** sleepy. 피곤하고 졸리다.
>
> **He showed us a** small green paper **bag.** 그는 우리에게 작은 녹색 종이 가방을 보여줬다.

물론 한 문장에 최대한 많은 정보를 담고 싶다면 그 이상 쓰는 것도 가능합니다. 다음 문장을 한번 볼까요?

> **I saw a** cute chubby young white **cub.** 나는 귀엽고 통통하고 어리고 하얀 새끼 곰을 보았다.

형용사가 나열된 문장을 보니 형용사가 나오는 순서에도 규칙이 있는지 궁금하지 않으세요? 형용사의 어순에 관한 법칙은 꽤 복잡해서 단순한 규칙으로 나열하긴 힘들지만 주요 규칙만 소개한다면 다음과 같습니다.

의견 형용사 ➡ 상태나 성질을 나타내는 형용사 ➡ 분류를 나타내는 형용사 ➡ 명사

의견을 나타내는 형용사, 상태나 성질을 나타내는 형용사, 분류를 나타내는 형용사, 그 후에 명사가 옵니다. 그런데 '상태나 성질을 나타내는 형용사'는 더 세분화됩니다.

크기 ➡ 나이 ➡ 모양 ➡ 색 ➡ 기원 ➡ 재료

상세 분류까지 다 고려한다면 전체적인 순서는 이렇습니다.

의견 ➡ 크기 ➡ 나이 ➡ 모양 ➡ 색 ➡ 기원 ➡ 재료 ➡ 분류 ➡ 명사

위의 조건에 맞춰서 문장을 한번 만들어볼까요?

의견	크기	나이	모양	색	기원	재료	분류	명사
beautiful	small	old	round	white	Korean	satin	dancing	shoes

There are beautiful small old round white Korean satin dancing shoes in this shop.

이 요소를 모두 갖춘 문장을 쓰는 사람은 거의 없을 거예요. 순서를 무작정 외우기보다는 예문을 통해 자연스럽게 익숙해지도록 합시다.

형용사가 있어야 할 자리

DAY 7

문장 안에서 형용사의 올바른 위치는 어디일까요? 수업 초반에 보았던 문장을 다시 가져와 보겠습니다. 아래 문장을 다시 읽어보면서 형용사의 위치를 확인해볼까요?

It was a nice big house.

I feel cold.

She grew taller every month.

This cake tastes funky.

명사인 house는 그 앞에, 동사인 feel/grow/taste는 그 뒤에 형용사가 왔습니다. 형용사는 대체로 명사 앞에 위치하며 be, become, appear, feel, look, remain, seem, sound, get, go, grow, taste, smell과 같은 동사와 쓰일 때는 동사 뒤에 위치합니다. 이 규칙을 굳이 외울 필요는 없습니다. 문장을 자주 보다 보면 자연스럽게 익숙해질 겁니다. 반면 future, latter, main, mere, present, real, true 등의 형용사는 동사의 뒤보다는 대체로 명사 앞에 옵니다. '나는 그녀가 진정한 친구라고 생각한다'라는 문장을 말할 때 'I believe she is a true friend.'라고 하면 됩니다. 또 ill과 well은 명사 앞에 위치하기보다는 주로 동사 뒤에 온다는 규칙도 있지만 워낙 예외가 많아 암기보다는 다독으로 익숙해지는 편이 좋습니다.

다만 위치가 정해져 있어 눈여겨봐야 하는 단어들도 있습니다. ablaze불에 휩싸인, afloat물에 뜬, afraid두려워하는, alike비슷한, alone혼자, asleep잠이 든, awake깨어 있는와 같은 단어들은 대표적으로 동사 뒤에서만 사용됩니다. 각 단어의 의미만 봤을 때는 특별히 그 위치에 와야 할 이유가 없어서 이해하기보다는 기억해두는 게 좋습니다. alone은 alone time이라고 관용구처럼 쓰일 때가 있긴 하지만 대부분은 동사 뒤에서만 사용된다고 봐도 무방합니다.

> She's asleep. 그녀는 잠들었다.
>
> a sleeping girl 잠자는 소녀 / an asleep girl (×)
>
> He's afraid of spiders. 그는 거미를 무서워한다.
>
> I was all alone. 나는 철저히 혼자였다.
>
> The two houses are much alike. 두 집은 아주 비슷하게 생겼다.

반면 항상 명사 뒤에 나오는 단어들도 있습니다. elect당선된와 galore풍부한라는 단어가 대표적인데요. 단어만 보면 감이 오질 않으니 문장으로 살펴봅니다.

> Biden is now the president-elect. Biden은 이제 대통령 당선자이다.
>
> There will be food and drink galore. 먹을 것과 마실 것이 아주 많이 제공될 것이다.

또 형용사의 위치에 따라 의미가 달라지는 경우도 있습니다. 예를 들어 present라는 단어가 그러합니다. 아래 세 개 문장을 먼저 읽어보고 각 문장의 의미를 적어봅시다.

PRACTICE 11

He was present at the meeting.	✎
There are heavy metals present in the river.	✎
We need to examine the present situation.	✎

답안을 확인해보면 첫 두 문장에서 쓰인 present는 '참석한, 출석한, ~에 존재하는'이라고 해석할 수 있습니다. 위치를 잘 보면 동사 뒤에 쓰거나 명사 뒤에 와 있습니다. 반면 세 번째 문장에 쓰인 present는 존재나 참석과 전혀 관계없는 '현재의'라는 의미로 명사 앞에 위치합니다. 이렇게 위치에 따라 의미가 달라지는 단어는 그리 많지 않습니다. present외에도 concerned걱정하는/관계가 있는와 responsible책임이 있는/책임감이 있는이 있습니다. 이 부분은 대화를 통해 살펴볼까요?

대화문

(Brian calling Will)

Brian : Hi, Will. Is everything alright?

Will : Yea, why do you ask?

Brian : We were concerned that you didn't show up at the meeting.

Will : Really? What meeting? No one told me about a meeting.

Brian : Are you sure? The boss said everyone concerned should come. Aren't you a part of this new project A33?

Will : I am. Wait, let me go through my emails on my phone.

(Will에게 전화를 건 Brian)

Brian : 여보세요, Will. 괜찮은 거예요?

Will : 네, 왜요?

Brian : 회의에 안 와서 다들 걱정했어요.

Will : 네? 무슨 회의요? 아무도 회의 있다는 말을 안 했는데요.

Brian : 확실해요? 팀장님이 관련된 사람은 다 오라고 했어요. 이번 새 프로젝트 A33 같이 하시는 거 아니에요?

Will : 맞아요. 잠시만요. 핸드폰으로 이메일 확인해볼게요.

동사를 동원해서 만든 형용사

동사를 이용한 형용사까지 배우면 오늘 수업은 마무리됩니다. 동사를 변형해 형용사 형태로 만드는 경우도 많습니다. 동사에 -ed나 -ing를 붙여서 꾸미는 말을 만드는데, 이런 단어를 '분사participle'라고 부릅니다. 분사는 동사 수업에서 더 자세히 배울 예정입니다.
다음의 예를 살펴봅시다.

> excite 기대감으로 흥분시키다, 들뜨게 하다, 자극하다
> excited 신이 난, 들뜬, 흥분된, 초조한
> exciting 흥분하게 하는, 신나는, 흥미진진한

-ed가 붙을 때와 -ing가 붙을 때 영향을 주는 방향이 반대로 바뀌는 것 같죠? 즉 -ed가 붙으면 '~된, 되는'이라는 의미로, -ing가 붙으면 '~한, ~하는, ~하게 하는'의 의미가 된다고 생각하면 됩니다. 비슷하게 변형된 형용사를 조금 더 볼까요?

'짜증 나게 하다, 귀찮게 하다'라는 의미를 가진 annoy라는 단어를 먼저 살펴봅시다. 이 단어에 -ed가 붙으면 '짜증이 난'이라는 뜻이 됩니다. 반대로 -ing가 붙으면 '짜증 나게 하는'이라는 뜻이 되지요.

annoy	annoyed	annoying
짜증 나게 하다, 귀찮게 하다	짜증이 난	짜증 나게 하는

아래 문장을 해석해봅시다.

PRACTICE 12

That noise annoys me.	✎
She was so annoyed by that noise.	✎
That noise is so annoying.	✎

－ed와 －ing가 붙어 어떤 변화가 생기는지 이해되시나요? 아래 예문을 보면서 조금 더 연습해봅시다. 연필 아이콘이 표시된 부분에 각 문장의 의미를 써보세요.

interest 관심을 끌다	interested 관심이 있는	interesting 관심을 가지게 하는, 흥미로운
European history doesn't interest me.	✎	
I am not interested in European history.	✎	
European history is not at all interesting.	✎	

bore 지루하게 하다	bored 지루해하는, 지루하게 된	boring 재미없는, 지루하게 하는
The class bored him.	✎	
Everyone was bored by the class.	✎	
The class was very boring.	✎	

challenge 도전하다, 싸움을 걸다	challenged 어려움이 있는, 도전을 받는	challenging 도전적인, 도전하게 하는
He is technologically challenged.	✎	
He is directionally challenged.	✎	
The task was challenging but interesting.	✎	

satisfy 충족시키다, 만족시키다	satisfied 만족스러워하는, 만족된	satisfying 만족시키는, 만족하게 하는
The new job satisfies her.	✎	
They were very much satisfied with the result.	✎	
The zombie movie was satisfying.	✎	

disappoint 실망시키다	disappointed 실망한	disappointing 실망스러운, 실망하게 하는
Do not disappoint me!	✎	
I'm really disappointed in you, Anne.	✎	
Dinner was very disappointing.	✎	

tire 피곤하게 하다, 지치다	tired 지친	tiring 지치게 하는
The picnic tired them.	✎	
He never tires of listening to her singing.	✎	
I am really tired.	✎	
I am so tired of listening to your problems.	✎	
The picnic was very tiring.	✎	

이렇게 동사를 형용사로 변형한 표현은 문장을 무한대로 길어지게 할 수도 있습니다. 위에서 본 문장들은 다소 간단하지만 아래와 같은 긴 문장을 만드는 것도 가능합니다.

lie 눕다, 놓여 있다 [lying 놓여 있는]
Please bring me the box **lying on the porch**. 현관에 놓여 있는 상자를 가져다주세요.

walk 걷다 [walking 걷는]
Pedestrians **walking on the sidewalk** were old people. 인도를 걷는 보행자들은 노인들이었다.

run 달리다 [running 달리는]
I saw them **running down the hill**. 나는 그들이 언덕 아래로 내달리는 것을 보았다.

write 쓰다 [written 쓰인]
It was a letter **written by a young man**. 그것은 어떤 젊은이가 쓴 편지였다.

buy 구매하다 [bought 구매된]
They bragged about the dress **bought in Paris**. 그들은 파리에서 구매된 드레스를 자랑했다.

이렇게 -ed나 -ing를 붙여서 만들 수 있는 형용사는 무궁무진합니다. 동사의 개수만 해도 수천 개가 넘으니 동사에서 파생되어 나온 -ed, -ing 단어들도 당연히 종류가 많겠죠?

surprising(surprised), alarming(alarmed), amazing(amazed), worrying(worried), breaking(broken), confusing(confused), welcoming(welcomed), terrifying(terrified), embarrassing(embarrassed), depressing(depressed), disgusting(disgusted), puzzling(puzzled), relaxing(relaxed)…

동사에 -ed, -ing가 붙어 형용사가 될 수 있다는 것, 그리고 -ed와 -ing가 붙을 때의 차이를 알게 되었다면 다독하면서 최대한 많은 단어를 만나보는 게 좋습니다. 예를 들어 'This vase is broken.'이라는 문장이 있다고 합시다. 이 문장을 해석할 때 구태여 'broken은 break라는 동사가 broken이 되어 형용사로 쓰였다'라고 생각할 필요는 없습니다. broken이 '부러진, 고장이 난'이라는 의미를 가진다는 걸 알고, '뭔가가 고장이 났다'라고 할 때 '~ is broken'이라고 표현하는 게 더 중요합니다.

분사를 배울 때 사람에게 -ed, 사물에는 -ing를 사용한다고 무작정 외우는 경우도 있습니다. interested 같은 단어는 사람에게만 쓰는 형용사로, -ing가 붙은 interesting은 사물에만 쓰는 형용사로 말이죠.

I am interested in politics. 나는 정치에 관심이 있다.
→ I가 사람이니까 interested

She is interested in stock trading. 그녀는 주식 거래에 관심이 있다.
→ she가 사람이니까 interested

Politics is interesting. 정치는 흥미롭다.
→ politics는 사물이니까 interesting

Stock trading is not interesting. 주식 거래는 재미가 없다.
→ stock trading은 사물이니까 interesting

하지만 이런 방식은 언어를 학습할 때 다소 위험한 방법이 될 수 있습니다. 아래 두 문장을 봅시다.

The company is interested in helping more students. 그 회사는 더 많은 학생들을 돕는 데 관심이 있다.

→ the company는 사람이 아님에도 interested를 사용할 수 있음

She is a very interesting person. 그녀는 아주 흥미로운 사람이다.

→ she/person은 사람이지만 interesting을 사용할 수 있음

언어를 학습할 때는 법칙에 치중하기보다는 각 단어의 의미가 무엇인지, 또 어떻게 사용되는지 다양한 예문을 보며 익혀야 합니다. 특정 단어를 사람에게만 사용한다, 혹은 사물에만 사용한다는 방식으로 단순하게 법칙을 암기하지 않도록 주의합시다.

DAY 8.

동사 ①

동사는 전체 수업의 절반을 차지할 만큼 배울 양이 많아서 힘들지만 그만큼 배우고 나면 영어 실력이 쑥쑥 느는 품사입니다. 오늘과 내일은 맛보기 수업에 가깝습니다. 동사를 배운 적이 있다면 매우 쉽고 수월할 기예요. 차근차근 시작해봅시다!

동사에 대하여

동사는 움직임이나 상태를 나타내는 단어로, 영어에는 최소 2만 개 이상의 동사가 있다고 합니다. 실제로 대화에 자주 사용하는 동사는 겨우 1천 개 정도라고 해요. 오늘은 동사 중에서도 아주 기본적인 be동사를 먼저 배워볼 겁니다.

be동사는 기본적으로 '~은(는) ~이다'라는 의미를 가지고 있습니다. be는 '존재'와 '상태'를 나타내는 단어인데요. 아래 예문을 통해 살펴봅시다. 마지막 두 예문에서 등장하는 being과 been이라는 단어가 어색한 분도 있을 겁니다. 이 부분은 차차 설명할 예정이니 지금은 어떻게 해석되는지만 보고 넘어가도 좋습니다!

> I **am** late. 나 늦었어.
>
> She **is** late. 그녀는 늦었다.
>
> You **are** smart. 너는 똑똑해.
>
> I **was** sad. 나는 슬펐다.
>
> They **were** upset. 그들은 화가 났다.
>
> You are **being** stupid. 넌 지금 바보처럼 굴고 있어.
>
> I have never **been** there. 나는 그곳에 가본 적이 없다.

형태는 모두 다르지만 am, is, are, was, were, being, been은 모두 동사 be에서 출발한 단어들입니다. 그래서 be를 동사의 원형 또는 뿌리라고 합니다. 참고로 우리가 단어장이나 사전에서 보는 단어들은 모두 동사의 기본 형태입니다. 주어가 누구냐에 따라, 시간, 용도 등에 따라 동사는 정말 많은 형태를 띠고 있습니다. 아래 be의 변형된 형태를 보면서 그 이유를 생각해봅시다.

I am late. 주어가 '나'이고 현재라서 am

She is late. 주어가 '그녀'이고 현재라서 is

You are smart. 주어가 '너'이고 현재라서 are

I was sad. 지금이 아니라 예전에 내가 슬펐으니 was

They were upset. 지금이 아니라 예전에 그들이 화가 났으니 were

You are being stupid. 일시적인 상황에서의 행동을 나타내는 being

I have never been there. ～한 적이 있다 혹은 없다는 경험을 나타내는 been

Be (am, is, are, was, were, being, been…)

be동사는 뒤에 다른 표현이 붙어 어떻게 존재하는지 설명하는 데 사용됩니다. 사람, 사물의 상태를 나타내는 가장 기본적인 동사입니다. 먼저 am, is, are는 나는 어떠하다/ 그(녀)는 어떠하다/ 그들은 어떠하다 등 상태를 말할 때 사용합니다. 아래 예문의 밑줄 친 부분은 문장의 해석을 참고하여 알맞은 be동사를 채워봅시다.

PRACTICE 13

be동사가 들어간 문장	문장 해석
I ___ pretty.	나는 **예쁘다**.
I ___ late.	나 **늦었어**.
She ___ cute.	그녀는 **예쁘다**. (그녀는 **귀엽다**.)
He ___ fifteen.	그는 열다섯 살**이다**.
You ___ next.	다음은 네 **차례다**.
They ___ my parents.	그들은 나의 부모님**이다**.
My brother ___ sick.	내 동생은 **아프다**.
You ___ right.	네 말이 **맞다**.
She ___ home right now.	그녀는 지금 집에 **있다**.
The key ___ on the table.	열쇠는 테이블 위에 **있다**.
Mothers ___ always busy.	엄마들은 항상 **바쁘다**.
We ___ fine.	우리는 **괜찮다**.
She ___ here.	그녀는 여기에 **있다**.

올바른 be동사를 써넣었는지 답안지에서 확인해보세요. be동사는 가장 자주 사용되는 단어이기도 하고, 다른 어떤 동사보다도 다양하게 변하니 꼭 제대로 확인하고 넘어가야 합니다. '나'의 상태를 나타낼 때는 동사 am을 사용하고 '그/그녀, 또는 한 명의 사람/한 개의 사물'을 설명할 때는 is를 사용합니다. '여러 명'은 are을 사용하면 됩니다. be동사를 처음 보면 법칙이 다소 산만해 보일 수 있지만, 문장을 자주 읽고 말해보면 금방 익힐 수 있습니다.

위에서 본 문장은 모두 '현재형present tense'이라고 부릅니다. 지금의 상태를 나타내는 말이죠. 만약 '지금 어떠하다'가 아니라 '옛날에는 어땠다'라고 과거에 일어난 일을 말하고 싶다면 어떻게 해야 할까요? am/is를 was로, are을 were로 바꿔주기만 하면 됩니다. 아래 표를 보고 과거형으로 옮겨봅시다.

현재 상황(am, is, are)		과거 상황(was, were)
I am pretty.	나는 **예쁘다.**	✎
I am late.	나는 **늦었다.**	✎
She is cute.	그녀는 **예쁘다.**	✎
He is fifteen.	그는 열다섯 **살이다.**	✎
You are next.	다음은 네 **차례다.**	✎
They are my parents.	그들은 나의 **부모님이다.**	✎
My brother is sick.	내 동생은 **아프다.**	✎
You are right.	네 말이 **맞다.**	✎
She is home right now.	그녀는 지금 집에 **있다.**	✎
I am thirty.	나는 서른 **살이다.**	✎
The key is on the table.	열쇠는 테이블 위에 **있다.**	✎
Mothers are always busy.	엄마들은 항상 **바쁘다.**	✎
We are fine.	우리는 **괜찮다.**	✎
She is here.	그녀는 여기에 **있다.**	✎

만약 과거가 아니라 앞으로 닥칠 (미래의) 상황이라면 어떻게 말하면 될까요? 더 간단합니다. will be를 사용해주면 됩니다.

현재 상황(am, is, are)		미래 상황(will be)
I am pretty.	나는 **예쁘다**.	✎
I am late.	나는 **늦었다**.	✎
She is cute.	그녀는 **예쁘다**.	✎
He is fifteen.	그는 열다섯 살**이다**.	✎
You are next.	다음은 네 **차례다**.	✎
They are my parents.	그들은 나의 부모님**이다**.	✎
My brother is sick.	내 동생은 **아프다**.	✎
You are right.	네 말이 **맞다**.	✎
She is home right now.	그녀는 지금 집에 **있다**.	✎
I am thirty.	나는 서른 살**이다**.	✎
The key is on the table.	열쇠는 테이블 위에 **있다**.	✎
Mothers are always busy.	엄마들은 항상 **바쁘다**.	✎
We are fine.	우리는 **괜찮다**.	✎
She is here.	그녀는 여기에 **있다**.	✎

반면 not을 넣어 반대 상황을 표현하는 문장을 '부정문'이라고 합니다. 예를 들어 '나는 예쁘다'를 '나는 예쁘지 않다'로, '나는 늦었다'를 '나는 늦지 않았다'로 바꾸려면 어떻게 해야 할까요? 현재 상황을 나타내는 am은 am not으로, is는 is not으로, are는 are not으로 바꾸면 됩니다. 과거 상황에서도 마찬가지로 was를 was not으로, were는 were not으로 변경합니다. 미래 상황이라면 will (be)를 will not (be)로 바꿔줍니다. 아래의 빈칸을 채워봅시다.

PRACTICE 14

현재 상황(am, is, are)		반대되는 의미(부정문)
I am pretty.	나는 **예쁘다.**	🖉
I am late.	나는 **늦었다.**	🖉
She is cute.	그녀는 **예쁘다.**	🖉
He is fifteen.	그는 열다섯 살**이다.**	🖉
You are next.	다음은 네 **차례다.**	🖉
They are my parents.	그들은 나의 부모님**이다.**	🖉
My brother is sick.	내 동생은 **아프다.**	🖉
You are right.	네 말이 **맞다.**	🖉
She is home right now.	그녀는 지금 집에 **있다.**	🖉
I am thirty.	나는 서른 살**이다.**	🖉
The key is on the table.	열쇠는 테이블 위에 **있다.**	🖉
Mothers are always busy.	엄마들은 항상 **바쁘다.**	🖉
We are fine.	우리는 **괜찮다.**	🖉
She is here.	그녀는 여기에 **있다.**	🖉
과거 상황(was, were)		반대되는 의미(부정문)
I was pretty.	나는 **예뻤다.**	🖉
I was late.	나는 **늦었다.**	🖉
She was cute.	그녀는 **예뻤다.**	🖉
He was fifteen.	그는 열다섯 살**이었다.**	🖉
You were next.	다음은 네 **차례였다.**	🖉
They were my parents.	그들은 나의 부모님**이었다.**	🖉
My brother was sick.	내 동생은 **아팠다.**	🖉

You were right.	네 말이 **맞았다.**	✎
She was home (yesterday).	그녀는 (어제) 집에 **있었다.**	✎
I was thirty.	나는 서른 살이**었다.**	✎
The key was on the table.	열쇠는 테이블 위에 **있었다.**	✎
Mothers were always busy.	엄마들은 항상 **바빴다.**	✎
We were fine.	우리는 **괜찮았다.**	✎
She was here.	그녀는 여기에 **있었다.**	✎
미래 상황(will be)		반대되는 의미(부정문)
I will be pretty.	나는 예쁠 **것이다.** (예쁘게 될 것이다.)	✎
I will be late.	나는 늦을 **것이다.**	✎
She will be cute.	그녀는 예쁠 **것이다.**	✎
He will be fifteen.	그는 열다섯 살이 될 **것이다.**	✎
You will be next.	다음은 네 차례일 **거야.**	✎
They will be my parents.	그들은 나의 부모님이 될 **것이다.**	✎
My brother will be sick.	내 동생은 아프게 될 **것이다.**	✎
You will be right.	네 말이 맞게 될 **것이다.**	✎
She will be home.	그녀는 집에 있을 **것이다.**	✎
I will be thirty.	나는 서른 살이 될 **것이다.**	✎
The key will be on the table.	열쇠는 테이블 위에 있을 **것이다.**	✎
Mothers will always be busy.	엄마들은 항상 바쁘게 될 **것이다.**	✎
We will be fine.	우리는 괜찮아질 **것이다.**	✎
She will be here.	그녀는 여기에 있을 **것이다.**	✎

다음은 의문형으로 바꿔볼 차례입니다. '나는 예쁘다'를 '나 예뻐?'로 '나는 늦었다'를 '나 늦었어?'라고 말하고 싶다면 어떻게 할까요? 의문문으로 바꿀 때는 주어와 동사의 자리만 바꾸면 됩니다. 이렇게 주어와 동사의 위치를 바꾸어 질문하는 문장을 '의문문'이라고 합니다. will이 들어간 문장은 조금 다르게 바뀌니 주의하여 빈칸을 채워봅시다.

PRACTICE 15

현재 상황(am, is, are)		물어보기(의문문)
I am pretty.	나는 **예쁘다**.	✎
I am late.	나는 **늦었다**.	✎
She is cute.	그녀는 **예쁘다**.	✎
He is fifteen.	그는 열다섯 살**이다**.	✎
You are next.	다음은 네 **차례다**.	✎
They are my parents.	그들은 나의 부모님**이다**.	✎
My brother is sick.	내 동생은 **아프다**.	✎
You are right.	네 말이 **맞다**.	✎
She is home right now.	그녀는 지금 집에 **있다**.	✎
I am thirty.	나는 서른 살**이다**.	✎
The key is on the table.	열쇠는 테이블 위에 **있다**.	✎
Mothers are always busy.	엄마들은 항상 **바쁘다**.	✎
We are fine.	우리는 **괜찮다**.	✎
She is here.	그녀는 여기에 **있다**.	✎
과거 상황(was, were)		물어보기(의문문)
I was pretty.	나는 **예뻤다**.	✎
I was late.	나는 **늦었다**.	✎
She was cute.	그녀는 **예뻤다**.	✎
He was fifteen.	그는 열다섯 살**이었다**.	✎
You were next.	다음은 네 **차례였다**.	✎
They were my parents.	그들은 나의 부모님**이었다**.	✎

My brother was sick.	내 동생은 **아팠다**.	✎
You were right.	네 말이 **맞았다**.	✎
She was home (yesterday).	그녀는 (어제) 집에 **있었다**.	✎
I was thirty.	나는 서른 살**이었다**.	✎
The key was on the table.	열쇠는 테이블 위에 **있었다**.	✎
Mothers were always busy.	엄마들은 항상 **바빴다**.	✎
We were fine.	우리는 **괜찮았다**.	✎
She was here.	그녀는 여기에 **있었다**.	✎
미래 상황(will be)		물어보기(의문문)
I will be pretty.	나는 예쁠 **것이다**. (예쁘게 될 것이다.)	✎
I will be late.	나는 늦을 **것이다**.	✎
She will be cute.	그녀는 예쁠 **것이다**.	✎
He will be fifteen.	그는 열다섯 살이 될 **것이다**.	✎
You will be next.	다음은 네 차례일 **거야**.	✎
They will be my parents.	그들은 나의 부모님이 될 **것이다**.	✎
My brother will be sick.	내 동생은 아프게 될 **것이다**.	✎
You will be right.	네 말이 맞게 될 **것이다**.	✎
She will be home.	그녀는 집에 있을 **것이다**.	✎
I will be thirty.	나는 서른 살이 될 **것이다**.	✎
The key will be on the table.	열쇠는 테이블 위에 있을 **것이다**.	✎
Mothers will always be busy.	엄마들은 항상 바쁘게 될 **것이다**.	✎
We will be fine.	우리는 괜찮아질 **것이다**.	✎
She will be here.	그녀는 여기에 있을 **것이다**.	✎

문장을 바꾸는 연습이 제법 쉽게 느껴졌다면 바로 다음 내용으로 넘어가도 좋습니다. 답을 쓸 때 시간도 오래 걸리고 틀린 부분도 많다면 올바른 답안을 적은 후에 최소 세 번 이상 큰 소리로 읽어보세요. 법칙을 외우려고 하기보다는 예문을 여러 번 크게 읽는 게 더 효과적입니다. 단순한 문장일수록 관련 법칙보다 자연스럽게 정확한 문장이 즉시 떠올라야 하니 연

습, 또 연습해보시기를 바랍니다. 또한 원문을 많이 접하는 걸 권합니다. 제가 추천해드린 원서 목록에서 책을 고르시거나 서점에 직접 나가서 마음에 드는 책을 골라보세요!

오늘은 동사의 현재, 과거, 미래형, 부정형, 의문형을 모두 살펴보았습니다. 부정문과 의문문, 그리고 시제에 대한 내용은 앞으로 다른 수업에서 더 자세히 배울 예정입니다. 다음 시간에는 오늘 배운 내용을 기반으로 동사의 변신에 대해 배워볼 거예요.

DAY 9.

동사②

수업을 시작한 지 벌써 일주일이 지났습니다! 처음 수업을 시작했을 때보다 영어 공부가 조금 더 수월해지고 가벼워졌기를 바랍니다. 혹시 요즘 책을 하나 골라서 읽고 계신다면 오디오북도 추천해드리고 싶어요. 구글 검색창에 'Amazon Audible'이라고 검색하면 아마존에서 제공하는 오디오북 서비스를 구경해볼 수 있는데요. 시중에 있는 대부분의 원서를 오디오북으로 들어볼 수 있어요. 만약 지금 사서 보고 계신 책이 오디오북으로도 있다면 꼭 함께 사서 들어보시길 바랍니다. 열심히 영어 공부해서 원어민 친구들, 또 사내 외국인 동료들과 자유롭게 대화하는 게 목표라면 듣기 공부도 시작할 때가 되었습니다.

동사의 변신

오늘은 동사의 변신에 대해 배워볼 겁니다. 동사는 다른 품사에 비해 제법 까다롭습니다. 주어에 따라, 시제에 따라, 상황에 따라 너무 자주 변하기도 하고 똑같이 생긴 단어가 문맥에 따라 완전히 다른 역할을 하기도 합니다.

먼저 지난 시간에 봤던 문장들을 다시 가져와 보겠습니다. 아래 문장을 차례로 살펴봅시다.

> I am pretty. 나는 예쁘다.
> She is pretty. 그녀는 예쁘다.
> We are pretty. 우리는 예쁘다.
> This doll is pretty. 이 인형은 예쁘다.
> I was pretty. 나는 예뻤다.

위 문장에서 'pretty'라는 단어는 바뀌지 않고 유지되지만 동사는 어떤가요? am, is, are, was 등으로 자꾸 바뀝니다. 이렇게 동사는 변신하는 존재입니다. 오늘 강의에서는 be동사뿐만 아니라 다양한 동사의 기본적인 변신을 하나씩 살펴보도록 하겠습니다.

먼저 가상의 사전을 하나 만들어 동사의 변신을 엿보두록 하겠습니다. 오늘 수업을 위해 특별히 '나혼영 사전'을 만들어보았는데요. 여기에 단어를 몇 개 검색해보도록 할게요. 먼저 'pretty'라는 단어부터 검색해봅시다.

pretty를 검색하니 형용사와 부사로 사용되는 pretty가 각각 검색됩니다. 형용사는 비교급

과 최상급에 대한 언급 이후 곧바로 단어의 의미가 나오며, 부사 역시 pretty가 다소 비격식적으로 사용된다는 언급이 있고 곧바로 단어의 의미가 나옵니다. 그렇다면 이 사전에 동사인 be를 검색한 결과는 어떨까요?

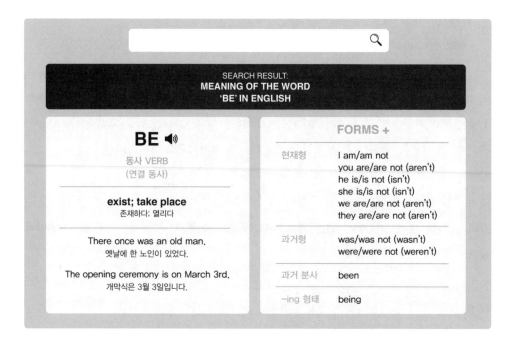

pretty를 검색했을 때와 달리 be의 검색 결과에는 'FORMS+' 부분이 추가되었습니다. 동사의 현재형과 과거형, 과거 분사형, 그리고 ing 형태가 나와 있지요. ing 형태는 현재 분사와 동명사를 모두 담고 있는 용어인데요. 이 부분은 동사 후반부 강의에서 자세히 배울 예정입니다. 과거 분사와 현재 분사 형태를 처음 본다고 생각할 수도 있지만 형용사 챕터 중 '동사를 동원해서 만든 형용사' 부분에서 −ed 형태와 −ing를 이미 배운 적이 있습니다. annoyed, annoying, interested, interesting에 대해 배웠던 게 기억나시나요?

annoy	annoyed	annoying
짜증 나게 하다, 귀찮게 하다	짜증이 난	짜증 나게 하는
interest	interested	interesting
관심을 끌다	관심이 있는	관심을 가지게 하는, 흥미로운

이렇게 동사 단어의 다양한 형태 변화 방식은 사전에 검색만 해보면 쉽게 찾아볼 수 있습니다. 마지막으로 동사 walk도 한번 검색해볼까요?

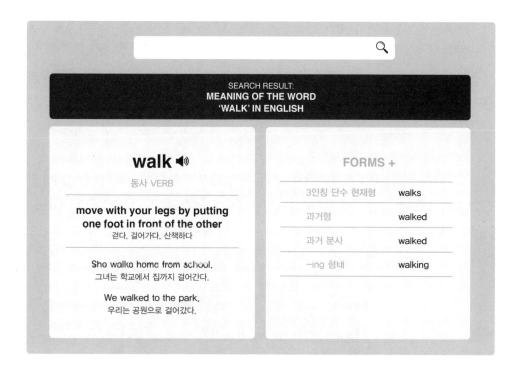

walk를 검색한 결과에서는 'FORMS+' 부분에서 총 네 개의 동사형을 찾아볼 수 있습니다. be와 달리 여기에는 3인칭 단수의 현재형이라는 말이 있네요. 이건 처음 보는 용어인데요? 3인칭이 뭘까요? 단수, 복수와 현재형, 과거형 등은 이미 배웠으니 '3인칭'이 무엇인지 간단히 확인하고 넘어가도록 할게요. 인칭의 종류는 크게 세 가지로 분류됩니다.

> 1인칭 : 나와 우리 I, we
> 2인칭 : 너와 너희 you
> 3인칭 : 나머지 모두 he, she, it, they, Maggie, Tommy, students, parents, mothers…

3인칭 단수는 그러니까 3인칭 중에 단수를 말합니다. he, she, it, Maggie, Tommy 등이 되겠지요. 이런 주어가 오면 현재형으로 walk가 아니라 walks를 쓴다고 나옵니다.

이렇게 동사가 인칭이나 수에 따라 어미가 변하는 것을 '굴절'이라고 합니다. 스페인어를 비롯한 로망스어는 1/2/3인칭, 단/복수에 따라 굴절의 형태가 모두 다른 데 비해 영어는 굴절의 흔적이 극히 일부만 남아 있습니다. 5세기 중반에 사용된 고대 영어에는 다른 로망스어와 같이 굴절의 형태가 풍부했으나 노르만 정복 이후 귀족 계층이 아닌 민중의 언어가 되어버린 영어는 보다 단순한 형태로 변모했습니다. 지금까지 배웠던 동사 중 be동사만이 정말 다양한 형태를 가지고 있었지요? 혹시 여기에 의문을 가진 분들도 있을지 모르겠습니다. 다른 동사는 형태가 서너 개인 데 반해, be동사는 거의 열 개에 가까운 변화를 보였습니다. 이는 고대 영어에 있던 굴절이 아직까지 예외적으로 남아 있는 모습이라 볼 수 있습니다.

지금까지 배운 동사의 변형을 보면 '영어의 동사는 정말 복잡하네?'라는 생각이 들겠지만 사실 그 복잡성으로만 보자면 한국어 동사의 변형도 만만치 않습니다. 구글 검색창에 'korean verb conjugation'이라고 검색해보면 한국어 동사의 활용법을 볼 수 있습니다. 우리가 가장 많이 쓰는 단어인 '먹다'라는 동사만 가져와서 그 변화를 조금 살펴볼까요?

동사 어간	먹
수동형	먹히다
현재형 (비격식)	먹어

현재형 (비격식 존대)	먹어요
현재형 (격식 존대)	먹습니다
과거형 (비격식)	먹었어
과거형 (비격식 존대)	먹었어요
과거형 (격식 존대)	먹었습니다
미래형 (비격식)	먹을 거야
미래형 (비격식 존대)	먹을 거예요
미래형 (격식 존대)	먹을 겁니다
명령형 (비격식 존대)	먹으세요
명령형 (격식 존대)	먹으십시오

천천히 읽어보니 어떤가요? 존대까지 더해져서 총체적 난국인 느낌이죠? 여기에는 '먹을 거야?', '드세요', '드시겠어요?' 등의 형태는 포함되어 있지도 않습니다. 저런 표를 가지고 한국어 표현을 일일이 암기하지 않은 게 정말 다행입니다. 영어로 위와 같은 표현을 보게 되더라도 영어에 있는 다양한 표현 정도로 받아들이는 게 좋습니다. '먹다'라는 뿌리를 가진 동사의 '비격식 현재형'은 '먹어'라고 암기하는 게 아니라 '먹어'가 어떤 상황에 쓰이는 말인지 아는 게 더 중요합니다.

다시 영어 이야기로 넘어가서 연습 문제를 통해 일반 동사의 변화 형태를 하나씩 살펴봅시다. 꽤 많은 분량의 연습 문제를 풀게 될 텐데요. 어떤 문제인지 먼저 설명드릴게요.

동사의 현재형 present simple	3인칭 단수 3rd person (sgl)	과거 past simple	과거 분사* past participle	-ing 형태** -ing form
add ~을 더하다, 추가하다	(she) adds (Gary) adds	added ~을 더했다	added	adding

* 이 책에서는 '과거 분사'의 의미로 'past participle', '-ed', 'done'이라는 단어를 혼용합니다.

** 이 책에서는 '현재 분사'와 '동명사'를 통틀어 'ing 형태'라고 말합니다.

가장 첫 칸에는 동사의 현재형이 적혀 있습니다. 주로 사전에 등재된 표제어와 같은 형태인데, 가장 기본적인 형태이니 그 의미와 함께 반드시 기억해두어야 합니다. 그다음으로는 3인칭 단수형이 나옵니다. 주어가 She, he, it, Gary, Madison, the bank, the company 등 3인칭 단수일 때 add는 adds로 바뀝니다. 표에 보면 (she), (Gary) 등으로 적어두었지만 예상 주어이니 다른 주어를 넣어 생각해보셔도 좋습니다. 그다음으로는 과거형이 나옵니다. 지난 수업 때 is를 was로, are은 were로 바꿨던 것처럼 add라는 동사도 과거를 나타내는 형태가 있습니다. add의 과거형이 added라는 걸 확인하고 넘어가면 됩니다. 그다음에는 과거 분사와 ing 형태가 나옵니다. add에 −ed와 −ing를 붙인 것인데요. 표에서 과거 분사 형태와 ing 형태는 해석이 따로 포함되어 있지 않습니다.

분사는 동일한 형태가 네 개 이상의 다양한 의미와 쓰임을 가지고 있으므로 동사의 가장 마지막 강의에서 정리해볼 예정입니다. 지금은 동사의 원래 형태가 어떻게 다양하게 변형되는지 모양만 익혀두면 됩니다. 동사의 변화 법칙에 대해 익숙하신 분들은 사전의 도움 없이, 처음 학습을 시작하는 분들은 네이버 사전을 이용해서 아래 칸을 채워봅시다.

PRACTICE 16

동사의 현재형	3인칭 단수	과거	과거 분사	−ing 형태
add ～을 더하다, 추가하다	(she) adds (Gary) adds	**added** ～을 더했다	added	adding
allow ～을 허락하다	(she) ✎ _____ (Tom) ✎ _____	**allowed** ～을 허락했다	allowed	allowing
anticipate 기대하다, 예상하다	(she) anticipates (Tim) anticipates	**anticipated** 기대했다	✎ _____	anticipating
be ～이다, 있다, 존재하다	(she) ✎ _____ (Danny) ✎ _____	**was/were** ～였다	✎ _____	being
become ～이 되다	(he) ✎ _____ (she) ✎ _____	**became** ～이 되었다	become	becoming
begin 시작하다	(she) ✎ _____ (it) ✎ _____	**began** 시작했다	✎ _____	beginning
believe ～을 믿다	(he) ✎ _____ (she) ✎ _____	**believed** ～을 믿었다	believed	believing
break ～을 깨다	(she) ✎ _____ (the car) ✎ _____	**broke** ～을 깼다	broken	breaking

동사의 현재형	3인칭 단수	과거	과거 분사	-ing 형태
bring 〜을 가져오다	(he) brings (she) brings	**brought** 〜을 가져왔다	brought	✎ _____
build 〜을 짓다	(she) ✎ _____ (he) ✎ _____	**built** 〜을 지었다	✎ _____	building
buy 〜을 사다	(he) buys (Mary) buys	**bought** 〜을 샀다	✎ _____	buying
call 〜에게 전화하다, 부르다	(Elizabeth) ✎ _____ (he) ✎ _____	**called** 〜에게 전화했다, 불렀다	called	calling
catch 〜을 잡다	(Sarah) catches (he) catches	**caught** 〜을 잡았다	✎ _____	catching
change 변하다, 〜을 변화시키다	(it) ✎ _____ (he) ✎ _____	**changed** 변했다, 〜을 변화시켰다	changed	✎ _____
choose 〜을 고르다	(he) chooses (she) chooses	**chose** 〜을 골랐다	✎ _____	choosing
come 오다	(he) ✎ _____ (she) ✎ _____	**came** 왔다	come	coming
consider 〜을 고려하다	(he) considers (she) considers	**considered** 〜을 고려했다	✎ _____	considering
continue 계속되다, 〜을 계속하다	(it) ✎ _____ (he) ✎ _____	**continued** 계속되었다, 〜을 계속했다	continued	continuing
cost (비용)이 들다	(it) ✎ _____ (the bag) ✎ _____	**cost** (비용)이 들었다	✎ _____	costing
create 창조하다, 만들다	(he) ✎ _____ (she) ✎ _____	**created** 창조했다, 만들었다	created	creating
cut 〜을 자르다	(he) cuts (she) cuts	**cut** 〜을 잘랐다	✎ _____	cutting
decline 감소하다	(it) ✎ _____ (memory) ✎ _____	**declined** 감소했다	✎ _____	✎ _____

동사의 현재형	3인칭 단수	과거	과거 분사	-ing 형태
die 죽다	(the man) ✎ _____ (a cat) ✎ _____	**died** 죽었다	✎ _____	dying
disappear 사라지다	(she) disappears (he) disappears	**disappeared** 사라졌다	disappeared	disappearing
dislike ~을 싫어하다	(she) dislikes (he) dislikes	**disliked** ~을 싫어했다	disliked	disliking
do ~을 하다	(she) ✎ _____ (he) ✎ _____	**did** ~을 했다	done	doing
drink 마시다	(she) drinks (he) drinks	**drank** 마셨다	✎ _____	✎ _____
drive 운전하다	(she) ✎ _____ (he) ✎ _____	**drove** 운전했다	✎ _____	driving
eat 먹다	(she) ✎ _____ (he) ✎ _____	**ate** 먹었다	✎ _____	eating
expect ~을 예상하다	(she) ✎ _____ (he) ✎ _____	**expected** ~을 예상했다	expected	expecting
fail 실패하다	(the student) fails (he) fails	**failed** 실패했다	failed	failing
fall 떨어지다	(the leaf) ✎ _____ (a ball) ✎ _____	**fell** 떨어졌다	fallen	falling
feel (감정)을 느끼다	(she) feels (he) feels	**felt** (감정)을 느꼈다	✎ _____	feeling
find ~을 찾다	(she) ✎ _____ (he) ✎ _____	**found** ~을 찾았다	✎ _____	finding
found ~을 설립하다	(she) founds (he) founds	**founded** ~을 설립했다	✎ _____	✎ _____
fly 날다	(the bird) flies (he) flies	**flew** 날았다	✎ _____	flying

동사의 현재형	3인칭 단수	과거	과거 분사	-ing 형태
follow 따라가다, ~을 따르다	(the child) follows (he) follows	**followed** 따라갔다	followed	following
forget ~을 잊다	(she) ✎ _____ (he) ✎ _____	**forgot** ~을 잊었다	✎ _____	forgetting
get ~을 얻다	(she) ✎ _____ (he) ✎ _____	**got** ~을 얻었다	✎ _____	getting
give ~을 주다	(she) ✎ _____ (he) ✎ _____	**gave** ~을 주었다	✎ _____	giving
go 가다	(she) ✎ _____ (he) ✎ _____	**went** 갔다	✎ _____	going
grow 자라다	(the plant) ✎ _____ (he) ✎ _____	**grew** 자랐다	✎ _____	growing
hang ~을 걸다	(he) hangs (she) hangs	**hung** ~을 걸었다	✎ _____	hanging
hang ~을 교수형에 처하다	(he) hangs (she) hangs	**hanged** ~을 교수형에 처했다	✎ _____	hanging
happen (어떤 일이) 생기다	(this) happens (it) happens	**happened** (어떤 일이) 생겼다	happened	✎ _____
hate ~을 싫어하다	(she) ✎ _____ (he) ✎ _____	**hated** ~을 싫어했다	hated	hating
have ~을 가지다	(she) ✎ _____ (the man) ✎ _____	**had** ~을 가졌다	had	having
hear ~을 듣다	(he) ✎ _____ (she) ✎ _____	**heard** ~을 들었다	✎ _____	hearing
help ~을 돕다	(she) ✎ _____ (he) ✎ _____	**helped** ~을 도왔다	helped	helping
hide 숨다, ~을 숨기다	(she) hides (he) hides	**hid** 숨었다, ~을 숨겼다	✎ _____	hiding

동사의 현재형	3인칭 단수	과거	과거 분사	-ing 형태
hold ~을 잡다	(she) ✎ _____ (he) ✎ _____	**held** ~을 잡았다	held	✎ _____
include ~을 포함하다	(it) includes (the meal) includes	**included** ~을 포함했다	included	including
keep ~을 지키다, 유지하다	(she) keeps (he) keeps	**kept** ~을 지켰다, 유지했다	✎ _____	keeping
kill ~을 죽이다	(cancer) kills (he) kills	**killed** ~을 죽였다	killed	killing
know ~을 알다	(he) knows (everyone) knows	**knew** ~을 알았다	✎ _____	knowing
lay ~을 두다, (알을) 낳다	(the bird) lays	**laid** ~을 두었다, 낳았다	✎ _____	laying
lead ~을 이끌다	(he) ✎ _____ (the road) ✎ _____	**led** ~을 이끌었다	led	✎ _____
learn ~을 배우다	(a baby) learns (he) learns	**learned** ~을 배웠다	learned	learning
leave 떠나다	(he) leaves (she) leaves	**left** 떠났다	left	leaving
let ~하게 내버려두다	(she) ✎ _____ (he) ✎ _____	**let** ~하게 내버려뒀다	✎ _____	letting
lie 눕다, 놓여 있다	(she) ✎ _____ (he) ✎ _____	**lay** 누웠다, 놓여 있었다	✎ _____	lying
lie 거짓말하다	(she) lies (he) lies	**lied** 거짓말했다	✎ _____	lying
like ~을 좋아하다	(she) likes (he) likes	**liked** ~을 좋아했다	✎ _____	liking
listen ~을 듣다	(she) listens (he) listens	**listened** ~을 들었다	listened	✎ _____

동사의 현재형	3인칭 단수	과거	과거 분사	-ing 형태
live 살다	(he) ✎ _____ (she) ✎ _____	**lived** 살았다	lived	living
look (의식하며 쳐다)보다	(he) ✎ _____ (she) ✎ _____	**looked** 보았다	looked	looking
lose 지다, ~을 잃다	(the team) ✎ _____ (she) ✎ _____	**lost** 졌다, ~을 잃었다	✎ _____	losing
love ~을 사랑하다, 좋아하다	(he) loves (she) loves	**loved** ~을 사랑했다, 좋아했다	✎ _____	loving
make ~을 만들다	(he) ✎ _____ (it) ✎ _____	**made** ~을 만들었다	made	making
mean ~을 의미하다	(he) ✎ _____ (she) ✎ _____	**meant** ~을 의미했다	meant	✎ _____
meet ~을 만나다	(he) meets (she) meets	**met** ~을 만났다	✎ _____	meeting
move 이동하다	(he) ✎ _____ (she) ✎ _____	**moved** 이동했다	moved	moving
need ~을 필요로 하다	(she) needs (he) needs	**needed** ~을 필요로 했다	✎ _____	needing
offer ~을 제공하다, 제안하다	(she) offers (it) offers	**offered** ~을 제공했다, 제안했다	✎ _____	offering
pay 지불하다	(she) ✎ _____ (he) ✎ _____	**paid** 지불했다	✎ _____	paying
play 놀다, ~을 연주하다	(she) ✎ _____ (he) ✎ _____	**played** 놀았다, ~을 연주했다	played	playing
provide ~을 제공하다	(he) provides (a bank) provides	**provided** ~을 제공했다	provided	providing
put ~을 놓다, 두다	(she) puts (he) puts	**put** ~을 놓았다, 두었다	put	✎ _____

동사의 현재형	3인칭 단수	과거	과거 분사	-ing 형태
raise 들어올리다	(the child) raises (he) raises	**raised** 들어올렸다	raised	raising
read ~을 읽다	(my mother) reads (he) reads	**read** ~을 읽었다	read	✎＿＿＿
receive ~을 받다, 받아들이다	(he) ✎＿＿＿ (she) ✎＿＿＿	**received** ~을 받았다, 받아들였다	received	✎＿＿＿
remember ~을 기억하다	(she) remembers (he) remembers	**remembered** ~을 기억했다	✎＿＿＿	remembering
ride ~을 타다	(she) ✎＿＿＿ (he) ✎＿＿＿	**rode** ~을 탔다	ridden	riding
rise 오르다	(the sun) rises (heat) rises	**rose** 올랐다	✎＿＿＿	rising
run 달리다	(the dog) runs (the child) runs	**ran** 달렸다	run	running
say ~을 말하다	(she) ✎＿＿＿ (he) ✎＿＿＿	**said** ~을 말했다	✎＿＿＿	saying
see ~을 (눈이 있어서) 보다	(the bird) sees (she) sees	**saw** ~을 봤다	✎＿＿＿	seeing
seem ~인 것 같다	(it) ✎＿＿＿ (he) ✎＿＿＿	**seemed** ~인 것 같았다	seemed	✎＿＿＿
sell ~을 팔다	(the store) sells (he) sells	**sold** ~을 팔았다	✎＿＿＿	selling
send ~을 보내다	(she) ✎＿＿＿ (he) ✎＿＿＿	**sent** ~을 보냈다	✎＿＿＿	sending
set ~을 놓다	(she) sets (he) sets	**set** ~을 놓았다	✎＿＿＿	setting
show ~을 보여주다	(he) shows (it) shows	**showed** ~을 보여주었다	✎＿＿＿	showing

동사의 현재형	3인칭 단수	과거	과거 분사	-ing 형태
shut ~을 닫다	(he) shuts (the door) shuts	**shut** ~을 닫았다	shut	shutting
sing 노래하다	(he) sings (the bird) sings	**sang** 노래했다	sung	✎ _____
sit 앉다	(he) ✎ _____ (a child) ✎ _____	**sat** 앉았다	✎ _____	sitting
sleep 자다	(he) sleeps (she) sleeps	**slept** 잤다	✎ _____	sleeping
smell 냄새를 맡다	(he) ✎ _____ (she) ✎ _____	**smelled** 냄새를 맡았다	smelled	smelling
speak 말하다	(he) speaks (the man) speaks	**spoke** 말했다	✎ _____	speaking
spend ~을 쓰다	(that lady) spends (she) spends	**spent** ~을 썼다	spent	spending
stand 일어서다	(he) stands (she) stands	**stood** 일어섰다	✎ _____	standing
start 시작하다	(he) ✎ _____ (she) ✎ _____	**started** 시작했다	started	starting
stay 머무르다	(he) ✎ _____ (she) ✎ _____	**stayed** 머물렀다	stayed	✎ _____
steal ~을 훔치다	(he) steals (she) steals	**stole** ~을 훔쳤다	✎ _____	stealing
stop 멈추다	(he) ✎ _____ (she) ✎ _____	**stopped** 멈췄다	stopped	stopping
study 공부하다	(he) studies (she) studies	**studied** 공부했다	✎ _____	studying
swim 수영하다	(he) ✎ _____ (she) ✎ _____	**swam** 수영했다	✎ _____	swimming

동사의 현재형	3인칭 단수	과거	과거 분사	-ing 형태
take ~을 가지고 가다	(it) ✎ _____ (he) ✎ _____	**took** ~을 가지고 갔다	taken	✎ _____
talk 말하다	(he) talks (she) talks	**talked** 말했다	talked	talking
teach ~을 가르치다	(he) teaches (she) teaches	**taught** ~을 가르쳤다	✎ _____	teaching
tell ~에게 말하다	(he) ✎ _____ (she) ✎ _____	**told** ~에게 말했다	told	✎ _____
think 생각하다	(he) thinks (she) thinks	**thought** 생각했다	✎ _____	thinking
turn 돌다, ~을 돌리다	(he) ✎ _____ (she) ✎ _____	**turned** 돌았다, ~을 돌렸다	turned	turning
understand ~을 이해하다	(he) understands (she) understands	**understood** ~을 이해했다	understood	✎ _____
wait 기다리다	(he) ✎ _____ (she) ✎ _____	**waited** 기다렸다	waited	waiting
walk 걷다	(he) ✎ _____ (she) ✎ _____	**walked** 걸었다	walked	walking
want ~을 원하다	(he) wants (she) wants	**wanted** ~을 원했다	wanted	✎ _____
wear ~을 입다	(he) ✎ _____ (she) ✎ _____	**wore** ~을 입었다	✎ _____	wearing
win 이기다	(he) ✎ _____ (she) ✎ _____	**won** 이겼다	✎ _____	winning
work 일하다	(it) ✎ _____ (he) ✎ _____	**worked** 일했다	worked	working
write ~을 쓰다	(John) writes (my mom) writes	**wrote** ~을 썼다	✎ _____	writing

기본적으로 3인칭 단수형은 −s나 −es가 붙고, 과거형과 과거 분사는 −d, −ed를 더하는 방식으로 변형되지만 예외적 변형도 참 많습니다. 예를 들어 wear은 wears−wore−worn−wearing으로 변형되었고, 자음 + y로 끝나는 단어는 y를 i로 바꾸고 −ed를 붙입니다. (ex. study−studied−studied) 답안을 직접 확인해본 후 틀린 답은 반드시 올바른 단어로 기억해둡시다.

마지막으로 아래 문장을 지시 사항에 따라 현재형/과거형/미래형/부정형/의문문으로 변형해보는 연습을 조금 더 해보겠습니다.

PRACTICE 17

원래 문장	지시 사항	변형 문장
She studied hard. 그녀는 열심히 공부했다.	현재형	✎ ....
She went to the kitchen. 그녀는 부엌으로 갔다.	현재형	✎ ....
It took 6 hours. 6시간이 걸렸다.	현재형	✎ ....
Did you just see that? 너 방금 그거 봤어?	현재형	✎ ....
They have everything they want. 그들은 원하는 것을 다 가지고 있다.	과거형	✎ ....
She has a house in New York. 그녀는 뉴욕에 집이 하나 있다.	과거형	✎ ....
She does look nice in that black dress. 그녀가 검은 드레스를 입은 모습은 아주 멋지다.	과거형	✎ ....
She looks nice in that black dress. 그녀가 검은 드레스를 입은 모습은 멋지다.	과거형	✎ ....
"Is that you?" he says. "너야?" 그가 물었다.	과거형	✎ ....
I want more tea. 차를 조금 더 주세요.	과거형	✎ ....

She thinks that she knows everything. 그녀는 자기가 모든 걸 다 안다고 생각한다.	과거형	✎ ....
She works from 9 to 6. 그녀는 9시에서 6시까지 일한다.	미래형	✎ ....
They work in the supermarket. 그들은 슈퍼에서 일한다.	미래형	✎ ....
He works in uniform. 그는 유니폼을 입고 일한다.	미래형	✎ ....
Mom gave me a bike for my birthday. 엄마는 내 생일에 자전거를 주셨다.	미래형	✎ ....
Did you come? 너도 왔었어?	미래형	✎ ....
She does everything for them. 그녀는 그들을 위해 뭐든 한다.	의문문	✎ ....
It gets cold outside. 날이 추워지고 있어.	의문문	✎ ....
She knows everything. 그녀는 모든 것을 알고 있다.	의문문	✎ ....
She knows everything. 그녀는 모든 것을 알고 있다.	의문 + 과거	✎ ....
She gets up at 7. 그녀는 7시에 일어난다.	부정문	✎ ....
He gets up late on the weekend. 그는 주말에 늦게 일어난다.	부정문	✎ ....
I work every day. 나는 매일 일한다.	부정문	✎ ....
It works! 됐다! (잘 작동한다!, 효과가 있다!)	부정문	✎ ....

답안을 참고하여 답을 제대로 완성했는지 확인해봅시다. 이미 배운 내용이더라도 이렇게 동사를 자유롭게 사용하기까지는 많은 시간이 걸립니다. 동사 변형이 어렵게 느껴진다면 이 책에 나온 다른 문장을 가지고 연습해보는 것도 좋습니다. 다음 수업에서는 시제에 따른 동사 변화의 형태를 더 자세히 살펴보도록 할게요.

DAY 10.

동사③

오늘부터는 본격적으로 영어가 가진 시제와 관련한 내용을 알아보려고 합니다. 언어마다 다양한 시제 표현이 가능하지만 한국어와 마찬가지로 영어에서도 크게 과거, 현재, 미래로 나눌 수 있습니다. 세 가지 시제를 기준으로 일이 어떻게 진행되고 있는지, 혹은 완료되었는지 자세히 표현할 수 있습니다.

지금은 그래, 현재

DAY 10

먼저 현재 시제부터 살펴볼게요. 현재 시제는 '~하다', '~한다', '~이다'로 해석할 수 있습니다. 즉 현재 상황이나 상태에 대해 말할 때 현재 시제를 쓴다고 할 수 있는데요. 이뿐만 아니라 현재 시제에는 세 가지 용도가 더 있습니다.

1. 현재 상황이나 상태를 이야기할 때(ex. 나는 너를 믿어.)

2. 우리가 믿는 진리나 일반적인 사실에 대해 말할 때(ex. 다이아몬드는 광채가 뛰어나다.)

3. 습관적, 규칙적으로 하는 일을 말할 때(ex. 나는 주말에 골프를 치러 간다.)

4. 이야기를 생생하게 전달할 때

- 현재 시점에 잠시 일어나는 일은 주로 현재 '진행'을 사용합니다. (ex. 나 지금 운동하러 가.)

아래에서 각 용도에 따른 문장을 하나씩 살펴봅시다. 첫 번째로 현재 상황이나 상태를 이야기할 때 동사의 현재형을 사용합니다. 아래 문장을 하나씩 읽어보며 해석을 써봅시다.

PRACTICE 18

현재형 문장	해석 써보기
I feel sick.	
Do you live around here?	
I am not a foodie, but he sure is.	
Do you know how to ride a bike?	
I'm sorry to hear that you're not well.	
Do you not eat meat?	

It takes a good two hours to get there.	✎
Do you want blue or red?	✎
I promise I won't be late.	✎
We live in a small apartment.	✎
She doesn't like being late.	✎

두 번째로 우리가 믿는 진리나 일반적인 사실에 대해 말할 때도 동사의 현재형을 사용합니다. 아래 문장을 하나씩 읽어보며 해석을 써봅시다.

현재형 문장	해석 써보기
It gets hot in summer here.	✎
It snows every winter.	✎
A magnet attracts iron.	✎
The moon orbits the earth.	✎
Water boils at 100 degrees Celsius.	✎
None of us speaks Korean.	✎
It doesn't snow here.	✎
I have three sons.	✎

세 번째로 습관적, 규칙적으로 하는 일을 말할 때도 동사의 현재형을 사용합니다. 아래 문장을 하나씩 읽어보며 해석을 써봅시다.

현재형 문장	해석 써보기
I wear a suit to work.	✎
We go to the movies on Sundays.	✎
My mom never eats raw meat.	✎
I get up early in the morning.	✎
She eats a lot.	✎

Mary watches a lot of TV.	✎
My father smokes and drinks.	✎
She makes too many mistakes.	✎

마지막으로 이야기를 생생하게 전달할 때도 동사의 현재형을 사용합니다. 지금 당장 일어나고 있는 것처럼 생생하게 전달하고 싶을 때 현재형을 쓰는 거죠. 스포츠 중계에서 빈번하게 들을 수 있으며 가끔 소설에서도 볼 수 있습니다. 최근에 제가 다시 읽기 시작한 소설 《All the Light We Cannot See》는 일부 문장을 제외하곤 모두 현재형으로 쓰였습니다. 소설이 처음부터 끝까지 모두 현재형을 유지하는 건 흔치 않은데요. 소설의 배경은 1940년대이지만 현재형으로 쓰였기 때문에 마치 지금 눈앞에서 벌어지는 일인 것처럼 생생한 현장감을 전달합니다.

All the Light We Cannot See by Anthony Doerr

Chapter 96. Someone in the House

A presence, an inhalation. Marie-Laure trains all of her senses on the entry-way three flights below. The outer gate sighs shut, then the front door closes. In her head, her father reasons: The gate closed before the door, not after. Which means, whoever it is, he closed the gate first, then shut the door. He's inside.
All the hairs on the back of her neck stand up.
Etienne knows he would have triggered the bell, Marie. Etienne would be calling for you already.
Boots in the foyer. Fragments of dishes crunching underfoot.
It is not Etienne.
The distress is so acute. it is almost unbearable. She tries to settle her mind, tries to focus on an image of a candle flame burning at the center of her rib cage, a snail drawn up into the coils of its shell, but her heart bangs in her chest and pulses of fear cycle up her spine, and she is suddenly uncertain whether a sighted person in the foyer can look up the curves of the stairwell

---

and see all the way to the third floor. She remembers her great-uncle said that they would need to watch out for looters, and the air stirs with phantom blurs and rustles, and Marie-Laure imagines charging past the bathroom into the cobwebbed bathroom here on the third floor and hurling herself out the window.

Boots in the hall. The slide of a dish across the floor as it is kicked. A fireman, a neighbor, some German soldier hunting food?

A rescuer would be calling for survivors, ma chérie. You have to move. You have to hide.

The footfalls travel toward Madame Manec's room. They go slowly; maybe it's dark. Could it already be night?

책의 내용을 잠깐 설명해드리자면 등장인물 '마리로르'는 앞을 보지 못하는 여자아이인데요. 전쟁 통에 아빠가 실종되고, 작은할아버지와 지내고 있습니다. 작은할아버지의 집은 여러 층과 방으로 이루어진 꽤 큰 집인데 침입자가 들어왔을 때 서로 알 수 있도록 일종의 알람 시스템을 만들어둡니다. 96장 도입부는 마리로르가 집 안에 누군가 들어온 것 같다고 생각하는 장면입니다. 위 발췌본을 보면 여섯 번째 줄에 다음과 같은 문장이 있습니다. 'All the hairs … stand up.^{모든 털이 곤두선다}'

다른 문장도 다 현재형으로 쓰긴 했지만 이 문장만 떼서 볼게요. 여기서 동사로 stood가 아니라 stand를 사용했습니다. 만약 'stood up'이라고 썼다면 '곤두섰다'가 됩니다. '누군가의 인기척이 느껴지고 온몸의 털이 곤두선다', '누군가의 인기척이 느껴졌고 온몸의 털이 곤두섰다' 중 어떤 표현이 더 생생하게 느껴지나요? 현재형인 '곤두선다'가 더 현장감이 느껴지지 않나요?

현재 시제에 대한 설명을 마치기 전에 샬럿 퍼킨스 길먼^{Charlotte Perkins Gilman}의 소설 《누런 벽지^{The Yellow Wallpaper}》의 발췌본을 마지막으로 읽어보도록 할게요. 앞서 현재형이 총 네 가지 상황에서 사용된다고 설명했지만 아래 문장을 보면서 네 가지 중 어떤 상황에 속하는지 분류할 필요는 없습니다. '~한다', '~이다'를 적용하여 해석만 해보면 됩니다. 가능한 한 단어 힌트의 도움 없이 먼저 해석해보세요.

PRACTICE 19

It is very rare that ordinary people like John and myself get ancestral halls for the summer. A romantic colonial mansion, but I would say a haunted house. "I think there is something weird about it. Else, why should it be let so cheaply? And why have left so long untenanted?" John laughs at me, of course, but one expects that in marriage. John is practical in the extreme. He has no patience with faith, an intense horror of superstition, and he scoffs openly at any talk of things not to be felt and seen.

✎ _____

_____

_____

_____

_____

_____

_____

_____

rare 드문 ordinary people 평범한 사람 ancestral halls 유서 깊은 대저택 for the summer 여름을 나기 위해, 여름을 위해 colonial 식민지 시대의, 독립 전의 haunted 귀신이 들린 let 세를 주다 untenanted 임대되지 않은 laugh at ~을 비웃다 in marriage 결혼 생활에서 practical 실용적인 in the extreme 극도로 no patience with ~을 참지 못하는 have a horror of ~을 극도로 싫어하거나 두려워하다 scoff at 비웃다 things not be felt 만져지지 않는 것, 만질 수 없는 것 things not be seen 보이지 않는 것

예전엔 그랬어, 과거

과거 시제는 '~했다', '~였다'로 해석되는데요. 현재 시제와 달리 용도가 많지 않고 단순하게 과거에 일어난 일을 언급할 때 모두 사용할 수 있습니다. 아래 문장을 하나씩 읽어보며 해석을 써봅시다.

PRACTICE 20

과거형 문장	해석 써보기
We all stayed in that hotel last month.	✎
We all had to stay in that hotel for a month.	✎
They finally finished all the tasks when other teams arrived in the morning.	✎
I lived in LA for two years when I was little.	✎
Did you get home safely last night?	✎
Did you tell them about us?	✎
When did you buy all this?	✎
Maggie was too nice a woman to cheat.	✎
She cried, and I didn't know what to say.	✎
Mark broke my glasses.	✎
We often saw his dogs on his porch.	✎
She was deserving of praise.	✎
He thought to himself how amazing it would feel.	✎

위 예문을 잘 해석했다면 원서 한 단락으로 연습해봅시다. F. 스콧 피츠제럴드F. Scott Fitzgerald 의 작품 《위대한 개츠비The Great Gatsby》의 도입부입니다. 단어 힌트의 도움 없이 먼저 해석해 보세요.

PRACTICE 21

> In my younger and more vulnerable years my father gave me some advice that I've been turning over in my mind ever since. "Whenever you feel like criticizing anyone," he told me, "just remember that all the people in this world haven't had the advantages that you've had."

---

vulnerable 연약한, (공격에) 취약한 **turn something over in my head** 계속 생각하다 **ever since** 이후로 줄곧 **whenever** ~할 때면 **feel like doing something** ~하고 싶은 마음이 들다 **criticize** 비평하다, 꾸짖다, 비난하다 **haven't had** 가지지 못했다 **advantages** 이점들, 장점들, 혜택들

이제 앞으로 그럴 거야, 미래

미래에 일어날 일을 예상하거나 어떤 계획을 말할 때는 will, shall 또는 be going to를 써서 표현하며, '~할 것이다', '~일 것이다'로 해석할 수 있습니다. 아래 문장을 하나씩 읽어보며 해석을 써봅시다.

PRACTICE 22

미래형 문장	해석 써보기
It will be warm and foggy tomorrow.	
I think it's going to rain.	
I will be there.	
The next few months are going to be very tough.	
Who do you think will win this time?	
We will keep working on this issue.	
You'll be in time if you go now.	
Will Tom and Maggie be there?	
I'll give you a ride.	
You'll never win this game.	
We're going to buy a new house.	
I'm going to bring some wine.	

아래 두 문장만 다시 살펴보겠습니다.

The next few months are going to be very tough. 앞으로 몇 달간 아주 힘들 것 같다.

You'll never win this game. 넌 절대 이번 시합에서 우승하지 못할 거야.

두 문장 모두 미래 시제이지만 하나는 be going to(are going to)를 사용했고 다른 하나는 will을 사용했습니다. 한국어를 기준으로 보자면 두 표현 모두 '~할 것이다'로 똑같이 번역되지만 미묘한 차이가 있습니다. 두 표현의 차이를 항상 정확하게 나눌 수 있는 건 아니지만 그 기준이 될 만한 내용을 설명해보도록 하겠습니다.

be going to는 미래를 위해 미리 세워둔 계획이나 의도에 대해 이야기할 때, 혹은 어느 정도 이미 결정된 일에 대해 말할 때 사용합니다.

I'm staying at home tomorrow. 내일 나 집에 있으려고.

Maggie is going to be a professional dancer when she grows up.
Maggie는 크면 전문 무용수가 될 거야.

I'm going to look for a new place to live next week. 다음 주에 새집을 알아볼 예정이야.

My uncle was going to do the cleaning. 청소는 삼촌이 하려고 했어.

I have just missed my bus. I'm going to be late today. 나 방금 버스 놓쳐서 오늘 늦을 것 같아.

I'm going to the movies tonight. 오늘 밤에 영화 보러 갈 거야.

She's going to have a baby next month. 그녀는 다음 달에 출산할 예정이다.

They're going to retire to the beach – in fact, they have already purchased a little beach house in California. 그들은 은퇴한 후 바다 주변으로 갈 예정이다. 사실 이미 캘리포니아주에 작은 비치하우스를 사놓았다.

I'm going to accept the offer. 나는 그 제의를 받아들일 예정이다.

미래에 대한 근거 있는 예측을 할 때도 be going to를 사용합니다.

It's going to rain again soon. 곧 또 비 오겠네. (화자가 하늘에 먹구름이 낀 것을 발견하고 한 말)

Look out! You're going to break that vase. (꽃병을 칠 것 같은 상황) 조심해! 너 그러다 꽃병 부수겠다.

I think it is going to rain. I just felt a drop on my head. 비가 올 것 같아. 방금 머리에 빗방울 떨어졌어.

I don't feel well. I think I'm going to throw up. 속이 좋지 않아. 토할 것 같아.

It is eleven already. We're going to be late. 벌써 11시네. 우리 늦겠어.

The fence is going to fall down soon. (울타리가 낡은 것을 보고 한 말) 울타리가 곧 쓰러지겠어.

The apartment is going to be for old people. (지을 때부터 정해진 사안) 그 아파트는 노인들을 위한 거야.

Get back! The bomb is going to explode. 뒤로 물러서! 폭탄이 터질 거야.

I'm going to fail the test. (시험공부를 하나도 안 한 상황) 나 시험을 망칠 것 같아.

I'm going to be sick. (계속 속이 울렁거렸음) 토할 것 같아.

세 번째로 명령하거나 단호하게 말할 때도 be going to를 씁니다. 주로 부모님과 아이들의 대화에서 많이 볼 수 있습니다. be going to가 원래 계획을 말하는 표현이니 명령형에서는 부모님이 아이들의 계획을 대신 말해주는 거나 다름없다고 생각하면 됩니다. '나는 자러 갈 예정이야'가 아니라 '너는 자러 갈 예정이야'라고 말하면서 '자러 가라'고 명령하는 겁니다.

You're going to bed now. 이제 자러 갈 시간이야. (당장 자도록 해)

You're going to pick up all of your toys right now. 네 장난감 다 주워 담아. (당장 장난감 정리해)

You're going to brush your teeth now. 이제 이 닦아. (당장 양치해)

Quiet, you're doing it! 조용히 해. 무조건 해! (현재 진행형을 써서 나타낼 수도 있음)

I'm not cleaning your room. 네 방 청소 안 해줄 거야.

이제 will에 대해서도 알아볼까요? be going to와 비슷하게 will도 계획에 대해 말할 때 사용할 수 있습니다. 하지만 be going to는 미리 세운 계획인 데 반해 will은 방금 말하면서 떠올린 계획을 말할 때 자주 씁니다. 굳이 비교하자면 '~할 예정이다'보다는 '~해야겠다'라는 느낌이 강합니다. 아래 예문을 천천히 읽어보세요.

When I go and see Marie, I think I'll bring some flowers. Marie한테 갈 때 꽃을 좀 가져가야겠다.

Will you put the bread in the fridge or will you freeze it? 빵 냉장고에 넣을 거야, 아니면 얼릴 거야?

I'll have some orange juice now. 오렌지주스를 좀 마셔야겠다.

I think I'll try one of those jeans. 저 바지로 입어봐야겠다.

I feel really tired. I think I will go to bed. 너무 피곤해. 자러 가야겠다.

I don't have any plans. I will probably watch TV tonight. 나 아무 계획도 없어. 저녁에 그냥 TV나 보려고.

I will study medicine at university. 의대를 가야겠어.

I will stop going to the club. 클럽은 그만 가야겠어.

추측할 때도 will을 사용할 수 있습니다. be going to의 경우 근거가 있는 추측인 데 반해 will은 자기 생각을 근거로 추측하는 경우에 사용합니다. (꽤 확신을 가지고 말하는) '~일 것이다' 보다는 '~일 것 같아'의 의미가 큽니다. will은 자기 생각을 바탕으로 추측하기 때문에 think, hope, sure, expect, perhaps, probably, certainly 등의 표현과 함께 많이 사용합니다.

My team will win the league this season. 우리 팀은 이번 시즌에 우승할 것 같아.

Father thinks it will cost a lot of money to fix his car. 아빠는 차를 수리하는 데 돈이 많이 들 거라고 생각한다.

The rooms will be decorated with pink flowers. 그 방들은 분홍색 꽃으로 장식될 것이다.

Will you be 12 in October? 올해 10월에 열두 살이 되니?

I hope that I will have more free time one day. 쉬는 시간이 더 많아지면 좋겠어.

The weather report says it will rain tomorrow. = The weather report says it is going to rain tomorrow. 기상예보에선 비가 올 거라고 말했다.

You'll be late if you don't hurry. 서두르지 않으면 늦을걸.

Perhaps they will support us. 아마도 그들은 우리를 지지해줄 거야.

Jack will probably go to Paris next week. Jack은 아마 다음 주에 파리로 떠날 거야.

In a few years, everyone will certainly have more free time. 몇 년 안 되어서 모든 사람들이 자유 시간을 더 가지게 될 거야.

세 번째로 will은 조동사로서 제안, 요청, 약속, 초대, 명령 등 여러 상황에 사용할 수 있습니다.

I will give you a discount if you buy it right now. (제안) 지금 사면 할인해드릴게요.

I promise I will bring you some flowers next time. (약속) 다음에는 꼭 꽃을 좀 가져다드릴게요.

I will take you to the movies if you want. (제안) 네가 원한다면 영화관에 같이 가줄게.

Will you shut the door, please? (요청) 문 좀 닫아줄래?

Will you turn on the lights? (요청/묻기) 불 좀 켜줄래?

Will you come to the movies with me? (초대) 나랑 영화 보러 가지 않을래?

Your bag looks really heavy. I will help you. (제안) 네 가방 엄청 무거워 보인다. 도와줄게.

Open the door, will you? (요청) 문 좀 열어줄래?

Hand me the salt, will you? (요청) 소금 좀 줄래?

Study hard or you will fail. (위협) 공부 열심히 해. 그렇지 않으면 낙제하게 될 거야.

더 공손하게 말하고 싶다면 will 대신 would를 사용합니다. 'Will you shut the door, please?'보다는 'Would you shut the door?'라고 말하면 더 친절하고 공손한 표현이 됩니다. 보통 다른 사람에게 뭔가를 부탁하는 상황에서는 would를 훨씬 더 자주 사용합니다. 문장 말미에 'will you?'를 붙이면 자칫 무례하게 들릴 수 있으니 유의하도록 합니다!

네 번째로 will은 거절, 거부의 상황에도 사용합니다.

I always tell my son to take out the trash but he won't do it. 아들에게 항상 쓰레기봉투를 밖에 버리라고 말하지만 그는 내 말을 듣지 않는다.

I won't go there. 난 거기 안 갈 거야.

My kids won't listen to me. 아이들이 내 말을 들으려고 하지 않는다.

My car won't start. 차가 시동이 안 걸려.

마지막으로 will은 대통령이나 여왕, 공주, 대표 등이 타국을 방문하거나 어떤 일정에 참가하는 등의 공식적 일정을 말하거나 군사 명령을 말할 때도 사용됩니다.

The President will arrive at 11:00 a.m. 대통령은 오전 11시에 도착할 예정이다.

The Queen will not take part in the procession. 여왕은 행렬에 참가하지 않을 예정이다.

The Marines will attack at night. 해병들은 저녁에 공격 개시한다.

오늘 수업은 평소보다 양이 많았습니다. 지금까지의 수업이 벅찼다면 지금까지 배운 내용을 복습하고 오셔도 좋아요. 동사 수업이 앞으로도 많이 남았으니 급하게 마음먹지 말고 꼭 재점검하는 시간을 갖길 바랍니다.

DAY 11.
동사 ④

지금까지 여러 수업에 걸쳐 과거, 현재, 미래를 표현하는 방법을 배워보았습니다. 하지만 세 가지 시제만으로는 표현의 범위가 너무 한정될 수밖에 없습니다. 과거, 현재, 미래 시제만 이용한다면 '저녁을 만들었다', '저녁을 만들다', '저녁을 만들 것이다' 이런 식으로밖에 표현할 수 없으니까요. 그렇다면 '나 지금 저녁 만들고 있어'와 같은 문장은 어떻게 만들 수 있을까요? 앞으로의 수업에서는 진행 중인 상황을 표현하는 방법에 대해 알아보고자 합니다. 세 개의 시제에 맞추어 현재 진행 중인 일, 과거에 진행되고 있던 일, 미래에 진행 중이라 예상하는 일을 표현하는 방법을 배워보도록 합시다.

현재 진행

현재 진행 중인 행동이나 상황을 말할 때는 am/is/are + −ing 형태를 사용합니다. 진행을 표현할 때는 ing 형태뿐만 아니라 be동사도 반드시 함께 와야 한다는 점을 기억해주세요. ing를 사용한 진행 표현은 (지금 벌어지는 일 같은) 생생한 현장감을 전달할 수 있고, 그만큼 일시적이라는 느낌을 줍니다. 아래 예문을 천천히 읽고 해석을 써보면서 현재 진행형을 어떻게 사용하는지 익혀봅시다.

PRACTICE 23

진행형 문장	해석 써보기
We are talking.	✎
It is raining.	✎
It is snowing.	✎
It is not raining.	✎
Life is getting easier thanks to you.	✎
My health is improving.	✎
His health is failing	✎
They are having a meeting.	✎
My friends always ping me when I'm trying to study.	✎
I'm listening to the news.	✎
You are being stupid.	✎

She's just messing with you.	✎
What are you thinking about?	✎
She's growing so fast.	✎
The universe is expanding.	✎
The global population is growing exponentially.	✎

현재를 기준으로 당분간 지속되는 일이나 반복되는 행위에 대해 말할 때도 am/is/are + ing 를 사용합니다.

진행형 문장	해석 써보기
I'm staying at my friend's house.	✎
I'm not feeling well today.	✎
Maggie is working as a cashier.	✎
She's spending the winter in Sweden.	✎
Do you know if he's still playing football these days?	✎
She's traveling a lot lately.	✎
I'm studying at Harvard.	✎
I'm watching new episodes of ⟨Modern Family⟩.	✎
My mom's always losing her car keys.	✎

마지막으로 '~할 거야'라고 미래 계획을 말할 때도 be going to와 유사하게 am/is/are + ing를 사용힐 수 있습니다.

She is coming home next week. 그녀는 다음 주에 집에 온다.

We are having a party tonight. 우리는 오늘 밤 파티를 열 예정이다.

They are installing the air conditioners tomorrow. 그들은 내일 에어컨을 설치할 예정이다.

What are you doing tonight? 오늘 밤에 뭐 해?

미국식 영어에서는 모든 동사를 진행형으로 나타낼 수 있는 건 아니니 유의해야 합니다. 예를 들어 '아프다'는 표현을 '나 아프고 있어'라고 말하는 사람은 없겠지요? 마찬가지로 굳이 진행형으로 만들어서 사용할 필요가 없는 동사들이 있습니다. 예를 들어 know나 believe라는 단어는 굳이 '믿고 있는 중이다'로 표현할 필요가 없습니다. 그래서 be knowing, am/is/are/was/were believing이라는 표현은 잘 하지 않습니다. 마찬가지로 understand라는 단어 역시 '이해하는 중이다'로 표현하지 않고, hate라는 단어도 '싫어하는 중이다'로 표현하지 않습니다. 진행형으로 절대 사용하면 안 된다기보다는 어색하기 때문에 그렇게 표현하지 않는다고 보면 됩니다. 아래는 진행형으로 사용하지 않는 대표적인 동사들입니다.

agree 동의하다, 합의가 되다	**hear** 듣다	**resemble** 닮다, 비슷하다
appear 나타나다, 생기다	**imagine** 상상하다	**satisfy** 충족하다, 만족시키다
believe ~라고 믿다, ~을 믿다	**know** 알다	**see** 보다
belong 속하다, 소속하다	**like** 좋아하다	**seem** ~처럼 보이다
consider ~을 고려하다	**love** 사랑하다	**smell** 냄새를 맡다
consist ~로 구성되다, ~에 있다	**matter** 중요하다	**sound** ~처럼 들리다
contain ~을 포함하다	**mean** 의미하다	**suppose** 가정하다, 추정하다
cost (비용)이 들다	**need** 필요하다	**surprise** 놀라게 하다
deny 부인하다	**owe** 빚지다	**taste** 맛을 보다
doubt 의심하다	**own** 소유하다	**think** 생각하다
exist 존재하다	**possess** 소유하다	**understand** 이해하다
feel 느끼다	**prefer** 선호하다	**want** 원하다
fit 적합하다	**promise** 약속하다	**wish** 바라다
hate 증오하다, 미워하다	**realize** 깨닫다	**remember** 기억하다

위 표에 나온 동사들은 무조건 진행형으로 쓰면 안 되는 걸까요? 꼭 그런 건 아닙니다. 어떤 의미로 썼느냐에 따라 다른데요. 예를 들어 'I have a bike.'라는 문장에서 have가 소유의 의미라면 진행으로 말할 이유가 없습니다. 하지만 'I'm having a drink.'라는 문장에서 have가 '먹다'라는 의미라면 진행형으로 말할 수 있겠지요. 마찬가지로 'They were having fun.'이

라는 문장에서 have가 '즐기다'라는 뜻이라면 진행형으로 말할 수 있습니다. 또 새로운 직장에 들어간 친구에게 '너 새 직장 어때?'라고 물어볼 때 'How are you liking your new job?' 이라고 말하고, 또 '새 직장 아주 맘에 들어'라고 할 때 역시 'Actually, I'm loving it!'이라고 진행형으로 자주 말합니다.

과거 진행

현재 진행에 이어 과거 진행도 배워봅시다. 과거 진행은 말 그대로 과거 특정 시점에 진행되고 있었던 일을 말합니다. 아래 문장을 하나씩 읽어보며 해석을 써봅시다.

PRACTICE 24

진행형 문장	해석 써보기
My English was improving.	
Students were still waiting for their turn.	
Kids were growing up so quickly.	
She hurt herself when she was walking her dog.	
I thought he was going to make dinner.	
We were talking over the phone when the doorbell rang.	
We were all sitting on the sofa when we heard the thud.	
I told Sam that he was going to come to the dinner party.	

현재 진행과 마찬가지로 과거 진행을 이용하면 과거에 잠시 동안 지속되었던 일이나 반복된 일에 대해서도 말할 수 있습니다.

He was working at home during the COVID-19 pandemic.

그는 코로나19가 유행하는 동안 집에서 일하고 있었다.

They were using my flat when I visited Japan.

내가 일본에 갔을 때 그들은 내 아파트에서 지내고 있었다.

She was always getting into an argument with him.

그녀는 예전에 항상 그와 말다툼을 했다.

진행형은 '진행 중'인 이야기를 전달하는 표현이기 때문에 다른 시제보다 생동감을 더 살릴 수 있습니다. 그중 과거 진행은 이야기를 전할 때 생생한 느낌을 주기 위해 자주 사용합니다. 따라서 이 표현 역시 소설에서 자주 찾아볼 수 있습니다.

In 1872, we were living in a small mansion in a wooded area.

1872년, 우리는 숲이 우거진 지역의 작은 저택에서 살고 있었다.

On the day they arrived, we were dusting the whole house.

그들이 도착했던 날, 우리는 집 전체를 청소하고 있었다.

미래 진행

마지막으로 미래 진행에 대해서 배워보겠습니다. 미래 진행은 먼저 미래 특정 시점에 진행 중일 것으로 예상되는 일이나 상황을 말할 때 사용합니다. will be + -ing 형태를 사용합니다.

Maggie will be running a marathon next week.
Maggie는 다음 주에 마라톤에 참가 중일 거야. (대회에서 뛰고 있을 거야.)

We probably will not be seeing them soon.
아마 우리는 그들을 곧 만나지는 못할 거야.

The remodeling work is almost finished. I'll be sleeping in my apartment
tomorrow night. 수리가 거의 끝났어. 내일 밤이면 나는 내 집에서 자고 있을 거야.

Around nine, my dad will be watching sports on TV.
9시쯤이면 아빠가 스포츠 경기를 보고 있을 거야.

미래에 진행될 거라 추측한 일뿐만 아니라 미래에 예정된 일 또는 약속한 일이라서 미래에 진행되고 있을 예정인 일에도 미래 진행을 사용합니다.

I will be meeting with the staff. 나는 직원들과 만날 예정이다.
She'll be waiting for you at the bank. 그녀는 은행에서 너를 기다리고 있을 거야.
I'll be seeing him tomorrow. 내일 그 사람 만날 거야.
She's going to be building a medical facility. 그녀는 의료 시설을 지을 예정이다.

현재, 과거 진행과 마찬가지로 미래에 잠시 지속될 예정인 일에도 미래 진행을 사용합니다.

They will be working nights next month. 그들은 다음 달에 야간 근무를 할 것이다.

다음 문장과 비교해보세요. → **I work nights.** 나는 야간에 일한다. (잠시 지속되는 일이 아님)

We will be staying here for two more weeks. 우리는 여기에서 2주 더 머무를 것이다.

Will you be staying here tonight? 오늘 저녁에 여기서 묵을 건가요? (정중하게 의사를 물어보는 표현)

진행형은 진행 중인 일, 또는 잠시 지속되는 일에 사용한다는 것을 기억해주세요.

DAY 12.

동사 ⑤

완료 표현은 한국어에는 없는 개념이기도 하고, 생긴 것도 매우 독특해서 (의미도 없는 have는 대체 왜 오는 걸까요?) 처음 완료의 형태나 의미를 배울 때 많은 분이 굉장히 혼란스러워합니다. 이해할 수 없는 개념은 아닌데, 그렇다고 익숙하지도 않다 보니 어색한 거죠. 새로 사귄 친구가 어색할 땐 어떻게 하는 게 가장 좋은가요? 자주 봐서 익숙해져야겠죠?

현재 완료

현재 완료는 has/have done 또는 have p.p(과거 분사)의 형태로 표현합니다. 앞서 배운 현재, 과거, 또는 미래의 특정 시점에 일어난 일이 아니라 일정 기간 이상, 수 시간 또는 수일, 수년에 걸쳐서 일어난 일은 모두 완료형으로 나타낼 수 있습니다. 현재 완료는 과거에 일어난 일이 현재까지 영향을 주는 경우 또는 과거에 시작하여 현재까지 지속되는 일을 말하며 주로 아래 세 가지 뜻으로 해석됩니다.

(지금을 기준으로 이전에) ~한 적이 있다, ~해봤다

(예전부터 지금까지) ~해왔다

(과거에 일어난 일 때문에 지금) ~인 상태이다, ~하게 되었다

아주 먼 과거에 시작된 일이 현재까지 영향을 주는 것일 수도 있고, 가까운 과거에 일어난 일이 현재까지 영향을 주는 것일 수도 있습니다. 예를 들면 아래 문장은 모두 현재 완료를 사용하여 표현되었습니다.

We've gotten pretty good at working from home. (지금까지 일정 기간 재택근무를 해와서) 우리는 재택근무에 꽤 능숙해졌다. *get good at : ~을 잘하게 되다

Her novels are astonishing. I've read every one of them. 그녀의 소설은 굉장하다. 나는 그녀의 소설을 모두 읽었다. (모두 읽은 상태) *every one of them : 모조리, 모두 다

I am afraid I have lost your letter. 미안하지만 네가 써준 편지를 잃어버린 것 같아. (잃어버린 상태)
*I am afraid : 미안하지만 ~인 것 같아

Kathy can't come. She has broken her leg.

Kathy는 못 와. 다리가 부러졌대. (현재 부러진 상태)

He has had a terrible car accident and he is not at work.

그는 끔찍한 차 사고를 당해서 쉬는 중이다. (사고가 나서 아직도 아픈 상태)

Have you ever seen a piano thrown out of a window?

창문 밖으로 피아노 던져진 거 본 적 있어? *Have you ever seen~? : ~을 본 적 있니?

Have you found your laptop? – No. I still haven't found it.

노트북은 찾았어? (며칠 전부터 지금까지 찾고 있는 상황) – 아니, 아직 못 찾았어.

Have you seen him lately? – No. I haven't seen him for more than a month.

최근에 그를 본 적이 있니? – 아뇨, 못 본 지 한 달이 넘었어요.

They have gone to school. 그들은(애들은) 학교에 갔다. (아직 학교에 있음)

Maggie has **gone to** Paris for a holiday.

Maggie는 휴가로 파리에 갔다. (지금도 파리에 있는 상태) *has gone to : ~로 가버렸다

다음 문장과 비교해보세요. → Maggie went to Paris.

Maggie는 파리로 갔다. (지금은 어디 있는지 모르지만 과거에 파리에 갔음)

Have you seen 'Moulin Rouge'? (지금까지 한 번이라도) '물랑루즈' 본 적 있어?

다음 문장과 비교해보세요. → Did you see 'Moulin Rouge' yesterday?

어제 (TV에 방영한) '물랑루즈' 봤어?

과거형과 현재 완료를 혼동하는 경우가 많아 잠시 비교해보자면 두 표현에는 다음과 같은 미묘한 차이가 있습니다.

Mom : Did you have breakfast this morning? 아침에 밥 먹고 갔어?
Jack : I did. Why? 먹고 갔어요. 왜요?

아들인 Jack과 엄마와의 대화입니다. 여기에서 엄마는 Jack에게 아침을 먹었는지, 혹은 먹지 않았는지 여부를 물어봅니다. 과거에 일어난 일이니 Did you~로 물어보고, 또 이미 다 끝난 일이니 I did~로 대답하게 됩니다. 반면 다음 대화는 어떤가요?

Dylan : Aren't you famished? Do you want to try the new menu at the cafeteria?
배고프지 않아요? 식당에 새로 나온 메뉴 먹어볼래요?

Ron : Nah, I've just had lunch with Din. You go ahead.
아뇨, 방금 Din이랑 점심 먹었어요. 얼른 가서 드세요.

식당에 새로 나온 메뉴를 먹어보자는 Dylan의 말에 Ron은 방금 점심을 먹었다고 말합니다. 물론 점심을 먹는 행위 자체는 과거에 모두 끝났지만 방금 점심을 먹어서 '지금도 배가 부르니 가지 않겠다는 것'을 나타내기 위해 이렇게 완료형을 사용할 수 있습니다.

완료형은 미국식 영어와 영국식 영어에서 다르게 쓰입니다. 다음 문장을 한번 봅시다.

She has just left. 그녀는 방금 떠났다.

미국식 영어에서는 위처럼 has left를 쓰지 않고 'She just left.'라고 말하기도 합니다. 현재완료를 단순히 과거형으로 말하는 경우인데요. 아래와 같은 예시도 가능합니다.

Is she home? - No, she just left. (= No, she has just left.)
I can't find my laptop. Did you see it? (= Have you seen it?)
Mom just called. (= Mom has just called.)

have를 사용하는 완료의 형태를 다시 한번 마음에 새겨두고, 다음 문장을 하나씩 읽어보며 해석을 써봅시다.

자주 사용되는 완료형 표현

have done	~한 적이 있다
have seen	~을 본 적이 있다
have been to	~에 가본 적이 있다
have known	~을 알아왔다
have eaten	~을 먹어왔다

PRACTICE 25

완료형 문장	해석 써보기
Have you been to America? *have been to [장소] : ~에 가본 적이 있다	✎ ....
I have never been to America.	✎
I have been to Canada.	✎
How many times have you been to Canada?	✎ ....
Have you ever seen a unicorn?	✎
I have known them for years. *have done something for ~ : ~동안 ~을 해왔다	✎ ....
I've only been there once.	✎
I have lived here for 10 years.	✎
He has been here since this morning.	✎
I have done it at least twice.	✎
Have you seen his movies?	✎
You haven't eaten much.	✎
I've had enough of this job! *I've had enough of : ~가 아주 질린다	✎ ....
This is the first time that I have lived alone.	✎ ....
I have never lived alone.	✎
Maggie has* never lived alone.	✎

• 주어가 3인칭 단수
여서 have가 아닌
has

He has never lived alone.	✎
I have written 10 books so far.	✎
I have already finished that book.	✎
I have not finished the book yet.	✎
I've already seen that movie.	✎
We have just finished the project.	✎
I've just seen them at the bank.	✎
Have you finished your homework yet?	✎
Have you not finished your homework yet?	✎
I have already finished it.	✎
I've never seen anything like this before.	✎
How long have you been married?	✎
I haven't played the piano since I left college.	✎

이전에 배운 진행형과 완료형을 혼합해서 표현할 수도 있습니다. have done 대신 have been doing으로 표현합니다. 과거에 시작된 일이 현재까지 생생하게 진행되고 있다는 사실을 전달하고 싶다면 'I have waited for you for three hours.나 너 3시간 동안 기다려왔어'가 아니라 'I have been waiting for you for three hours.나 너 3시간째 기다리고 있어'라고 말하면 됩니다. 아래 문장을 하나씩 읽어보며 해석을 써봅시다.

완료+진행형 문장	해석 써보기
How long have you been studying English?	✎
How long have you been working from home?	✎
Maggie has been working as a waitress.	✎

I have been reading 《Guns, Germs, and Steel》 for two weeks now. I'm enjoying it so much!	✎
The gaming industry has been developing quickly.	✎
I have been going to church since I was a kid.	✎
I haven't been feeling well lately.	✎
We've been traveling for months.	✎
We have been waiting here since 5.	✎
She has been studying all day.	✎
I have been going to school since last year.	✎
It has been snowing since last week.	✎
He has been working really hard.	✎
She's been reading a book all day.	✎
My mom's been* cooking since this morning.	✎

• My mom has been
은 My mom's
been으로 줄여 쓸
수 있습니다.

과거 완료로 넘어가기 전에 아래 윌과 멜리사의 대화를 보고 갈까요?

대화문

Melissa : What is this smell?

Will : (sweating) I'm cooking steaks. I'm trying to make something.

(boiling pasta)

Melissa : Is this your first time? I think those steaks have been done for five minutes.

Will : Really? These are quite thick.

Melissa : Yes! I'm taking them off the grill now. Did you even read the recipe?

Melissa : 이게 무슨 냄새야?

Will : (땀을 흘리며) 스테이크 굽고 있어. 뭔가 만들어보려고.

(파스타가 끓음)

Melissa : 스테이크 처음 구워보는 거야? 스테이크 다 된 지 5분은 된 것 같은데.

Will : 진짜? 이거 꽤 두꺼운데.

Melissa : 그래! 그릴에서 치울게. 너 레시피는 읽은 거야?

과거, 현재, 미래와 같은 단순한 시제와 달리 완료 표현은 '기간^{duration}'을 나타냅니다. 그래서 5분 전에 다 되어서 지금까지 그 상태가 유지되고 있다는 표현을 하려면 are/were done 이 아닌 have been done을 사용하게 됩니다. 스테이크는 5분 전에 이미 다 익혀서 테이블에 뒀다고, 이미 끝난 일이라는 뉘앙스를 전달하고 싶다면 'Those steaks were done five minutes ago.'라고 말하면 됩니다.

완료와 진행 표현의 차이에 대해서도 대화를 통해서 살펴봅시다. ignore과 avoid라는 단어가 들어간 두 표현을 유심히 살펴보세요!

대화문

Jack : (In the locker room) Dylan, did you bring your stick?

Dylan : (no answer)

Jack : Dylan! Are you listening?

Dylan : What? sorry, what did you say?

Jack : I said, 'did you bring your lacrosse stick?' What are you thinking?

Dylan : I just got a text from Andrew.

Jack : Andrew? What does he want now?

Dylan : I don't know. He's always whining about his problems. I have ignored his calls for months.

Jack : And he keeps texting you?

Dylan : Yeh, I can't change my number, though. I have just been avoiding him for the past few days.

Jack : Dylan, 너 채 가지고 왔어?

Dylan : (대답 없음)

Jack : Dylan! 너 내 말 듣고 있어?

Dylan : 뭐라고? 미안, 뭐라고 그랬어?

Jack : 라크로스 스틱 가지고 왔냐고 물어봤어. 무슨 생각하는 거야?

Dylan : 방금 Andrew한테서 문자 왔어.

Jack : Andrew? 걔가 또 왜?

Dylan : 몰라. 맨날 뭐가 문제라고 징징대잖아. 몇 달째 전화를 안 받고 있거든.

Jack : 그런데도 계속 문자 오는 거야?

Dylan : 응. 그렇다고 번호를 바꿀 수도 없고. 그래서 그냥 며칠 동안 Andrew랑 마주치지 않으려고 피해
다니고 있어.

완료 표현인 have ignored something은 '지금까지 ~을 무시해왔다'는 의미가 됩니다. 반면, 완료에 진행까지 들어간 I have been avoiding him은 내가 '요즘' 또는 '일시적으로' 그를 피해서 다니고 있다는 의미입니다. have done ~ing 표현은 주로 recently, lately와 함께 사용됩니다. 두 표현에서 뉘앙스 차이가 느껴지시나요?

과거 완료

과거 완료는 더 과거에서 시작해서 과거 특정 시점에 영향을 주는 경우를 말할 때 씁니다. 과거보다 더 과거라니, 좀 이상하죠? 예를 들어 아래 문장을 봅시다.

He didn't go **to the movies with his friends because he** had already seen it.
그는 이미 그 영화를 보았기 때문에 친구들과 영화관에 가지 않았다.

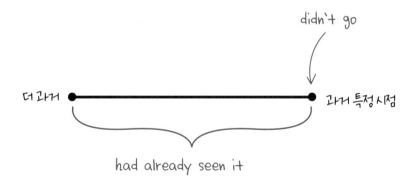

친구들과 영화관에 가지 않은 것은 과거, 그리고 그 영화를 먼저 본 것은 더 과거입니다. 이렇게 과거와 더 과거가 나뉠 수 있습니다. 비슷한 문장을 더 봅시다.

Because Mary had had a terrible accident, **she** had to stay at home.
Mary는 끔찍한 사고를 당해서 집에서 쉬어야 했다.

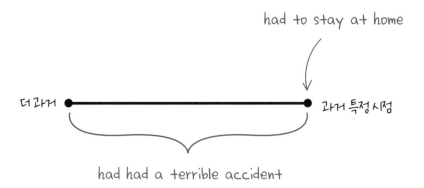

I told him **that his wife** had just left.
나는 그에게 그의 아내가 방금 떠났다고 말했다.

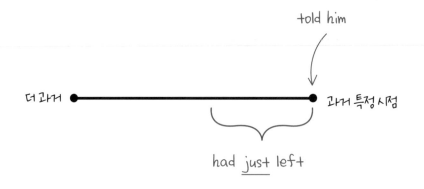

이렇게 과거 완료를 사용하면 어떤 일이 먼저 생긴 일인지, 어떤 일이 더 뒤에 벌어진 일인지 명확하게 나타낼 수 있습니다. 과거 완료는 had + 과거 분사형으로 나타내고 주로 세 가지 의미로 해석할 수 있습니다.

(당시 기준으로) ~한 적이 있었다
(당시 기준으로) ~해 왔었다
(당시 기준으로) ~인 상태였다

PRACTICE 26

완료형 문장	해석 써보기
She was feeling exhausted because she had just finished the race.	✎
I had lived there for 10 years, so I knew every nook and cranny of that place. *every nook and cranny : (어떤 장소의) 구석구석	✎
She didn't know anything about rock climbing, so she had never heard of 'quick release buckle'.	✎
They had not arrived yet when we left.	✎
I had heard it was a grand exhibition of Jazz, so we decided to check it out.	✎
Miraculously, she had worked her way up to head of finance.	✎
They had known each other for 10 years.	✎
I remembered we had met before.	✎
It was the first time that I had lived alone.	✎

마찬가지로 전에 배운 진행형과 완료형을 혼합해서 표현할 수도 있습니다. 더 과거에 시작된 일이 과거까지 생생하게 진행되고 있었다는 느낌을 주고 싶다면 다음과 같이 표현할 수 있습니다.

In 1990, we had been traveling for 2 years. 1990년에 (1990년을 기준으로 보면) 우리는 2년간 여행을 해오고 있었나.

She had been binging on chocolate all day that day. 그녀는 그날 종일 초콜릿을 먹고 있었다.

It was getting darker by the minute and she had been waiting there for 2 hours. 날은 점점 어두워지고 있었고 그녀는 그곳에서 2시간째 기다리고 있었다.

The team had been working for 20 hours straight. 그 팀은 20시간째 계속해서 일하고 있었다.

The team had been working since 6 a.m. 그 팀은 오전 6시부터 일하고 있었다.

미래 완료

드디어 시제와 관련된 마지막 내용인 미래 완료를 배울 시간입니다. 현재를 기점으로 미래의 특정 시점이 되면 '~해 왔을 것이다', '~했을 것이다'라는 의미로 미래 완료를 사용합니다. will have에 과거 분사를 붙인 형태로 사용할 수 있습니다.

By the time we arrive, he'll already have left.
우리가 도착할 때쯤이면 그는 이미 떠났을 것이다.

The concert will have ended by the time he joins us.
그가 올 때쯤이면 콘서트는 끝났을 것이다.

At ten, Maggie will have already left.
10시에 Maggie는 이미 떠났을 것이다. (10시엔 이미 떠나고 없음)

다음 문장과 비교해보세요. → At ten, Maggie will leave.

Maggie는 10시에 떠날 것이다. (10시가 되면 떠남)

By 2030, I will have worked there for 12 years.
2030년이 되면 나는 그곳에서 12년 동안 일한 셈이 된다.

마찬가지로 미래에도 계속 진행되는 행위이면서 진행 기간을 강조하고 싶다면 미래 완료에 진행형을 더해서 사용하면 됩니다.

I will have been working there for 12 years next week.
다음 주면 그곳에서 일한 지 12년째가 된다.

지금까지 현재, 과거, 미래 시제를 비롯하여 진행형과 완료형까지 모두 살펴보았습니다. 다른 챕터에 비해 분량이 많아 힘들진 않으셨나요?

동사는 사물과 사람의 움직임과 상태를 나타내는 단어이기도 하고, 형용사 등 다른 성분으로 바뀌어 그 역할도 톡톡히 하는지라 약방에 감초 역할이라 볼 수 있습니다. 배운 내용이 헷갈린다면 두세 번 정도 더 읽어보셔도 좋습니다. 다만 내용을 암기하려고 하기보다는 원서나 다양한 미디어를 통해 실제로 원어민이 사용하는 단어를 접하면서 배운 내용을 응용해보세요. 문맥 없이 암기하는 단어와 표현은 증발되기 쉬우니 반드시 이야기나 맥락을 통해 익힐 수 있기를 바랍니다.

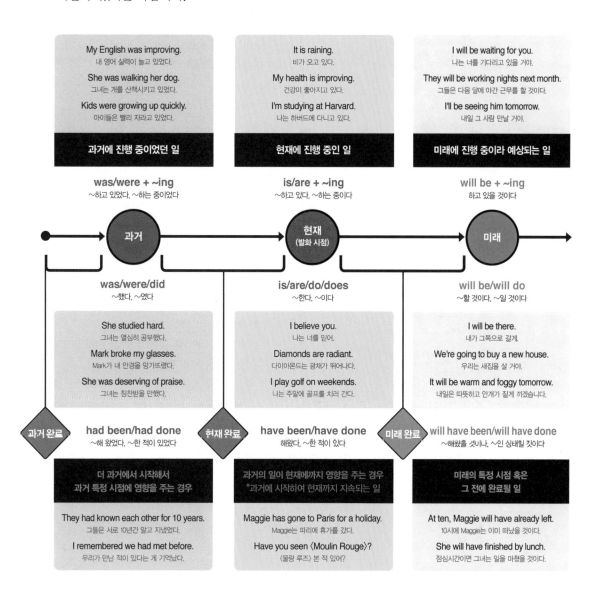

아래 내용은 지금까지 배운 내용을 간단히 정리한 것이니, 수업을 끝내기 전에 정리하는 마음으로 읽고 넘어가면 됩니다. 절대 암기하지 마세요!

	동사의 변신	예문
현재 시제	동사의 원형 또는 3인칭 단수라면 동사 뒤에 -s/es	I feel sick. She doesn't like being late. It snows every winter. She eats a lot.
과거 시제	원형에 -(e)d를 붙이거나 불규칙하게 변함	Did you tell them about us? Mark broke my glasses. She was deserving of praise.
미래 시제	will + 동사 원형 be going to	You'll be in time if you go now. I think it's going to rain. I will be there.
현재 진행	am/is/are + -ing	I'm not feeling well today. It is snowing. They are having a meeting.
과거 진행	was/were + -ing	My English was improving. Kids were growing up so quickly.
미래 진행	will be + -ing	I will be meeting with the staff. We probably will not be seeing them soon.
현재 완료	has/have + done(p.p)	I have been to Canada. I have lived here for 10 years. You haven't eaten much.
과거 완료	had + done(p.p)	I remembered we had met before. They had not arrived yet when we left.
미래 완료	will have + done(p.p)	By 2030, I will have worked there for 12 years. At ten, Maggie will have already left.

DAY 13.
동사 ⑥

저번 수업을 마지막으로 시제나 진행, 완료에 대한 설명은 거의 마무리되었습니다. 오늘은 동사와 목적어의 관계에 대해 알아볼 예정입니다.

동사와 목적어

오늘은 happen^{어떤 일이 발생하다}이라는 동사와 introduce^{~을 소개하다}라는 동사를 비교해볼 겁니다. 지금쯤이면 둘 다 아주 익숙한 단어일 것 같아요. 의미가 다른 것 이외에 큰 차이점이 있을까요? 있다면 무엇일까요? 아래에서 답을 확인하기 전에 먼저 생각해봅시다. 힌트는 바로 오늘 수업명입니다. '동사와 목적어'에 관해 배우고 있다는 점을 고려해 두 단어의 차이를 써보세요.

happen은 '어떤 일이 발생하다'라는 뜻을 가진 단어입니다. '어떤 일을 발생시키다'라는 뜻을 가진 단어가 아닙니다. 그러니 당연히 목적이 되는 단어가 필요 없습니다. 주어(어떤 일)만 있어도 되지요. 반면 introduce는 '~을 소개하다'라는 뜻으로 소개하는 대상(목적어)이 누구인지 밝혀야 문장이 완성됩니다. 'It happened.'는 맞지만 'I introduced.'라는 문장은 굉장히 어색합니다. '나는 ~을 소개했다'라고 말해놓고 소개하는 대상이 누구인지 언급하지 않았으니까요. 따라서 introduce 뒤에는 소개하는 대상까지 함께 나와야 합니다.

He introduced himself. 그가 자기소개를 했다.

I would like to introduce you **to my mom.** 너를 우리 엄마에게 소개하고 싶어.

introduce처럼 목적어가 필요한 동사를 '타동사^{transitive verb}'라고 부르고, 목적어가 필요 없는 동사를 '자동사^{intransitive verb}'라고 합니다. (용어 자체는 중요치 않지만 'transitive'와 'intransitive'로 표기하는 사전도 있으니 영영사전을 자주 이용한다면 기억해두는 게 좋습니다.) 아래 표에서는 목적어가 있어야 하는 동사와 없어도 되는 동사, 그리고 있을 때와 없을 때의 쓰임이 다른 동사를 정리했습니다. 이번 수업에는 가벼운 마음으로 읽고 넘어갑시다.

목적어가 필요한 대표적 동사

introduce ~을 소개하다 / describe ~을 묘사하다 / need ~을 필요로 하다

discuss ~을 상의하다 / emphasize ~을 강조하다 / use ~을 사용하다

enjoy ~을 즐기다 / make ~을 만들다 / suggest ~을 제안하다

He introduced himself.	그가 자기소개를 했다.
No words can describe my feelings.	어떤 말로도 내 감정을 표현할 수가 없다.
I need you.	난 네가 필요해.
We already discussed the plan with the boss.	우리는 이미 상사와 그 계획에 대해 의논했다.
The manager emphasized the importance of this project.	매니저는 이 프로젝트의 중요성을 강조했다.
We used the money for food.	우리는 그 돈을 식비로 사용했다.
We enjoyed the view very much.	우리는 경치를 마음껏 즐겼다.
He made a fire with dry wood.	그는 마른 장작으로 불을 피웠다.
The doctor suggested that I should reduce my working hours.	의사는 내가 일하는 시간을 줄여야 한다고 말했다.

목적어가 필요 없는 대표적 동사

come 오다 / appear ~인 것 같이 보이다, 나타나다 / disappear 사라지다 / happen 어떤 일이 생기다

remain 남다, ~인 상태로 있다 / fall 떨어지다 / arrive 도착하다 / lie 눕다, 거짓말하다 / rise 뜨다

Did he come yet?	그가 왔나요?
She appeared to be very angry.	그녀는 매우 화가 난 것처럼 보였다.
The bright moon appeared at her window.	밝은 달이 그녀의 창에 나타났다.
The dinosaurs disappeared a long time ago.	공룡들은 오래전에 사라졌다.
Nothing happened!	아무 일도 없었어!
It just happened.	우연히 그 일이 벌어졌다. (그냥 그렇게 됐어.)
I have remained silent, but I have to tell you this.	지금까지 아무 말도 하지 않았지만, 너에게 이 말은 해야겠어.
An apple fell from the tree.	사과가 나무에서 떨어졌다.

The apple doesn't fall far from the tree.	피는 못 속인다. (사과는 사과나무 아래에 떨어진다.)
My grandma fell down and hurt herself badly.	할머니가 넘어져서 심하게 다치셨다.
We all arrived yesterday.	우리는 모두 어제 도착했다.
Don't lie to me.	거짓말하지 마.
Don't move! Lie still.	움직이지 매! 가만히 누워 있어.
The sun rises in the morning and sets at night.	해는 아침에 뜨고 밤에 진다.

목적어가 있기도 하고, 없기도 한 동사 (많은 동사가 여기에 해당합니다.)

cry 울다, (눈물을) 흘리다 / break 부러뜨리다, 부수다 / lose 지다, ~에서 지다 / sit 앉다, ~을 앉히다

eat 먹다, ~을 먹다 / walk 걷다, ~을 걷게 하다(산책을 시키다) / watch 보다, ~을 보다

Why are you crying?	너 왜 울고 있어?
I cried myself to sleep for days.	나는 며칠 동안 울다가 잠이 들었다.
The winning team cried tears of joy.	우승 팀은 기쁨의 눈물을 흘렸다.
She broke her leg.	그녀는 다리가 부러졌다. (다리를 부러뜨렸다.)
The vase broke into pieces.	꽃병이 산산조각 났다.
The team lost.	그 팀이 졌다.
The team lost the match.	그 팀이 경기에서 졌다.
Sit down over there.	그쪽에 앉아.
The van sits 12 people.	이 승합차에는 12명이 탈 수 있다.
I don't want to eat this.	이거 먹기 싫어.
Let's eat!	어서 먹자!
They walked to the store.	그들은 가게로 걸어갔다.
He walks the dog twice a day.	그는 하루에 두 번 개를 산책시킨다.
Stop talking and just watch.	그만 떠들고 그냥 봐.
Did you watch the game last night?	어젯밤에 경기 봤어?

동사를 구분할 때 이 동사는 무조건 타동사, 저 동사는 무조건 자동사로 설명하지 않는 이유는 많은 동사가 자동사와 타동사의 쓰임을 모두 가지고 있기 때문입니다. 따라서 시험 대비를 위한 게 아니라면 굳이 자동사와 타동사로 나누어 단어를 암기하지 않아도 됩니다. 예를 들어 대표적인 자동사인 disappear라는 단어는 의미에 따라 목적어가 오는 경우도 있습니다.

Mrs. Kelly may have been disappeared by security forces due to her anti-government activity.

켈리 부인은 반정부 활동으로 인해 보안군에 의해 실종된 것 같다. *disappear : [정치 용어] 사라지게 만들다

목적어가 반드시 필요한 단어인지 아닌지 알고 싶다면 사전을 찾아보세요. 쉽게 확인할 수 있습니다. 많이 읽고 쓰고 찾다 보면 자연스레 감이 생기게 됩니다.

결국 동사가 해당 문장에서 어떤 의미를 가지느냐에 따라 목적어가 있어야만 하거나, 또는 없어도 됩니다. 아래에서는 원어민이 자주 사용하는 동사 리스트를 보며 동사의 활용 방법을 하나씩 알아봅시다. 사용 빈도가 높은 것 위주로 살펴볼 예정입니다. 자동사/타동사를 구별하려고 하기보다는 예문을 보며 어떤 표현과 함께 사용하는지 주의 깊게 봐주세요. 아래 단어를 사전에서 검색한 다음 예문을 골라 빈칸에 써봅시다.

동사	활용 방법 및 예문
buy ~을 사다	buy something from someone : ~에게서 ~을 사다 buy something from someplace : ~에서 ~을 사다 buy something for someone : ~에게 ~을 사주다 buy someone something : ~에게 ~을 사주다 She bought a china doll from the shop. 그녀는 가게에서 도자기 인형을 샀다. They bought dinner for us. 그들이(쟤들이) 우리에게 저녁을 사줬다. They bought us dinner. 그들이(쟤들이) 우리에게 저녁을 사줬다. He was always buying me presents. 그는 항상 나에게 선물을 사줬다. ✎ .... ✎
buy ~을 믿다	buy something : ~을 믿다 Molly said it was just a mistake, but I don't buy it. Molly는 그게 실수라고 했지만 난 믿지 않는다. ✎ .... ✎

write ~을 쓰다	write something to someone : ~에게 ~을 쓰다
	write someone something : ~에게 ~을 쓰다
	My brother wrote me a letter. 내 남동생(오빠)이 나에게 편지를 썼다.
	✎ ....
	✎
introduce ~을 소개하다	introduce someone to someone : ~에게 ~을 소개하다
	I would like to introduce you to my mom. 너를 우리 엄마에게 인사시키고 싶어.
	✎
want ~을 원하다	want something : ~을 원하다
	want to do something : ~하기를 원하다
	He had always wanted to go hiking. 그는 항상 하이킹을 가고 싶어 했다.
	I don't want dark chocolate. 나는 다크초콜릿을 먹고 싶지 않다.
	✎ ....
	✎
advise ~에게 충고하다 ~에게 조언하다	advise someone to do something : ~에게 ~하라고 조언하다
	advise someone that S V : ~에게 S가 V라고 조언하다
	advise someone on/about something : ~에게 ~에 관해 조언하다
	advise that S V : S가 V라고 조언하다
	advise on something : ~에 관해 조언하다
	My doctor advised me to run 3 miles every day. 의사는 나에게 매일 3마일을 뛰라고 조언했다.
	The man advised us that we should diversify our investment portfolio. 그 남자는 우리에게 투자 포트폴리오를 다양화해야 한다고 조언했다.
	✎ ....
	✎
allow ~을 허락하다	allow someone to do something : ~가 ~할 수 있게 허락하다
	allow something : ~을 허락하다, 허가하다
	The teacher allowed her to leave. 선생님은 그녀에게 가도 된다고 했다.
	They don't allow smoking in this building. 이 건물에서는 흡연하면 안 됩니다.
	✎ ....
	✎

discuss ~에 대해 의논하다	discuss something : ~에 대해 의논하다
	discuss something with someone : ~와 ~에 대해 의논하다
	I tried to discuss it with her. 나는 그녀와 의논해보려고 했다.
	I will discuss it with my mom. 엄마랑 상의해볼게요.
	✎ ....
	✎
explain ~에 대해 설명하다	explain something : ~에 대해 설명하다
	explain something to someone : ~에게 ~에 대해 설명하다
	explain that S V : S가 V라고 설명하다
	He calmly explained the situation. 그는 침착하게 상황을 설명했다.
	Let me explain it to you. 내가 설명할게.
	Mayim explained that her car broke down.
	Mayim은 자기 차가 고장이 났다고 설명했다.
	✎ ....
	✎
forgive ~을 용서하다	forgive someone : ~을 용서하다
	forgive someone for something : ~에 대해 ~을 용서하다
	forgive someone for doing something : ~한 것에 대해 ~을 용서하다
	Can you forgive me? 저를 용서해주시겠어요?
	Can you forgive me for saying that? 내가 그런 말 한 거 용서해줄래?
	I can never forgive her for what she did. 나는 그녀가 한 짓을 절대 용서할 수 없다.
	✎ ....
	✎
mention ~을 언급하다	mention something : ~을 언급하다
	mention something to someone : ~에게 ~을 언급하다
	mention that S V : S가 V라고 언급하다
	James didn't mention her at all. James는 그녀를 전혀 언급하지 않았다.
	She's (She has) never mentioned anything to me about the incident.
	그녀는 그 사건에 대해 나에게 아무 말도 하지 않았다.
	Gary once mentioned that he was leaving his job.
	Gary가 직장을 그만둘 거라 말한 적이 있다.
	✎ ....
	✎

recommend
~을 추천하다

recommend someone/something : ~을 추천하다

recommend doing something : ~하는 것을 추천하다

recommend that S V : S가 V라고 권고하다

recommend someone(sth) to someone : ~에게 ~을 추천하다

Would you recommend a good restaurant in this area?
동네에 괜찮은 식당이 있으면 추천해주실래요?

The doctor recommended that I get more exercise.
의사는 나에게 운동을 더 하라고 권했다.

I recommend keeping a journal every day.
나는 매일 일기를 쓰는 것을 추천한다.

Did you recommend against doing the experiment?
실험을 하지 말라고 권고했나요?

I recommended a shark divorce lawyer to her.[*]
나는 그녀에게 실력이 좋은 이혼 전문 변호사를 소개해주었다.

✎ ....

✎

help
~을 돕다

help someone : ~을 돕다

help someone do something : ~하도록 ~을 돕다

help someone to do something : ~하도록 ~을 돕다

help someone with something : ~에 관해서 ~을 돕다

Would you help me with this? 이것 좀 도와주실래요?

They helped me understand the problem.
그들은 내가 그 문제를 이해할 수 있게 도와줬다.

The show helped us to understand more about the evolution of the camera. 그 프로그램은 우리가 카메라의 진화에 대해 더 많이 이해할 수 있게 도와주었다.

✎ ....

✎

ask
~을 묻다, 요청하다

ask someone something : ~에게 ~을 묻다

ask (someone) about something : ~에게 ~에 대해 묻다

ask (someone) why : ~에게 이유를 묻다

ask (someone) how : ~에게 방법을 묻다

ask (someone) for something : ~에게 ~을 달라고 요청하다

ask to do something : ~하게 해달라고 요청하다

You can ask me anything. 뭐든지 물어보세요.

I asked him a simple question. 나는 그에게 간단한 질문을 하나 했다.

The man asked to see the manager. 그 남자는 매니저를 만나게 해달라고 했다.

She asked for the floor plan to be ready by Wednesday.

그녀는 수요일까지 도면을 준비해달라고 했다.

✎ ....

✎

say
~라고 말하다

say that S V : S가 V라고 말하다

say something to someone : ~에게 ~라고 말하다

say to do something : ~하라고 말하다

Mom said to do the dishes. 엄마가 설거지를 하라고 하셨다.

What did you say to her? 그 애한테 뭐라고 했어?

They said that we shouldn't forget the basic principles.

그들은 우리에게 기본 원칙을 잊으면 안 된다고 말했다.

✎ ....

✎

speak
말하다

speak to someone : ~에게 말하다

speak with someone : ~와 이야기를 나누다

speak of/about something : ~에 대해 말하다

speak at someplace : ~에서 연설하다, 말하다

Mayim and I spoke this morning. 오늘 아침에 Mayim과 이야기를 했다.

May I speak with you privately? 조용히 이야기 좀 나눌 수 있을까?

I never speak at the meetings. 나는 회의에 가도 아무 말도 하지 않는다.

I was asked to speak at the conference.

나는 학회에서 연설을 해달라는 요청을 받았다.

We need to speak to the professor about our project.

우리 프로젝트 관련해서 교수님과 이야기를 나눠야겠어.

✎ ....

✎

tell
~에게 말하다
~을 말하다

tell someone : ~에게 말하다

tell someone that S V : ~에게 S가 V라고 말하다

tell someone something : ~에게 ~을 말하다

tell someone about something : ~에게 ~에 대해 말하다

tell the truth : 진실을 말하다

tell a lie : 거짓말을 하다

Tell me. 말해줘.

Tell me the truth! 솔직히 말해!

He told me that I should exercise more. 그는 나에게 운동을 더 해야 한다고 말했다.

I always tell the truth. 나는 항상 진실을 말한다.

✎ ....

✎

seem
~처럼 보이다

seem happy(sad) : 행복해 보이다, 슬퍼 보이다

seem like : ~처럼 보이다

seem to do something : ~할 것처럼 보이다

seem to be someone/something : ~인 것처럼 보이다

They seemed very happy. 그들은 매우 행복해 보였다.

They seem to have a problem. 그들에게 문제가 있는 것 같다.

It seemed like a good idea. 좋은 생각인 것 같았다.

The keys seem to have disappeared altogether. 열쇠들이 다 사라진 것 같다.

✎ ....

✎

like
~을 좋아하다

like something/someone : ~을 좋아하다

like doing something : ~하는 것을 좋아하다

= like to do something : ~하는 것을 좋아하다

I like you very much. 나 너 많이 좋아해.

I like going out with my friends. 나는 친구들과 외출하는 것을 좋아한다.

I like to go out with my friends. 나는 친구들과 외출하는 것을 좋아한다.

✎ ....

✎

hate ~을 싫어하다	hate something/someone : ~을 싫어하다, 혐오하다
	hate doing something : ~하는 것을 싫어하다
	= hate to do something : ~하는 것을 싫어하다
	I hate her so much. 나는 그녀가(그 애가) 너무 싫어.
	I hate the very idea of getting weak. 약해진다는 생각만 해도 너무 싫다.
	I hate studying. 나는 공부하는 게 싫어.
	I hate to study. 나는 공부하는 게 싫어.
	✎ ....
	✎
dislike˙ ~을 싫어하다	dislike something/someone : ~을 싫어하다
	dislike doing something : ~하는 것을 싫어하다
	She dislikes going to church. 그녀는 교회에 가기 싫어한다.
	✎ ....
	✎
begin 시작하다	begin something : ~을 시작하다
	begin to do something : ~을 하기 시작하다
	= begin doing something : ~을 하기 시작하다
	We began reading the book last month. 우리는 지난달부터 그 책을 읽기 시작했다.
	The team meeting began in the afternoon. 팀 회의는 오후에 시작되었다.
	We just began construction on the new property.
	우리는 막 새 부지에 공사를 시작했다.
	✎ ....
	✎
start 시작하다	start something : ~을 시작하다
	start to do something : ~을 하기 시작하다
	= start doing something : ~을 하기 시작하다
	The team meeting started in the afternoon. 팀 회의는 오후에 시작되었다.
	As soon as she's ready, we'll start. 그녀가 준비되는 대로 시작할게요.
	She suddenly started to feel nauseated. 그녀는 갑자기 구역질이 나기 시작했다.
	It started raining. 비가 오기 시작했나.
	✎ ....
	✎

• 일반적으로는 dislike보다 don't like를 더 많이 사용합니다.

continue 계속하다	continue something : ~을 계속하다
	continue to do something : ~하는 것을 계속하다
	= continue doing something : ~하는 것을 계속하다
	Marjorie continued working while she spoke.
	Marjorie는 말하면서 계속 일을 했다.
	Marjorie continued to work while she spoke.
	Marjorie는 말하면서 계속 일을 했다.
	The team continued their meeting. (그) 팀은 회의를 계속했다.
	✎ ....
	✎
love ~을 좋아하다	love someone/something : ~을 좋아하다
	love to do something : ~하는 것을 좋아하다
	= love doing something : ~하는 것을 좋아하다
	I love her. 나는 그녀를 사랑한다.
	I will always love you. 난 항상 널 사랑할 거야.
	She loves her husband very much. 그녀는 남편을 매우 사랑한다.
	Amy loved playing the violin. Amy는 바이올린 켜는 걸 좋아했다.
	✎ ....
	✎
prefer ~을 선호하다	prefer something : ~을 선호하다
	prefer to do something : ~하는 것을 선호하다
	= prefer doing something : ~하는 것을 선호하다
	Prefer A to B : B보다 A를 선호하다
	She prefers to see a woman doctor. 그녀는 여자 의사에게 진찰을 받고 싶어 한다.
	I preferred shopping online. 나는 온라인 쇼핑을 선호했다.
	I prefer dark chocolate. 나는 다크초콜릿이 더 좋다.
	I prefer a good book to a movie. 나는 영화보다 좋은 책을 더 좋아한다.
	I prefer working on my own to working in a group.
	나는 단체로 일하는 것보다 혼자 일하는 것이 더 좋다.
	✎ ....
	✎

	see something : ~을 보다
	see someone doing something : ~하고 있는 것을 목격하다/보다
	see someone do something : ~하는 것을 모두 목격하다/보다

see
~을 보다

I didn't see anything. 난 아무것도 못 봤어.

I saw him crossing the road.
나는 그가 길을 건너는 것을 보았다. (언제 시작되었는지는 모르지만 중간 어딘가부터 봤을 때)

I saw him cross the road.
나는 그가 길을 건너는 것을 보았다. (길을 건너는 걸 처음부터 끝까지 모두 다 본 것)

✎ ....

✎ ....

	give someone something : ~에게 ~을 주다
	give something to someone : ~에게 ~을 주다

give
주다

They gave me another chance. 그들은 나에게 기회를 한 번 더 주었다.

She gave me a watch for Christmas. 그녀는 크리스마스 선물로 나에게 시계를 주었다.

I was given a present. 나는 선물을 받았다.

✎ ....

✎ ....

	lend someone something : ~에게 ~을 빌려주다
	lend something to someone : ~에게 ~을 빌려주다

lend
빌려주다

She wouldn't lend us more money. 그녀는 우리에게 돈을 더 빌려주지 않을 거야.

I sometimes lend my sister books. 나는 가끔 언니에게 책을 빌려준다.

✎ ....

✎ ....

	borrow something : ~을 빌리다
	borrow something from someone/sth : ~에게 ~을 빌리다

borrow
빌리다

I'm borrowing her car for tonight. 오늘 저녁에 그녀의(그 애) 차를 빌릴 거야.

Can I borrow your car? 차 좀 빌려가도 될까요?

We borrow books from the local library. 우리는 동네 도서관에서 책을 빌린다.

✎ ....

✎ ....

위에서 보았던 see라는 동사만 다시 한번 살펴볼까요? 예문에서 crossing과 cross를 썼을 때 뉘앙스가 조금 달랐는데요. listen, hear, watch, feel, notice 등 우리가 보고, 듣고, 만지는 등 지각하는 동사들은 see와 마찬가지로 아래와 같이 사용할 수 있습니다.

listen to something (귀를 기울여) ~을 듣다

We listened to the band playing a new song. (새로운 곡을 연주하고 있는 걸 중간에 들음)

We listened to the band play their new songs. (모두 다 들은 것)

hear something (들려오는 소리를) 듣다

Maggie heard them arguing. (싸우고 있는 걸 중간에 들음)

Maggie heard them argue. (처음부터 다 들음)

watch (관심을 가지고) ~을 보다

I watched him stealing the car. (훔치고 있는 중에 봄)

I watched him steal the car. (훔쳐서 달아나는 것까지 다 봄)

모든 단어가 마찬가지지만 특히 동사를 공부할 때는 항상 쓰임과 예문을 찾아보는 습관을 들이는 게 좋습니다. 영한사전보다는 맥밀란 또는 롱맨 영영사전이 각 동사의 활용법을 잘 설명하고 있으니 꼭 이용해보세요.

DAY 14.

동사 ⑦

지난 수업에서는 목적어가 필요한 동사와 그렇지 않은 동사에 대해 배웠습니다. 지난 강의는 오늘 설명할 능동형과 수동형을 더 잘 이해하기 위한 사전 수업이라고 할 수 있습니다. 능동, 수동은 다소 거창한 용어처럼 보이지만 실은 아주 간단합니다. 예문을 보면서 천천히 따라오세요!

동사의 능동형과 수동형

동작은 능동적인 행동과 수동적 행동으로 나눌 수 있습니다. 예를 들어 '내가 문을 잠갔다'는 표현이 있다면 '문이 잠겼다'는 표현도 있겠지요. 문법적으로 보자면 '잠기다'는 '잠그다'의 피동사(수동형)라고 부릅니다. 표준국어대사전은 피동사를 다음과 같이 정의하고 있습니다.

> **남의 행동을 입어서 행하여지는 동작을 나타내는 동사.**
>
> **보이다, 물리다, 잡히다, 안기다, 업히다 따위가 있다.**

예를 들어 아래 두 문장은 능동과 수동의 관계에 있습니다.

> I locked the door. 나는 문을 잠갔다. (내가 직접 행동 : 능동)
>
> The door was locked. 문이 잠겼다. (문이 작용을 받음 : 수동)

잠그는 것은 능동적인 행동이고 잠긴 것은 수동적인 겁니다. 어려운 개념은 아닙니다. 형용사 수업 중 '동사를 동원해서 만든 형용사' 부분에서 배운 '-ed(~된)' 형태가 바로 수동태와 연관이 있습니다. 형용사 수업에서 배운 '-ed' 형태의 예시를 다시 한번 볼까요?

annoy	annoyed	annoying
짜증 나게 하다, 귀찮게 하다	짜증이 난	짜증 나게 하는
challenge	challenged	challenging
도전하다, 싸움을 걸다	어려움이 있는, 도전을 받는	도전적인, 도전하게 하는
satisfy	satisfied	satisfying
충족시키다, 만족시키다	만족스러워하는, 만족된	만족시키는, 만족하게 하는

여기에 is/are/was/were/will be 같은 be동사를 붙여주면 바로 수동형 문장을 만들 수 있습니다.

• 대화할 때는 be 대신 get을 많이 사용합니다. be annoyed → get annoyed

annoyed 짜증이 난	be annoyed *
	I am annoyed by your behavior. 나는 네 행동에 짜증이 난다. She was so annoyed. 그녀는 너무 짜증이 났다.

challenged 어려움이 있는, 도전을 받는	be challenged
	You will be challenged in many ways. 다방면으로 도전을 받게 될 것이다. We were challenged by a patrol. 우리는 경비원에게 검문을 받았다.

satisfied 만족스러워하는, 만족된	be satisfied
	Will she ever be satisfied? 그녀가 만족이란 걸 알까? We were satisfied with the result. 우리는 그 결과에 만족했다.

실제로 문장을 해석할 때 동사에 −ed가 붙은 형태가 '형용사'라는 품사를 가졌다는 법칙 자체는 크게 중요하지 않습니다. 마찬가지로 annoy라는 동사를 be annoyed로 바꾼 게 '수동형'이라는 문법 용어도 반드시 알아야 하는 건 아닙니다. 'She is annoyed.'라는 문장을 보고 '그녀는 짜증이 났다'라고 해석할 수 있으면 됩니다.

아래 문장을 차례로 해석해보면서 수동형과 능동형 문장을 익혀보도록 합시다.

PRACTICE 27

영어 문장 및 힌트	해석 써보기
Did you **lock** the door?	✎ ....
The door **is** not **locked**.	✎ ....
*lock : 잠그다 locked : 잠갔다/ 잠긴 is locked : 잠기다	
You all have to **finish** the job by tomorrow.	✎ ....
The job **will be finished** by tomorrow.	✎ ....
You'll never **get finished** at this rate.	✎ ....
*finish : 끝내다 finished : 끝냈다/ 끝이 난 is finished : 끝이 나다 will be finished : 끝이 날 것이다	
We are going to **build** a new mall.	✎ ....
A mall is going to **be built**.	✎ ....
*build : 건설하나, 짓다 built : 짓다/ 지어진	
I **have not sent** the gifts yet.	✎ ....
The gifts **have not been sent** yet.	✎ ....
*send : 보내다 sent : 보냈다/ 보내진 be sent : 보내지다	
I **invited** Gin over for dinner.	✎ ....
Gin **was invited** over for dinner.	✎ ....
*invite : 초대하다 invited : 초대했다/ 초대된 is invited : 초대되다	
He **offered** them a new job.	✎ ....
They **were offered** a new job.	✎ ....
*offer : 제안하다 offered : 제안했다/ 제안된 is offered : 제안되다 (제안을 받다)	
I can **do** this.	✎ ....
This can **be done**	✎ ....
*do : (일을 처리)하다 be done : (일이 처리)되다	
She **took care of** it.	✎ ....
It **was taken care of** (by her).	✎ ....
*take care (of something) : ~을 처리하다 be taken care of : 처리되다 was taken care of : 처리되었다	
She **was taking care of** it.	✎ ....
It was **being taken care of** (by her).	✎ ....

*take care (of something) : ~을 처리하다   was taking care of : ~을 처리하고 있었다

be taken care of : 처리되다   was being taken care of : 처리되고 있었다   by her : 그녀에 의해서

The deer **was killed** with an arrow.*	✎ ....
Curiosity **killed** the cat.	✎ ....
Did you **kill** them?	✎ ....

• with an arrow
화살에 맞아서 (도
구를 사용할 때는
주로 with를 사용
하여 나타냅니다.)

*kill : 죽이다   be killed : 죽임을 당하다   was killed : 죽임을 당했다

Mom **gave** me a bike for my birthday.	✎ ....
I have **been given** a present.	✎ ....
He **was given** a second chance.	✎ ....

*give : 주다   be given : 받다

The door **opened**.	✎ ....
Maggie **opened** all the doors and windows.	✎ ....

*open : 열다, 열리다 (open 단어 하나에 능동 의미와 수동 의미가 모두 있음)

Please **forgive** me.	✎ ....
He wanted to **be forgiven**.	✎ ....

*forgive : 용서하다   want to do : ~을 하고 싶어 하다   be forgiven : 용서받다

She **woke** up and stretched.	✎ ....
She **woke** him as usual with a cup of black coffee.	✎ ....

*wake : 일어나다, 깨우다 (wake 단어 하나에 능동 의미와 수동 의미가 모두 있음)

Did you **watch** the game last night?	✎ ....
We didn't know that we **were being watched** by the police.	✎ ....

*watch : 보다   be watched : 감시를 당하다   were being watched : 감시를 당하고 있었다 (진행 + 수동)

She **invited** us out to dinner.	✎ ....
Sorry, but you **are** not **invited**.	✎ ....

*invite : 초대하다   be invited : 초대를 받다   are not invited : 초대받지 못하다

I **looked** at him and smiled.	✎ ....
This issue **is** now **being looked** at.	✎ ....
They like **being looked at**.	✎ ....

*look at : ~을 쳐다보다, 바라보다   look : 조사하다   is looked at : 조사되다

is being looked at : 조사 중이다   like being looked at : 남의 시선을 즐기다

- be뿐 아니라 get +
p.p.로 수동태 의미를
만들 수 있습니다.

I already **paid** the rent last week. We're going to **get paid**＊ next week.	✎ ✎

*pay : 지불하다　get paid : 급여를 받다

I **sent** a letter to her. The army **has been sent** to defend the northern border.	✎ ✎

*send : 보내다　sent : 보냈다　be sent : 보내지다, 투입되다

She **shouted** at me. I hate to **be shouted** at. I hate **being shouted** at.	✎ ✎ ✎

*shout at : ～에게 소리치다, 고함을 지르다　hate to do something/hate doing something : ～하는 것을 싫어하다

be shouted at : 야단맞다　being shouted at : 야단맞는 것

They **decided** to cancel the meeting. We **decided** to discontinue the volunteer program. It **was decided** to discontinue the volunteer program.	✎ ✎ ✎

*decide to do : ～하기로 결정하다　it was decided to do : ～하기로 결정되다

We **made** a series of transactions. They **were made** to admit to the crime. We **made it clear that** we didn't like the idea.	✎ ✎ ✎

*make : 만들다　be made to do : ～하도록 강요받다　make it clear that S V : S는 V라고 분명히 하다

We **elected** him as our leader. He **was elected** President.	✎ ✎

*elect : 뽑다, 고르다　be elected President : 회장/대통령으로 뽑히다

I always **consider** your feelings. We **are considering** you for the project. She **was considered** a genius. It **was** initially **considered** impossible. It **is** always **considered** rude to cancel a meeting at the last minute.	✎ ✎ ✎ ✎ ✎

*consider : 고려하다　be considered : 고려되다, 여겨지다, ～대접을 받다

be considered rude : 무례하다고 여겨지다

I **called** him yesterday.	✎ ....
I **call** him Christopher.	✎ ....
I think he **was called** Christopher.	✎ ....

*call : 전화하다, 부르다, ~을 ~라고 부르다   be called : ~라고 불리다

I **painted** it purple.	✎ ....
It **was painted** purple.	✎ ....

*paint : 칠하다   paint something purple : 보라색으로 칠하다   be painted : 칠이 되다

We **catapulted** rocks at the shop window.	✎ ....
She **was catapulted** out of the moving car.	✎ ....

* catapult : 내던지다   be catapulted : 내던져지다

지금까지 자주 사용되는 동사들의 능동, 수동형 쓰임을 살펴보았습니다. 그렇다면 모든 동사가 능동 – 수동형(be + p.p) 쌍을 가지고 있을까요? 꼭 그렇진 않습니다. 예를 들어 open은 하나의 단어가 능동과 수동의 의미를 모두 가지고 있어 be opened라고 쓰지 않아도 두 가지 뜻을 표현할 수 있습니다.

> **The door opened.** (열리다) 문이 열렸다.
>
> **Maggie opened all the doors and windows.** (열다) Maggie는 문과 창문을 모두 열어젖혔다.

물론 누군가에 의해 '열렸다' 혹은 '개최되었다'는 의미를 강조하고 싶다면 be opened 형태를 쓸 수 있습니다. 예를 들면 다음과 같은 문장에서는 be opened가 사용되었습니다.

> **The new museum is opened to the public for the first time.**
> 새 박물관은 처음으로 대중에게 개방되었다.

open과 비슷하게 쓰이는 단어들로는 move, sell 등이 있습니다. move는 '~을 옮기다, 이동시키다'라는 뜻도 있지만 '움직이다, 이동하다'라는 뜻도 있습니다. sell도 마찬가지로 '~을 팔다'라는 뜻도 있고, '팔리다'라는 뜻으로도 쓸 수 있습니다. 반면 능동 – 수동형 쌍이 아예 없는 단어들도 있습니다. 앞서 설명했던 happen이라는 단어는 be happened로 사용할 필요가 없습니다. happen은 '(어떤 일이) 발생하다'라는 뜻을 가진 단어입니다. 어떤 일이 생

겼는지 주어에 적고, 누구에게 그 일이 생겼는지도 말하고 싶다면 동사 뒤에 to와 함께 적어 주면 됩니다.

Something happened. 어떤 일이 발생했다.

Why do bad things happen (to good people)? 왜 (좋은 사람들에게) 나쁜 일들이 일어날까?

반면 cause라는 단어는 어떨까요? cause는 '발생하다'가 아니라 '~을 발생시키다'라는 뜻을 가진 단어입니다. 따라서 '(~에 의해) 발생되다'라는 뜻도 있을 거라 예상되지요?

Something caused A. 무언가가 A를 발생시켰다.

A was caused by something. A는 무언가에 의해 발생되었다.

자동사는 목적어가 필요 없고, 수동태로 쓰지 않습니다. '~을 어떻게 하다'라는 뜻을 가진 단어만 수동태로 사용합니다. '나타나다'라는 의미로 사용되는 appear('~을 나타나게 하다'라는 뜻이 아님), '웃다'라는 의미로 사용되는 smile('~을 웃게 하다'라는 뜻이 아님), '참가하다'라는 의미로 사용되는 participate('~을 참가하게 하다라는 뜻이 아님) 등의 단어도 목적어가 필요 없으며 수동태로 사용하지 않습니다.

Mom appeared to be angry. 엄마는 화가 난 것처럼 보였다.

She smiled when I saw her. 내가 그녀를 보았을 때 그녀는 미소를 지었다.

Maggie participated in sports in college. Maggie는 대학에서 스포츠 동아리(혹은 경기)에 참가했다.

Mom is appeared to be angry. (×)

She was smiled when I saw her. (×)

Maggie was participated in sports in college. (×)

능동형과 수동형을 처음 배우면 접하는 동사마다 이게 능동형으로 사용되는 건지, 자동사인지 타동사인지 구분해야만 할 것 같은 느낌이 듭니다. 하지만 평소에 많이 읽고 쓰다 보면 (물론 잦은 실수를 통해) 저절로 어떤 단어에 목적어가 필요한지, 어떤 단어는 목적어를 필요로 하지 않는지 습득하게 되니 너무 강박적으로 구분하려고 하지 않아도 됩니다.

DAY 15.

동사⑧

오늘은 지금까지 무심코 사용해왔던 to에 대해 배워보겠습니다. 이전에 배운 동사와 목적어, 또 능동과 수동을 제대로 이해한 후 오늘 내용을 공부해야 합니다. 지금까지 배운 동사 내용이 총출동하게 되니 앞에서 배운 내용이 헷갈리지 않도록 꼭 복습하고 오세요!

부정사 to와 전치사 to

예전 수업에서 introduce, allow 두 단어의 용법을 배우며 아래 두 문장도 배웠습니다. 두 문장에서 to를 유심히 살펴봅시다. 각 to는 어떤 의미를 가지고 있나요?

I would like to introduce you to my mom.
The teacher allowed her to leave.

먼저 would like to do는 '~을 하고 싶다'라는 의미입니다. 여기서 to는 단독으로 의미가 있기보다는 다른 단어들과 붙어서 의미가 결정됩니다. 그다음 to my mom은 '엄마에게'라는 뜻으로 여기서 to는 '~에게'라는 의미로 사용되었습니다. 마지막으로 allowed her to do는 '그녀가 ~하도록 허락했다'라는 뜻으로, 여기서 to는 do와 함께 '~하도록'이라는 의미로 사용되었습니다. 똑같은 to인데 의미도 다르고 뒤에 나오는 단어의 품사도 다릅니다. would like to (introduce)와 allowed her to (leave) 뒤에는 동사가 오지만 to (my mom)의 to 뒤에는 (대)명사가 나왔습니다.

	to do/to의 의미	사용 형태	to의 품사
would like to do	~하고 (to do)	to + do	부정사
to my mom	~에게 (to someone)	to + (대)명사	전치사
allowed her to do	~하도록 (to do)	to + do	부정사

'to + 명사' 형태로 올 때 우리는 to를 '전치사'라고 부릅니다. 만약 전치사에 대해 아예 모른다면 21일 차 수업을 먼저 학습하고 오세요! 오늘은 전치사 to가 아니라 '부정사 to'라는 새

로운 개념을 배워보려고 합니다. 우리가 to부정사에 대해 많이 듣긴 했지만 어떤 개념인지 한마디로 답하기는 어려울 거예요. 그래서 표준국어대사전의 힘을 다시 한번 빌려보도록 하겠습니다.

표준국어대사전에서는 부정사를 다음과 같이 정의합니다.

부정사 infinitive : 영어 따위에서, 인칭·수·시제에 대하여 제약을 받지 아니하는 동사형. 동사 원형 앞에 'to'가 붙기도 하고, 동사 원형 홀로 쓰이기도 한다.

정의만 봐서는 알쏭달쏭합니다. 위 문장에 나온 내용을 하나씩 뜯어서 살펴봅시다.

영어 따위에서

부정사라는 개념은 영어와 같은 언어에서 사용된다고 합니다.

인칭·수·시제에 대하여 제약을 받지 아니하는 동사형

부정사는 인칭, 수, 시제에 제약을 받지 않는다고 합니다. 지금까지는 인칭이나 수, 시제에 따라 제약을 받는 동사들을 주로 봐왔습니다.

예를 들어 동사는 시제에 영향을 받아 I play games. (현재형) → I played games. (과거형)으로 변하고, 인칭에도 영향을 받아 I play games. (1인칭) → She plays games. (3인칭)처럼 동사의 형태가 변합니다. 또한 수에 제약을 받기 때문에 A cat yawns. (단수) → Cats yawn. (복수)로 동사의 형태가 바뀝니다.

하지만 부정사는 동사이면서도 이런 제약 없이 원형을 유지합니다. 한마디로 to played나 to plays 같은 표현은 없고 to play라고만 쓴다는 뜻입니다.

동사 원형 앞에 'to'가 붙기도 하고

to부정사는 'to + 동사의 원형'의 형태로 사용한다는 의미입니다.

> to + play → I want **to play**. (to plays ⊗, to played ⊗)
>
> to + run → She likes **to run**. (to runs ⊗, to ran ⊗)

동사 원형 홀로 쓰이기도 한다.

to 없이 동사 원형이 홀로 쓰이기도 한다고 합니다. 이렇게 홀로 쓰이는 부정사를 영어로는 'bare infinitive'라고 합니다. '헐벗은 부정사'라는 뜻이에요. to가 붙으면 to부정사, 혼자 쓰이면 bare infinitive입니다. 예를 들어 다음과 같은 문장에서 헐벗은 부정사를 볼 수 있습니다.

The movie made me cry. 그 영화는 나를 울게 만들었다.

make는 뒤에 to가 올 필요가 없습니다. make me to cry라고 하지 않고 그냥 make me cry 라고 말합니다. allow ‒to do, want ‒to do처럼 왜 to가 붙지 않느냐고 한다면, 특별한 이유는 없습니다.

또 이전 '동사와 목적어' 수업에서 아래와 같은 문장을 본 적이 있습니다.

I saw him cross **the road.**
I watched him steal **the car.**

첫 문장에서는 saw him to cross라고 하지 않고, 두 번째 문장에서도 watched him to steal 이라고 하지 않습니다. 여기에도 bare infinitive가 사용된 겁니다. 이제 부정사가 무엇인지 살짝 감이 오시나요? to부정사의 'to'는 뚜렷하게 정해진 의미가 있다기보다 동사와 함께 다양한 용도로 여기저기 사용됩니다. 대표적인 to부정사의 용도는 다음과 같습니다.

~하기 위해	I visited the café to buy some bread. 나는 빵을 사기 위해 카페를 방문했다. I went to buy some groceries. 식료품을 사러 갔다.
~할	I have no evidence to go by. 기준으로 할(삼을) 만한 증거가 없다. I have a key to open this door. 이 문을 열 열쇠를 가지고 있어. We had plenty of time to see him. 우리는 그를 만날 시간이 충분했다. I need a friend to talk with. 나는 대화를 나눌 친구가 필요하다.
~하게 되어서	I am sorry to hear that, Maggie. 그런 소식을 듣게 되어 정말 유감이야, Maggie. It is so nice to be sitting here together. 너랑 여기 함께 앉아 있으니까 참 좋다.
~하는 것	To tell the truth is not always easy. 진실을 말하는 것이 항상 쉬운 일은 아니다. Your job is to provide the most up-to-date information. 당신이 할 일은 최신 정보를 제공하는 것이다.

~한 사실을 발견하게 되다	She arrived at the office to find that the system was hacked. 그녀가 사무실에 도착해보니 시스템이 해킹되어 있었다.

똑같은 to인데 그때그때 의미가 다른 것 같지요? to부정사는 쓰임도, 의미도 많기 때문에 단어를 암기하듯이 의미를 하나씩 외우기보다는 to가 들어간 문장을 많이 보면서 익혀야 합니다. to와 함께 다니는 동사들을 자주 보고, 또 to 없이 동사만 데리고 다니는 make와 같은 단어들(let, help, see, watch, feel, hear 등)도 자주 마주치면 됩니다.

문법 시험을 대비하는 분들을 위해 전치사와 부정사를 구분하는 법칙을 간단히 정리해드릴게요. to 뒤에 명사가 왔다면 전치사 to, to 뒤에 동사가 왔다면 to부정사입니다.

I would like (to) introduce you (to) my mom.
(to) 뒤에 동사(introduce)가 왔으니 부정사의 to
(to) 뒤에 명사(my mom)가 왔으니 전치사의 to

부정사에 대한 설명을 마무리하기 전에 관사를 배우며 읽었던 조지 오웰의 소설 《동물농장》중의 일부를 다시 한번 살펴보도록 할게요. 전치사와 부정사가 섞여 있지만 품사는 신경 쓰지 않아도 됩니다. 의미에 집중해서 읽어보고 밑줄 친 부분만 해석해봅시다.

PRACTICE 28

Mr. Jones, of the Manor Farm, had locked the hen-houses for the night, but was too drunk to remember to shut the pop-holes.

① too drunk to remember to shut the pop-holes : ✎ _____

With the ring of light from his lantern dancing from side to side, he lurched across the yard, kicked off his boots at the back door, drew himself a last glass of beer from the barrel in the scullery, and made his way up to bed, where Mrs. Jones was already snoring.

② dance from side to side : ✎ _____

Word had gone round during the day that old Major, the prize Middle White boar, had had a strange dream on the previous night and wished to communicate it to the other animals.

③ wish to communicate it to the other animals : ✎ _____

Old Major (so he was always called, though the name under which he had been exhibited was Willingdon Beauty) was so highly regarded on the farm that everyone was quite ready to lose an hour's sleep in order to hear what he had to say.

④ (be) ready to lose an hour's sleep : ✎ _____

⑤ in order to hear something : ✎ _____

⑥ what he had to say : ✎ _____

Before long the other animals began to arrive and make themselves comfortable after their different fashions.

⑦ the other animals began to arrive : ✎ _____

He seldom talked, and when he did, it was usually to make some cynical remark.

⑧ it was to make some cynical remark : ✎ _____

If asked why, he would say that he saw nothing to laugh at.

⑨ he would say that he saw nothing to laugh at : ✎ _____

to가 들어간 문장을 읽다 보면 to부정사의 의미는 홀로 결정되는 게 아니라는 것을 알 수 있습니다. 따라서 함께 다니는 다른 단어들과 통째로 익히는 게 좋습니다.

to는 형용사와도 자주 다니는 단어입니다. 예를 들어 be bound to do 반드시 ~할 것이다, be due to do ~할 것으로 예상되다, be likely to do ~할 것 같다, more likely to do ~할 가능성이 더 많은, less likely to do ~할 가능성이 더 적은, be unlikely to do ~할 것 같지 않다 등의 표현은 어떤 일이 일어날 확률에 대해 말해줍니다.

Sometimes, mistakes are bound to happen.

때로는 실수하기 마련이다.

They were due to arrive any second. (= They were expected to arrive any second.)

그들은 곧 도착할 예정이었다.

Employees with mentors are more likely to get promoted.

멘토가 있는 직원들은 승진할 가능성이 더 높다.

That story is unlikely to be true.

그 이야기는 사실이 아닐 것 같다.

또한 능력을 나타낼 때도 to를 사용하여 be able to do ~할 수 있다, be unable to do ~할 수 없다
로 표현할 수 있습니다.

Is she able to swim? 그녀는 수영할 수 있나요?

Will you be able to visit me next week? 다음 주에 나를 보러 올 수 있어?

They are unable to afford that car. 그들은 그 차를 살 여유가 없다.

이 외에도 to를 사용하는 표현은 무궁무진합니다.

be ready to do, be prepared to do ~할 준비가 되다

be willing to do 기꺼이 ~하다

be unwilling to do ~할 마음이 내키지 않다

be eager to do 간절히 ~하고 싶어 하다

be anxious to do 굉장히 ~하고 싶어 하다

be easy to do ~하기 쉽다

Are you ready to go? 갈 준비 다 됐어?

She was not prepared to listen. 그녀는 들을 준비가 되어 있지 않았다.

I'm willing to discuss the issue right now. 전 지금 당장 그 문제에 대해 논의할 용의가 있습니다.

He was completely unwilling to help. 그는 전혀 도와주고 싶어 하지 않았다.

Everyone seemed eager to learn about the new design.

모두가 새로운 디자인에 대해 알고 싶어 하는 것 같았다.

He was very anxious to finish college and get a job on Wall Street.

그는 빨리 대학을 졸업하고 월 스트리트에 취직하고 싶어 했다.

He is easy to please. 그는 비위 맞추기가 쉽다.

동사⑨

지난 시간에는 전치사 to와 부정사 to를 구별해보았습니다. 이번에는 동사가 자주 함께 다니는 to와 ing를 구분해보려고 합니다. 어떤 동사는 to부정사를 주로 사용하고, 어떤 동사는 ing 형태와 자주 다닙니다.

한국어를 구사하는 우리 입장에서 봤을 때는 to를 쓰나, ing 형태를 쓰나 별 차이가 없어 보이고, 두 분류를 구분하는 데 뚜렷한 기준도 없어 보입니다. 이런 상황에 우리가 취할 수 있는 방법에는 두 가지가 있습니다.

첫 번째는 무조건 암기하는 것, 두 번째는 자주 봐서 올바른 표현에 익숙해지는 겁니다. 첫 번째 방법은 고되지만 빨리 법칙을 머리에 담을 수 있고, 두 번째는 시간이 오래 걸리지만 편하게 학습할 수 있다는 장점이 있습니다. 각각 장단점이 있으니 여러분의 학습 성향에 맞추어 공부하면 됩니다.

to부정사 & ing 형태를 사용하는 동사

동사 + to부정사

먼저 to부정사를 주로 사용하는 동사에 대해 배워보겠습니다. 아래 등장하는 동사에는 다양한 활용 방법이 있지만 to부정사의 활용법 위주로 살펴보도록 할게요. 영어사전에 나오는 적절한 예문을 골라 빈칸에 써보세요.

동사	활용 방법 및 예문
agree 동의하다	agree to do something : ~하는 것에 동의하다 agree with something : ~에 동의하다 agree that S V : S가 V인 것에 동의하다 I agree with this new policy. 나는 이 새로운 정책에 찬성한다. She finally agreed to do the job. 그녀는 마침내 그 일을 하기로 동의했다. ✎ _____ ✎ _____
choose 선택하다	choose something : ~을 선택하다 choose to do something : ~하기로 선택하다 He chose to ignore their advice. 그는 그들의 충고를 무시하기로 했다. ✎ _____ ✎ _____
try 시도하다	try something : ~을 시도하다 try to do* something : ~을 하려고 시도하다 We tried to fight back. 우리는 맞서 싸우려고 했다. I was trying to lock the door. 나는 문을 잠그려고 했다.

• 격식이 없는 대화체에서는 try to do 대신 try and do라고도 말합니다.

dare 감히 ~하다	dare (to) do something : 감히 ~하다
	did not dare (to) / dare not do something : ~을 할 용기가 없다

dare (to) do something : 감히 ~하다

did not dare (to) / dare not do something : ~을 할 용기가 없다

dare
감히 ~하다

Mary dared to ask why. Mary는 감히 이유를 물었다.

He did not dare to go back home. 그는 감히 집으로 돌아갈 엄두를 내지 못했다.

How dare you speak to me like that? 감히 어떻게 그런 식으로 말하는 거야?

How dare he tell me what to do! 그가 감히 나에게 이래라저래라 하다니!

At the top, she didn't dare (to) look down.

정상에 오르자 그녀는 내려다볼 엄두가 나지 않았다.

✎ ....

✎

decide to do something : ~하기로 결정하다

decide that S V : S가 V라고 결정하다

decide
결정하다

Marie decided to go with her friends. Marie는 친구들과 함께 가기로 결정했다.

They decided that we were right. 그들은 우리가 옳다고 판결 내렸다.

✎ ....

✎

expect something : ~을 예상하다

expect to do something : ~할 것으로 예상하다

expect someone to do something : ~가 ~하기를 예상하다, 바라다

expect
~을 예상하다

Don't ever expect me to help you out. 내가 널 도와줄 거라고 기대하지 마.

Do you expect me to believe you? (이제 와서) 내가 널 믿길 바라니?

I never expected to find a dream job. 꿈꾸던 직업을 찾을 줄은 전혀 몰랐어요.

✎ ....

✎

promise to do something : ~하겠다고 약속하다

promise (someone) that S V : (~에게) S가 V하겠다고 약속하다

promise
~와/~을 약속하다

I never promised to help them. 나는 그들을 돕겠다고 약속한 적이 없어.

Gary promised me that he'd cook dinner tomorrow night.

Gary가 내일 저녁 식사를 준비하기로 약속했어요.

✎ ....

✎

fail 실패하다	fail to do something : ~하지 못하다
	fail in something : ~에 실패하다
	He failed to finish the race. 그는 그 경주를 마치지 못했다.
	We failed in math. 우리는 수학 과목에서 낙제했다.
	✎ ....
	✎
hesitate 망설이다	hesitate to do something : ~하기를 망설이다
	I sometimes hesitate to say what I want. 나는 가끔 내가 뭘 원하는지 말하는 것을 망설인다.
	Please don't hesitate to call me anytime. 주저하지 말고 언제든지 전화해주세요.
	✎ ....
	✎
hope 바라다, 소망하다	hope to do something : ~하기를 바라다
	I hope to see you again. 다시 뵙기를 바랍니다.
	We hope to visit you next year. 내년에 찾아뵐 수 있길 바랍니다.
	✎ ....
	✎
learn 배우다	learn something : ~을 배우다
	learn (how) to do something : ~하는 방법을 배우다
	You have to learn how to survive. 살아남는 법을 배워야 해.
	I learned to drive when I was nearly 30. 나는 서른이 다 되어서 운전을 배웠다.
	✎ ....
	✎
manage 관리하다, 해내다	manage something : ~을 관리하다, 간신히 해내다
	manage to do something : 겨우 ~을 해내다
	We only managed to get there on time. 우리는 겨우 제시간에 거기에 도착할 수 있었다.
	Jerry managed to buy the bag for half the price. Jerry는 그 가방을 반값에 살 수 있었다.
	✎ ....
	✎

need
필요로 하다

need something : ~가 필요하다

need to do something : ~할 필요가 있다

need someone to do something : ~가 ~하기를 바라다, ~할 사람이 필요하다

I need you to help me out. 날 좀 도와줘야겠어.

I need someone to teach me how to drive. 운전을 가르쳐줄 사람이 필요해.

✎ ....

✎ ....

plan
계획하다

plan something : ~을 계획하다

plan to do something : ~할 계획이다

plan on doing something : ~할 계획이다

We were planning a protest. 우리는 시위를 계획하고 있었다.

Please let me know if you plan to attend. 참석하실 분은 제게 알려주세요.

✎ ....

✎ ....

pretend
~인 척하다

pretend to do something : ~하는 척하다

pretend to be someone/ something : ~인 척하다

We pretended to like him. 우리는 그를 좋아하는 척했다.

The actors were pretending to be thieves. 배우들은 도둑 연기를 하고 있었다.

✎ ....

✎ ....

refuse
거절, 거부하다

refuse to do something : ~하기를 거부하다, 거절하다

He asked them to stay, but they refused. 그는 가지 말라고 했지만 그들은 거절했다.

He refused to answer. 그는 대답하기를 거부했다.

✎ ....

✎ ....

strive
노력하다, 힘쓰다

strive for something : ~을 위해 노력하다

strive to do something : ~하려고 노력하다

We always strive to do better. 우리는 항상 더 잘하기 위해 노력한다.

Everyone strove to succeed. 모두가 성공하기 위해 노력했다.

Everyone strove for success. 모두가 성공을 위해 노력했다.

✎ ....

✎ ....

struggle 투쟁하다, 헤매다	struggle to do something : ~하려고 애쓰다
	struggle with something : ~로 고생하다, ~와 씨름하다
	The world is struggling with the problem of Covid-19. 세계는 코로나19와 씨름하고 있다. I was struggling with the door. 나는 문을 열려고 애쓰고 있었다.
	✎ ....
	✎ ....
swear 맹세하다, 욕하다	swear at someone : ~에게 욕하다
	swear to do something : ~하겠다고 맹세하다
	I didn't do anything. I swear. 난 맹세코 아무 짓도 안 했어. I solemnly swear to tell the whole truth. 진실만을 말할 것을 엄숙히 맹세합니다.
	✎ ....
	✎ ....
threaten 위협하다	threaten to do something : ~하겠다고 위협하다
	threaten someone with something : ~을 가지고 ~을 위협하다
	She threatened to tell the boss. 그녀는 상사에게 말하겠다고 위협했다. The workers have threatened to strike. 노동자들은 파업을 하겠다며 위협했다. The man threatened him with a gun. 그 남자는 총으로 그를 위협했다.
	✎ ....
	✎ ....
tend ~하는 경향이 있다 시중들다, 돌보다	tend to do something : ~하는 경향이 있다
	tend (to) someone/something : ~을 보살피다
	She tends her garden every morning. 그녀는 매일 아침 정원을 가꾼다. She has to tend to her floral business. 그녀는 그녀의 꽃 사업에 집중해야 한다.
	✎ ....
	✎ ....
wish 바라다, 원하다	wish to do something : ~하기를 바라다, 원하다
	I do not wish to complicate the situation. 나는 상황을 복잡하게 만들고 싶지 않아. I wish to make a complaint. 항의를 좀 하고 싶은데요.
	✎ ....
	✎ ....

would like 바라다, 원하다	would like to do something : ~하기를 원하다
	would like someone to do something : ~가 ~하기를 원하다
	I would like to meet him in person. 나는 그를 직접 만나고 싶다.
	I would like you to be there. 당신이 거기 있었으면 좋겠어요.
	✎ ....
	✎
demand ~을 요구하다	demand something : ~을 요구하다
	demand to do something : ~하기를 요구하다, 원하다
	They demanded a raise. 그들은 임금 인상을 요구했다.
	He suddenly demanded to see the manager. 그는 갑자기 매니저를 만나게 해달라고 했다.
	✎ ....
	✎

지금까지 to와 함께 다니는 동사를 살펴보았습니다. 위 동사뿐만 아니라 begin, attempt, care, happen, like, offer 등 여기에 다 나열할 수 없을 정도로 많은 동사가 to와 함께 다닙니다. 이 부분은 다독을 통해서만 해결할 수 있으니 많은 문장을 만나보면서 익숙해지시길 바랍니다.

다음은 ing 형태로 쓰이는 동사들을 살펴봅시다.

동사 + ing

동사	활용 방법 및 예문
enjoy ~을 즐기다 ~하는 것을 즐기다	enjoy something : ~을 즐기다
	enjoy doing something : ~하는 것을 즐기다
	I was enjoying a good book. 나는 흥미로운(재미있는) 책을 읽고 있다.
	I enjoy reading very much. 나는 독서를 매우 즐긴다.
	✎ ....
	✎

admit ~을 인정하다	admit (to) something : ~을 인정하다
	admit (to) doing something : ~한 것을 인정하다
	I hate to admit it, but my mom was right. 인정하긴 싫지만, 엄마 말이 맞았어.
	Gary admitted (to) making a huge mistake. Gary는 큰 실수를 저질렀음을 인정했다.
	✎ ....
	✎
prevent ~을 예방하다	prevent something : ~을 예방하다
	prevent someone from doing something : ~가 ~하지 못하게 예방하다
	A healthy diet can prevent heart disease. 건강한 식단은 심장병을 예방할 수 있다.
	Rainy weather prevented them from leaving. 비가 와서 그들은 떠나지 못했다.
	✎ ....
	✎
avoid ~을 피하다	avoid something : ~을 피하다
	avoid doing something : ~하는 것을 피하다
	You're avoiding him. 너 그 사람 피하고 있구나.
	No one could avoid paying additional tax. 아무도 부가세를 내지 않을 수 없었다.
	✎ ....
	✎
consider ~을 고려하다	consider something : ~을 고려하다
	consider doing something : ~하는 것을 고려하다
	Jim was considering selling his books. Jim은 책을 팔 생각을 하고 있었다.
	✎ ....
	✎
finish ~을 마치다	finish something : ~을 끝내다
	finish doing something : ~하는 것을 끝내다
	Did you finish your homework? 숙제 다 했어?
	I just finished organizing my drawer. 방금 서랍 정리를 끝냈어.
	✎ ....
	✎
give up ~을 포기하다	give up something : ~을 포기하다
	give up doing something : ~하는 것을 포기하다
	I gave up my dream job. 나는 꿈의 직업을 포기했다.
	Why don't you give up smoking? 담배를 끊는 게 어때?
	✎ ....
	✎

keep ~을 계속하다	keep doing something : 계속 ~하다
	keep someone doing something : ~을 계속 ~하게 하다
	I kept telling myself that it would be over soon. 난 그게 곧 끝날 거라고 스스로에게 되뇌었다. I am very sorry to keep you waiting. 기다리게 해서 정말 죄송해요. ✎ .... ✎ .... ✎ ....
suggest ~을 제안하다	suggest something : ~을 제안하다
	suggest doing something : ~하는 것을 제안하다
	suggest something to someone : ~에게 ~을 제안하다
	suggest that S V : S가 V하라고 제안하다
	suggest that someone do something : ~에게 ~하라고 제안하다
	Maggie suggested a great solution. Maggie는 좋은 해결책을 제시했다. Maggie suggested a great solution to them. Maggie는 그들에게 좋은 해결책을 제안했다. Jerry suggested going for a walk. Jerry가 산책 가자고 했다. Jerry suggested that I go for a walk. Jerry는 나에게 산책을 하라고 했다. Jerry suggested to me that I should go for a walk. Jerry는 나에게 산책을 하라고 했다. ✎ .... ✎ .... ✎ ....
feel like ~할 마음이 나다	feel like doing something : ~할 마음이 나다
	I don't feel like going out, sorry. 미안, 별로 외출하고 싶지 않아. ✎ .... ✎ ....

이렇게 어떤 동사는 to, 어떤 동사는 ing와 함께 쓰이는 걸 알 수 있습니다. 시험을 대비하는 게 아니라면 이 법칙을 굳이 암기할 필요가 없습니다. 올바른 문장을 자주 접하다 보면 저절로 익힐 수 있어요.

반면 어떤 동사들은 to와 ing를 모두 사용합니다. 다음으로는 이 단어를 살펴보겠습니다.

to와 ing를 모두 사용하는 동사

대표적으로 like, love, hate 같은 동사들이 to와 ing를 모두 사용합니다. '동사와 목적어'를 배울 때 나왔던 단어들이지요. 'I like doing something.'이라는 문장과 'I like to do something.'이라는 문장의 의미에는 별 차이가 없습니다.

하지만 예외적으로 to부정사를 사용할 때와 ing 형태로 올 때의 의미가 달라지는 경우가 있습니다. 예를 들면 forget 같은 단어입니다. forget to do something은 '(미래에) ~해야 하는 것을 잊다'라는 뜻이며, forget doing something은 '~했던 것을 잊다'라는 뜻입니다. to를 쓰면 미래의 느낌이, ing를 쓰면 과거의 느낌이 들지요. (그렇다고 무조건 to는 미래, ing는 과거라고 생각하시면 안 됩니다!) 하지만 왜 like, love, hate에는 이 법칙이 그대로 적용되지 않을까요? 이런 예외적 분류는 따로 정리해서 기억해두는 게 좋습니다.

동사	활용 방법 및 예문
forget 잊다	forget to do something : ~해야 하는 것을 잊다
	forget something : ~을 잊다
	(= forget doing something : ~했던 것을 잊다)
	Ben forgot to mention he was going to be late. Ben은 늦을 거라고 말하는 것을 잊었다.
	Don't forget to write me back. 답장 보내는 거 잊지 마.
	I forgot to buy some juice. 주스 사는 걸 깜빡했네.
	I'll never forget hearing your music for the first time. 네 음악을 처음 들은 순간을 결코 잊지 못할 거야.
	I'll never forget meeting him in person. 그를 직접 만난 때를 결코 잊지 못할 거야.
	✎ ....
	✎
try 시도하다	try to do something : ~을 해보려고 하다
	try something : ~을 시도해보다
	= try doing something : 새로운 시도를 해보다
	I tried to bake some cookies, but it was very hard. 나는 쿠키를 구우려고 했는데, 그건 참 어려웠다.
	I tried baking some cookies. 나는 쿠키를 구워봤다.
	✎ ....
	✎

regret 후회하다	regret to do something : ~하게 되어 유감이다
	regret something : ~을 후회하다
	(= regret doing something : ~했던 것을 후회하다)
	I regret to tell you that we cannot hire you.
	유감스럽게도 우리는 당신을 고용할 수 없습니다.
	I regret leaving him. 나는 그와 헤어진 것을 후회한다.
	✎ ....
	✎ ....
remember 기억하다	remember to do something : ~해야 한다는 것을 기억하다
	remember something : ~을 기억하다
	= remember doing something : ~했던 것을 기억하다
	I remembered to lock the back door. 나는 뒷문을 잠가야 한다는 것을 기억했다.
	I remember meeting them once. 나는 그들을 한 번 만났던 것을 기억한다.
	✎ ....
	✎ ....
stop 멈추다	stop to do something : ~하기 위해 멈추다
	stop something : ~을 멈추다
	(= stop doing something : ~하던 것을 멈추다)
	I stopped to call mom. 나는 엄마에게 전화하려고 (하던 것을) 멈췄다.
	I stopped calling mom. 나는 엄마에게 더는 전화하지 않았다.
	✎ ....
	✎ ....

지금까지는 ing와 to를 사용하는 동사를 보았으니 to, ing 둘 나 필요 없는 동사들도 봐야겠지요? 마지막으로 이 동사들을 살펴보겠습니다.

홀로 쓰이는 부정사

부정사에 대해 처음 배울 때 홀로 쓰이는 부정사bare infinitive를 배웠는데, 아직 기억에 남아 있을지 모르겠습니다. 앞서 본 동사들 대부분은 to와 ing 형태를 사용해서 ~하기 위해(to do something), ~하는 것(ing) 등을 나타냈습니다.

하지만 make, let, have 세 동사는 사용법이 조금 다릅니다. make가 '만들다'라는 뜻일 때 는 단순히 '주어 + make(s) + something'(ex. I made cookies.)의 형태로 쓰지만 '~하게 시키 다(강요하다), ~하게 만들다'라는 뜻일 때는 다음과 같은 형태로 사용합니다. to도 필요 없고 ing 형태도 필요 없습니다. have도 make와 똑같은 형태로 사용하지만 강요보다는 부탁, 요 청에 가깝습니다.

주어 **make** someone DO something
주어 **have** someone DO something

I **made** them work for 14 hours a day. 나는 그들이 하루에 14시간 동안 일하게 만들었다.

Dad yelled at her and **made** her cry. 아빠는 그녀에게 소리를 질러서 울게 만들었다.

You always **make** me feel happy. 너는 항상 나를 행복하게 해.

They **made** me wait for hours at the door. 그들은 나를 문 앞에서 몇 시간 동안 기다리게 만들었다.

Have him come in. 들어오라고 하세요.

I'll **have** my assistant send you the videos. 내 비서에게 비디오 보내라고 말할게.

make, have뿐만 아니라 let도 똑같이 사용합니다. let은 '~하게 내버려두다'라는 뜻으로 다 음과 같은 형태로 사용합니다. make가 강요하거나 명령하는 뉘앙스라면 let은 어떤 말이나 행동도 하지 않고 내버려두는 것을 말합니다.

주어 **let** someone DO something

Let me go! 놔줴

Please **let** me talk! 제발 나도 말 좀 하자!

I will **let** you go home. 집에 보내줄게.

Please **let** me know when you decide to stay another night. 하룻밤 더 묵기로 결정하면
알려주세요.

DAY 17.
동사 ⑩

지금까지 본 동사들 중에는 한 단어가 두 가지 이상의 의미를 지닌 경우가 종종 있었습니다.
오늘 수업에서는 한두 가지 이상, 다양한 의미가 있는 동사들에 대해 알아보겠습니다.

다양한 의미를 가진 마법의 동사들

DAY 17

제가 '마법의 단어magic words'라고 부르는 동사들이 있습니다. 쓰임만 제대로 알고 있어도 웬만한 대화는 다 할 수 있고, 어려운 표현도 쉽게 말할 수 있습니다. 바로 아래의 여섯 단어입니다.

make, do, get, take, have, go

대학 시절 해외 봉사를 나가는 친구 하나가 영어 실력에 자신이 없어서 며칠 밤을 고민하기에 저 마법의 단어를 알려주었습니다. '혹시 무슨 동사를 써야 할지 모르겠다면 저 중에 하나 써봐. 알아들을걸?' 농담 반 진담 반으로 한 말이었는데 한국을 떠난 지 딱 한 달째 되던 날, 친구가 마법의 단어를 알려줘서 정말 고맙다고 하더라고요. 효과가 있었나 봅니다.

위 단어들의 쓰임을 하나씩 살펴보며 얼마나 다양한 뜻을 가졌는지 알아봅시다. 아래 빈칸에는 영어사전에서 적절한 예문을 찾아 써보세요.

make an appointment/arrangement (주로 병원이나 공식적 일정 등) 예약하다, 약속을 잡다

make a choice 선택하다

make a decision 결정하다

make a plan 계획을 짜다

make a trip, make a short visit 여행하다, 짧게 다녀오다

make a comment 논평하다, 발언하다

make a noise, make too much noise 시끄럽게 하다, 너무 시끄럽게 하다

make a point 주장하다

make a friend 친구를 만들다

make a mistake 실수하다

make a difference 차이를 만들다 (변화를 일으키다)

make a good teacher 훌륭한 선생님이 되다

make someone happy/sad/thrilled ~을 행복하게/슬프게/기쁘게 하다

make something nice/pretty/enjoyable ~을 멋지게/예쁘게/재미있게 만들다

be made to do something ~을 강요당하다, ~하도록 요청받다.

make
~을 만들다
~하도록 만들다
~을 생산하다
~하도록 강요하다

It makes me sad. 그것 때문에 슬퍼.

I never make mistakes. 난 절대 실수하지 않아.

Your help made a big difference. 도와주셔서 정말 많이 좋아졌어요.

I bet she will make a good teacher. 나는 그녀가 좋은 선생님이 될 거라 확신한다.

He was made to resign after the scandal. 그는 스캔들 후에 사임하게 되었다.

He was made to identify himself. 그는 신분을 밝히도록 강요(요청)받았다.

do

~을 하다

do the cleaning 청소하다

do the washing/laundry 세탁하다

do the dishes 설거지하다

do the shopping 쇼핑하다

do one's hair 머리를 손질하다, 자르다, 스타일을 바꾸다

do well, do badly 잘하다, 못하다

do one's work, do one's homework 일하다, 숙제하다

do an exercise 운동하다

Did you do your laundry? 너 빨래 다 했어?

Where did you do your hair? 머리 어디서 했어?

I, too, did a bit of painting back then. 나도 예전에는 그림을 좀 그렸어.

✎ ....

✎ ....

✎ ....

✎

---

get

받다, 얻다

가져오다

~되게 하다

get something ~을 얻다

get an answer 답을 얻다, 답장을 받다

get the chance to do something ~할 기회를 갖다

get cold/tired/angry 추워지다/피곤해지다/화가 나다

get someone to do something ~가 ~하게 하다

get something done ~되게 하다, ~(일)을 끝내다

I'll get Maggie to give you a call. 내가 Maggie에게 전화하라고 할게.

She got first prize at the dance recital. 그녀는 춤 발표회에서 우승했다.

I never got the chance to thank him. 그에게 고맙다고 할 기회가 없었어.

I should get the car repaired. 차를 수리해야겠어.

They couldn't get him to sign the contract.

그들은 그가 계약서에 서명하도록 만들 수 없었다.

I think I can get it done by Wednesday at the earliest.

빠르면 수요일까지 끝낼 수 있을 것 같아요.

✎ ....

✎ ....

✎ ....

✎

take someone ~을 데려가다

take something ~을 가지고 가다

take care of something/someone ~을 보살피다

take photos (pictures) 사진을 찍다

take a long time to do something ~하는 데 시간이 오래 걸리다

take a test (exam, examination) 시험을 보다

take
~을 가지고 가다
~을 잡다
(시간이) 걸리다
(사진을) 찍다
~을 측정하다

take a break 잠시 휴식을 취하다

Take me with you! 나도 데려가!

I think that bus takes you downtown. 저 버스 타면 시내로 갈 수 있을 걸요.

This is a quotation taken from Ulysses. 이 문장은 율리시스에서 인용한 것이다.

Why don't you take a break? 좀 쉬는 게 어때?

Maggie took her things to the living room.
Maggie는 그녀의 물건을 거실로 모두 가져갔다.

✎ ....

✎ ....

✎ ....

✎

---

go to some place ~에 가다

go well (시간이) 잘 흘러가다, 지나가다, 잘되어가다

go shopping 쇼핑하러 가다

go swimming 수영하러 가다

go walking/ go for a walk 산책하러 가다

go bankrupt 빈털터리가 되다, 파산하다

go
가다

This book goes on the top shelf. 이 책 자리는 선반 제일 위다.

It's time to go. 갈 시간이야.

We went to see a movie last night. 우리는 어젯밤에 영화를 보러 갔어.

They wanted to go shopping. 그들은 쇼핑을 하고 싶어 했다.

The evening went well. 그날 저녁은 별일 없이 잘 지나갔다.

When the bell went, people flooded in. 벨이 울리자 사람들이 몰려들었다.

✎ ....

✎ ....

✎ ....

✎

have something ~을 가지다

have breakfast/lunch/dinner 아침/점심/저녁을 먹다

have tea/coffee 차/커피를 마시다

have a meal 식사하다

have a drink (가볍게) 한잔하다

have a taste 맛보다

have a chat, a talk, a conversation, a discussion 이야기를 나누다

have a bath/a shower 목욕/샤워하다

have a swim 수영하다

have a break, have a day off 쉬다, 하루 쉬다

have plans 계획을 가지고 있다, 선약이 있다

have

~을 가지다/

먹다

~하게 만들다

have something done ~되게 하다

have someone do(ing) something ~하게 하다, 시키다

I'll have tea, thank you. 전 차로 주세요, 고마워요.

Do you have any brothers? 혹시 오빠나(형이나) 남동생 있어요?

Do you have any plans for tonight? 오늘 밤 계획 있어요?

I should have my car repaired. 차를 수리해야겠어.

I'll have my assistant send you the videos. 내 비서에게 비디오 보내라고 할게.

We should have a meal together sometime next week.
다음 주 중에 같이 식사해요.

She had me looking for that article all day. 그녀는 온종일 내가 그 기사를 찾게 했다.

지금까지 be와 get을 혼용한 쓰임을 자주 보았는데요. 엄밀히 구분하자면 be는 상태를, get은 동작을 나타내는 동사입니다. 그래서 'It is cold.'는 지금 추운 상태를, 'It gets cold at night.'는 밤이 되면 추워지는 상황 변화를 나타냅니다.

오늘은 수많은 동사의 활용법을 광범위하게 살펴보았습니다. 처음 보는 표현은 며칠 후 다시 복습하면서 정확히 기억해두도록 합시다. 뉴스나 원서, 드라마나 다큐멘터리, 교과서 등으로 학습 중이라면 낯선 동사를 만날 때마다 우리가 수업에서 배웠던 것처럼 각 동사의 활용법을 찾아보면서 익히는 것도 좋습니다.

구동사로 더 다양하게 표현하기

영어에는 기존 동사에 부사나 전치사를 붙여 더 다양한 의미를 표현하는 경우가 많습니다. 예를 들어 'look'이라는 단어는 '보다' 혹은 '~처럼 보이다'라는 의미만 있지만 여기에 down 과 on을 붙인 'look down on'은 '무시하다(내려다보다)'라는 의미가 있습니다. 물론 '무시하다' 라는 의미를 가지고 있는 belittle이나 underestimate 같은 개별 단어를 사용해도 되지만 일 상 대화에서는 기본 단어에 이렇게 간단한 전치사나 부사만 붙여서 다양한 뜻을 나타내는 구동사를 자주 사용합니다.

구동사를 한국어로 번역해보면 완전히 새로운 의미로 바뀐 것처럼 보이지만 동사 뒤에 붙은 부사나 전치사 등의 기본 의미를 잘 생각해보면 왜 의미가 바뀌었는지 대부분 이해할 수 있 습니다. 먼저 아래 표에 구동사의 의미를 추측해서 적어봅시다.

PRACTICE 29

기본 동사	+ 전치사/부사	구동사 의미 추측하기
come 오다, 어떤 상태에 이르다	across 가로질러	✎
	along ~을 따라	✎
	back 뒤로, 다시	✎
	down 아래로	✎
	down with 아래로, ~와 함께	✎
	from ~부터	✎
	up 위로	✎
	in 안으로	✎

look 보다	around 주변을	
	at 특정 장소를 콕 짚어서	
	back 고개를 돌려서 뒤로	
	down on 아래로 내려서	
	after 뒤를	
get 얻다	along with ~을 따라서, ~와 함께	
	on with ~위에, ~와 함께	
	by ~옆에 붙어 있는	
	away with 멀리, ~와 함께	
	back 뒤로, 다시	
	into 안으로	
go 가다	after 뒤쫓아	
	against ~을 거슬러, 대항하여	
	away 멀리	
	back 뒤로	
	into 안으로	
	on 계속하여	
	through 관통하여	
	under 아래로	
put (얹어) 두다	aside 비켜서, 한쪽으로	
	away 멀리	
	back 뒤로	
	down 아래로	
	forward 앞으로	
	in 안에	
	on 위에	
	together 함께	
	up with 위로, 함께	

	against ~을 거슬러, 대항하여	✎
	around 빙 둘러, 주위에	✎
	back 뒤로	✎
turn	down 아래로	✎
돌리다, 돌다	in 안으로	✎
	off 꺼진	✎
	on 켜진	✎

대부분 동사는 저마다 다양한 구동사 형태가 있습니다. 여기서는 구동사를 많이 가진 단어들을 모아 살펴보았습니다. 이제 답안에서 정확한 구동사 뜻을 확인해봅시다.

답을 확인해보니 어떤 느낌이 드나요? 동사 뒤에 붙은 단어가 가지고 있는 기본 의미를 생각해봤을 때 충분히 유추 가능한 경우(turn on 불을 켜다, put in 집어넣다 등)가 대부분이지만, 그렇지 않은 경우(put up with 참고 견디다)도 꽤 있습니다. 따라서 구동사는 유추를 해보되 사전에서 정확한 의미를 찾아 사용하는 게 좋습니다.

구동사는 영영사전을 통해 쉽게 찾을 수 있는데요. 예를 들어 브리태니커 사전에서 take를 검색해봅시다. 사전에 접속한 뒤 검색창에 take라고 쓰고 돋보기 모양을 누르면 뜻이 나옵니다. 1번부터 차례로 단어의 의미와 각 의미에 해당하는 예문을 확인할 수 있습니다. 스크롤을 아래로 쭉 내리다 보면 마흔네 번째 뜻 아래에 구동사 리스트가 나옵니다. (take는 뜻이 마흔네 개나 있는 단어네요!) take aback을 시작으로 take action, take after, take against, take a lot out of you, take apart 등 각 구동사의 의미와 예문을 자세히 볼 수 있습니다. 동사의 구동사 활용법에 대해 찾고 싶을 때 사전에 검색하기만 하면 목록을 볼 수 있습니다. 영영사전 해석이 어렵다면 구동사 목록만 참고한 후 네이버 사전에 검색해서 예문과 의미를 찾아봐도 좋습니다.

영어에는 상상할 수 없을 만큼의 많은 구동사가 있습니다. 동사, 전치사, 부사도 많으니 이걸 모두 조합한 구동사는 더 많겠지요? 구동사에 익숙하지 않은 분들은 구동사로 묶인 의미 단위가 어디까지인지 몰라 해석을 제대로 하지 못하는 경우도 있습니다. 예를 들어 위 사전에 예문으로 나온 문장을 한번 봅시다.

If you have a problem, please take it up with one of our managers.

문제가 있으면 매니저와 상의하세요.

이 문장에서는 take it up with가 통째로 '~와 ~에 대해 이야기해보다'라는 뜻을 가진 구동사입니다. 만약 take의 의미만 알고 있다면 저 문장을 제대로 해석하기 힘들겠지요. 혹은 take up^{차지하다, 배우다} 또는 take up with^{~와 어울리다}까지를 의미상 구동사 단위라고 생각한다면 틀리게 해석할 여지도 있습니다. 구동사의 다양한 종류에 익숙해지기 위해서는 동사 뒤에 전치사나 부사가 함께 오면 구동사인지 의심하고 사전을 찾아보는 습관을 들이는 게 좋습니다.

부정문 만들기 총정리

동사 수업 초반부에서 부정문 만드는 연습을 잠깐 했었는데 기억나시나요? 혹시 기억나지 않는다면 다시 한번 확인하고 오셔도 좋습니다. 이번 수업에서는 부정문을 만드는 방법을 조금 더 자세히 배워보려고 합니다. 지금까지 배운 부정문을 만드는 방법은 다음과 같습니다.

> am → am not
>
> is → is not
>
> are → are not
>
> was → was not
>
> were → were not
>
> will (be) → will not (be)

1단계에서 이미 배운 내용이지요. 부정문을 만들 때는 'be동사 뒤에 not을 넣는다' 등 법칙을 암기하는 것보다는 'I am not a ~ ', 'She is not a ~ '와 같은 문장을 크게 여러 번 읽으면서 입과 머리가 문장을 통째로 기억하게 하는 게 더 효과적입니다. 지금까지는 am, is, are, was, were, will을 부정문의 형태로 바꿔보았다면 오늘은 더 많은 표현을 부정문으로 바꿔볼 차례입니다.

PRACTICE 30

동사	부정형		동사	부정형
have	✎		has	✎

had	✎	do	✎
does	✎	did	✎
will	✎	would	✎
can	✎	could	✎
may	✎	might	✎
must	✎	ought	✎
shall	✎	should	✎
need	✎	dare	✎

답안에서 각 부정형의 답안을 확인해봅시다. 답안에는 축약형 및 가능한 부정형이 모두 포함되어 있습니다. 예를 들어 have의 부정형은 총 네 가지가 적혀 있으며 네 형태 모두 알고 있어야 합니다. have not, haven't는 완료형에서, do not have, don't have는 '가지고 있지 않다'는 의미로 주로 사용합니다. (ex. I haven't been there. vs. I do not have a pen.) 또한 ought, shall, need, dare의 부정형은 평소 대화에서 자주 사용하지 않는 표현이지만 뉴스 기사나 고전 문학에서는 종종 등장하니 알아두는 편이 좋습니다.

각 단어의 부정형을 보았으니 이제 예문에서 직접 바꿔보도록 합시다. 사전이나 번역기 등의 도움 없이 칸을 모두 채워본 후에 답안을 확인해보세요.

평서문	부정문
It is easy. 그건 쉬워.	✎
They are nice. 그들은 친절해.	✎
It was amazing. (그건) 놀라웠어.	✎
They were rich. 그들은 부자였어.	✎
I have done it. 내가 그랬어./나 그거 해봤어	✎

I have money.
나는 돈이 있어.

She has many cars.
그녀는 차를 여러 대 가지고 있어.

They had something to eat.
그들은 먹을 것을 가지고 있었다.

I like her.
나는 그녀가 좋아.

She likes me.
그녀는 나를 좋아해.

They came home last night.
그들은 어젯밤에 집에 돌아왔어.

I will bring wine.
내가 와인을 가져갈게.

He would help us out.
그가 우릴 도와줄 거야.

I can decide what to do by myself.
무엇을 해야 할지 혼자 결정할 수 있어.

She could get the tickets.
그녀는 표를 구할 수 있었다.

There may be enough money to
buy a new car.
새 차를 사기에 충분한 돈이 있을지도 몰라.

Jerry might want to come with us.
Jerry가 우리와 함께 가고 싶어 할지도 몰라.

You must do it!
너 그거 꼭 해야 해!

Audrey ought to be ashamed of
herself.
Audrey는 부끄러운 줄 알아야 해.

We shall meet again.
우리는 다시 만나게 될 거야.

You should leave now. 너 지금 가야 해.	✎ ....
You need to worry about her. 너는 그 애를 (좀) 걱정해야 해.	✎ ....
I dare (to) go home. 나는 감히 집에 돌아간다.	✎ ....
I dare (to) say something negative about her. 나는 감히 그녀에 대해 나쁜 말을 한다.	✎ ....
We stood there, knowing exactly what to do. 우리는 무엇을 해야 할지 정확히 알고 거기에 서 있었다.	✎ .... (밑줄 친 부분만 부정문으로 바꿔보세요!)
They have been ordered to leave home. 그들은 집을 떠나라고 명령을 받았다.	✎ .... (밑줄 친 부분만 부정문으로 바꿔보세요!)
Try to break it. 깨뜨리려고 해봐.	✎ .... (밑줄 친 부분만 부정문으로 바꿔보세요!)

부정을 나타낼 때는 not뿐만 아니라 다양한 표현을 사용해서 나타낼 수 있습니다. never, no, none, nobody, no one, nothing, nowhere, neither −nor과 같은 표현이 모두 부정문을 만드는 데 사용될 수 있습니다.

I have never been there. 나는 그곳에 가본 적이 없어.

He is never late. 그는 절대 늦지 않는다.

Never walk alone at night. 밤에 절대 혼자 다니지 마세요.

I have no money. 나는 돈이 없다.

None of us understood his reaction. 아무도 그의 반응을 이해할 수 없었다.

Nobody was there. 거기에는 아무도 없었다.

No one knows him. 그를 아는 사람이 없다.

There is nothing you can do. 네가 할 수 있는 건 아무것도 없어.

I have nowhere to go. 나는 갈 데가 없다.

Neither Maggie nor Derrick was there. Maggie와 Derrick 둘 다 거기에 없었다.

다만 no나 not의 위치에 따라 의미가 달라질 수 있으니 유념하도록 합니다.

Not all birds can swim. 모든 새가 수영을 할 수 있는 건 아니다.

All birds cannot read books. (No birds can read books.) 책을 읽을 수 있는 새는 없다.

DAY 18.
동사 ⑪

오늘 수업을 하고 나면 드디어 동사에 대한 이야기가 모두 끝납니다. 먼 길을 달려왔는데, 좀 어떠신가요? 많은 학생이 동사를 다 배우고 나면 원서 읽는 속도가 훨씬 빨라진 것 같다고 합니다. 여러분도 책 읽는 속도가 많이 향상되셨나요? 오늘은 모든 내용이 매운맛 3단계에 해당하니 1, 2단계 수업을 모두 학습하고 오시기 바랍니다.

미래에 있을 일이지만, 현재 시제

🔥🔥🔥

이번 장에서는 미래에 있을 일이지만 현재 시제를 사용하는 경우를 살펴보겠습니다. 미래에 벌어질 일이라면 미래 시제를 쓰는 게 당연해 보이지만 예외적으로 현재 시제를 쓰는 경우가 종종 있습니다. '예외적인 상황이니 외워야 하나'라는 마음이 들 수도 있지만 한국어로 바꿔보면 쉽게 이해할 수 있습니다.

첫 번째로 고정된 시간표나 날짜, 스케줄 등에 대해 말할 때는 미래에 있을 일이지만 현재형으로 표현할 수 있습니다. 예를 들어 한국어로 '파티는 7시에 끝날 예정이다'라고 말해도 되지만 '파티는 7시에 끝난다'라고 말해도 동일한 뜻이 되는 것과 같습니다.

> The next bus arrives at 6. 다음 버스는 6시에 도착한다.
>
> The last train arrives at noon. 막차는 정오에 도착한다.
>
> It is Sunday tomorrow. 내일은 일요일이다.
>
> Tomorrow is Wednesday. 내일은 수요일이다.
>
> It is my birthday next week. 다음 주가 내 생일이다.
>
> My train arrives at noon. 내가 탈 기차는 정오에 도착한다.
>
> The party ends at 7. 파티는 7시에 끝난다.
>
> The semester starts next week. 학기는 다음 주에 시작한다.

또 미래의 의미를 가지더라도 before~전에, until~(때)까지, when~하면, ~할 때, as soon as~하자마자, after~후에, if만약에, whether~인지 아닌지 등의 절에는 미래를 표현할 때 현재형이나 현재 완료를 사용합니다. 이 역시 의미를 보면 굳이 will을 이용할 필요가 없다는 걸 알 수 있습니다.

예문을 볼까요?

She'll know when you move* her things. 그녀의 물건에 손대면(옮기면) 그녀가 알 거야.

I'll let you know when I find out. (어떻게 된 건지) 알게 되면 알려줄게.

If he is back in town, he will call you. 그가 돌아오면 너에게 전화할 거야.

Let's eat before we go. 밥 먼저 먹고 가자.

Let's discuss before we decide. 결정하기 전에 의논 좀 해보자.

Tell me when you have finished. 다 끝나면 말해주세요.

You can leave if you have finished. 다 끝냈으면 가셔도 됩니다.

* when you will move라고 하지 않습니다.

마지막으로 계획한 일(~할 예정이다)을 말할 때는 이미 배웠던 be going to 외에도 현재 진행형을 써서 표현하기도 합니다. 미래에 일어날 일을 나타내는 방법이 꽤 많은 것 같죠?

The Kims are having a party tonight. 김 씨네는 오늘 밤 파티를 열 예정이다.

I'm meeting Mike tomorrow. 내일 Mike를 만나기로 했어.

I'm seeing my sister next month. 다음 달에 동생을 만날 거야.

Are you coming, too? 너도 와?

Who's preparing dinner? 누가 저녁 담당이더라? (확정된 일)

Who's going to prepare dinner? 누가 저녁 식사 준비할 거야?

동사 과거형의 세 가지 용도

처음 동사 시제에 대해 배울 때 동사의 과거형은 과거에 일어난 일을 말할 때 사용한다고 했습니다. 하지만 과거형은 이 용도 외에 두 가지 중요한 사용법이 더 있습니다. 첫 번째는 우리가 상상한 상황(가정한 상황)에도 과거형을 사용한다는 것, 두 번째는 공손한 표현에 과거형을 쓸 수도 있다는 것입니다. 먼저 가정한 상황을 보도록 합시다.

> **If I were a bird, I would fly.** 내가 새였다면 날아갔을 텐데. (나는 새가 아님. 새가 될 수도 없음)
>
> **I wish I didn't have to go to school.** 학교에 안 갔으면 좋겠다. (학교에 가야 하는 상황임)
>
> **It's time we went home. = It would be good if we went home.**
>
> 집에 가야 할 시간이야. (집에 갔어야 할 시간임, 아직 가지 않음)
>
> **I wish she hadn't said that.**
>
> 그녀가 그렇게 말하지 않으면 좋았을 텐데.

아직 가정법이 낯선 분은 23일 차부터 26일 차 수업을 미리 살펴보고 오셔도 됩니다.

첫 문장에서 내가 '새였다면', 학교에 '안 갔으면'이라고 해석되는 부분은 한국어로 봐도 의미상 과거가 아니지만 과거형으로 적혀 있습니다. (물론 한국어로는 '내가 새라면' 또는 '학교에 안 가면'으로 말해도 영어와 달리 별 차이가 없습니다.) 가정법 수업에 나온 것처럼 여기에서도 실제 상황과 가정한 상황의 '거리감'을 나타내기 위해 시제가 한 단계 뒤로 밀린다고 생각하면 됩니다. 불가능한 현재를 가정한다면 과거 시제를, 불가능한 과거를 가정한다면 과거 완료 시제를 사용합니다.

두 번째로는 공손하게 말할 때도 과거형 또는 진행형을 사용할 수 있습니다. 'Do you want to see me?'보다는 'Did you want to see me?저를 찾으셨다고요?'가 더 공손한 표현입니다. 또한 be + ing 형태(진행형)를 써서 더 친절한 뉘앙스를 줄 수도 있고요.

I wondered if you were free tonight. 오늘 저녁에 시간 좀 있으세요?

I was wondering if you could take care of this. 이거 처리 좀 해줄 수 있을까요?

When are you planning to go? 언제 갈 예정인가요?

I'm looking forward to meeting you. 만나 뵙기를 고대하고 있어요.

to do vs. to have done

이번 장에서는 매운맛 2단계에서 배웠던 to부정사라는 개념에 대해 다시 한번 짚고 넘어가보겠습니다. 우리가 지금까지 본 문장은 모두 to 다음에 바로 동사 원형이 등장했습니다. 예를 들어 앞서 소개한 소설 《동물농장》에 다음과 같은 표현이 나옵니다.

to remember	to shut	to communicate	to lose
to arrive	to make	to laugh at	to say

만약 to be, to do의 형태가 아니라 to have been, to have done이 온다면 어떤 의미일까요? 예를 들어 'She seems to be poor.'라는 문장과 'She seems to have been poor.'는 어떤 차이가 있을까요? 맨 아래 시제 그래프를 참고해서 추측해봅시다.

She seems to be poor.

✎ _____

She seems to have been poor.

✎ _____

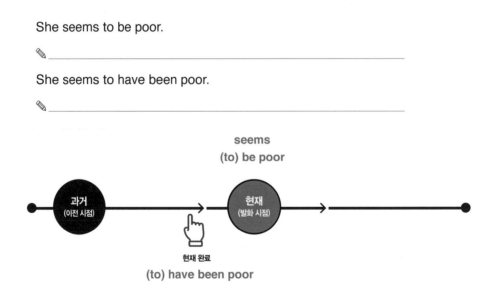

두 문장을 각각 해석해보면 아래와 같습니다.

She seems to be poor. 그녀는 가난해 보인다. = (지금) 가난한 것처럼 (지금) 보인다.

She seems to have been poor. 그녀는 가난했던 것처럼 보인다. = 언젠지 모르겠지만 지금보다 이전 시점에(예전에) 가난했던 것처럼 (지금) 보인다.

to be와 to have been의 차이가 조금 감이 잡히지요? to have been과 to have done은 크게 세 가지 용도가 있습니다. 첫 번째로 본동사보다 이전 시점에 일어난 일을 말하는 경우 to have been/to have done을 사용하여 '~했던', '~해서' 등으로 해석할 수 있습니다.

Tom pretended* to have lost his backpack. 톰은 배낭을 잃어버린 척했다.

(= Tom pretended that he had lost his backpack.)

It is nice to have finished the report. 리포트 작성을 마쳐서 홀가분하다.

(= It is nice that I have finished the report.)

• 본동사
pretended(과거)
보다 배낭을 잃어
버린 것이 더 이전
시점에 발생한 일

I'm so glad to have helped you. 당신에게 도움이 되어서 아주 다행이에요.

The thieves didn't seem to have taken the diamond ring from that mansion.

도둑들은 그 저택에서 다이아몬드 반지를 훔쳐가지 않은 것 같았다.

Wendy is believed to have disappeared between 9 and 12 that evening.

Wendy는 그날 밤 9시에서 12시 사이에 사라졌던 것으로 추정된다.

두 번째로 실제로 일어나지 않은 일에 대해 '했으면 좋았을걸'이라는 뉘앙스로 사용하기도 합니다.

I would prefer to have stayed near the beach. 바닷가 근처에 머물렀다면 좋았을 텐데.

To have won the game would have been amazing. 경기에서 이겼다면 좋았을 텐데.

I meant to have called, but I was busy. 전화하려고 했는데, 바빴어요.

I would like to have been there when Miranda was a guest speaker.

Miranda가 초청 연사였을 때 갔으면 좋았을걸.

세 번째로 hope와 함께 써서 '~하게 되길(어떤 일이 완료되기를) 바란다'는 의미로도 사용할 수 있습니다.

They hope to have finished the construction by the end of this year.
그들은 올해 말까지 공사를 마치기를 바라고 있다.

동사의 변신 총정리

지금까지 간간이 과거 분사(-ed)와 ing 형태를 배워보았는데요. 동사는 -ed 형태와 -ing 형태로 변하여 다른 기능(명사, 형용사, 부사 등)을 가질 수 있습니다. 오늘은 -ed 형태를 사용하는 경우와 -ing 형태를 사용하는 경우를 모두 한눈에 살펴보려고 합니다. 이미 다 배운 내용을 표로 정리한 것에 내용을 조금 추가했을 뿐이니 표가 복잡해 보인다고 당황할 필요는 없습니다. 아래 표에 나오는 내용은 동사 강의의 총정리에 해당되니 매운맛 1, 2 단계에 해당되는 내용을 충분히 숙지한 후에 이 부분을 학습하는 게 좋습니다. 사전의 도움 없이 칸을 채운 후 답안을 확인해보세요.

PRACTICE 31

-ed 형태 have/had/will have done*

완료형을 나타내기 위해 ed 사용. 완료 시제를 알려주는 has/have/had와 항상 함께 옵니다.

My wallet **has been** stolen.	✎
I **have been** there only once.	✎
I **have** already **rejected** that offer.	✎
She **has forgotten** your name.	✎
They **had known** each other for 10 years.	✎
The concert **will have ended** by the time he joins us.	✎

• 본 책에서는 -ed 를 과거 분사(past participle, p.p) 또는 done이라고 대체하여 사용하기도 합니다.

be −ed (~되다)

수동태를 나타내기 위해 −ed 사용. 수동태를 나타내는 −ed 형태는 항상 be동사와 함께 옵니다.

I **was rejected**.

She **is** completely **forgotten**.

This dish **is prepared** by Daniel.

I **was denied** that opportunity.

We **were challenged** by a patrol.

−ed (~된, ~되어버린)

−ed가 형용사처럼 사용되는 경우

a **broken** vase

the **forgotten** town

a **used** car

faded memories

used books

a **fallen** leaf

vanished empires

a **recently-built** apartment

a group of **concerned** parents

a meeting of the **concerned** parties

We have our **well-read** staff.

This is a **rejected** application.

The witnesses **questioned** gave different statements.

콤마 + −ed (~되면, ~되어서, ~된 채로)

접속사가 생략된 경우(분사로 만들어진 구문)

Rejected by his family, he cut all ties with the community.

Very **surprised** at the news, she became speechless. ✎ ....

If **asked** to look after luggage for someone else, inform the police at once. ✎ ....

Hands **held** high, they marched into the church. ✎ ....

−ing 형태 be/will be −ing

진행형을 나타내기 위해 −ing 사용. 진행형을 나타내는 ing는 항상 be동사와 함께 옵니다.

I have **been waiting** for you. ✎

This dish **is being** prepared by Daniel. ✎

The air conditioners **are being** installed. ✎

His health **is failing**. ✎

She hurt herself when she **was walking** her dog. ✎ ....

I will **be meeting** with the staff. ✎

−ing (~하는 것)

동사를 명사처럼 사용(동명사). 주어, 동사의 목적어 또는 전치사의 목적어 역할

Rejecting it would be a huge mistake. ✎

Smoking is bad for you. ✎ ....
*−ing로 끝나는 명사는 단수 취급합니다. (is/was 사용)

a **sleeping** pill ✎

I love **reading** romance novels. ✎

My kids like **being** complimented. ✎

The doctor suggested **having** a meal routine. ✎ ....

− ing (∼하는, ∼하고 있는)

−ing가 형용사처럼 사용되는 경우

falling leaves	✎
waiting trains	✎
the **burning** log	✎
exciting moments	✎
interesting places	✎
boring parties	✎
a **mind-numbing** job	✎
her **inspiring** speech	✎
Who is that man **standing** over there?	✎
They are **meat-eating** animals.	✎
Maggie noticed her two sons **walking** along the beach.	✎
He is the man **making** me cry like a baby.	✎
She walked across the road **leading** up to the hotel.	✎

콤마 + ∼ing (∼해서, ∼하면서, ∼한 후에)

접속사가 생략된 경우(분사로 만들어진 구문). 콤마 뒤 ing 형태가 이어져 문장이 길어지는 경우에 ing 부분을 '∼하면서'라고 해석하면 대부분 내용 전달이 됩니다.

Maggie drifted in and out of sleep, **watching** an old black and white movie.	✎
After **rejecting** his help, they packed and left.	✎
Not **knowing** what to do, he called the police.	✎
He said goodbye, **making** me cry.	✎
Having lost all his money, he decided to kill himself.	✎

| Everyone was so angry, **having been locked up** for so long. | ✎ .... |
| Maggie noticed her two sons, **walking along** the beach. | ✎ .... |

위에서 본 '–ing 형태'라는 용어는 현재 분사와 동명사를 모두 담고 있습니다. 분사와 동명사를 정확히 나눌 수 없어 '–ing가 붙은 형태'라고 통합하여 부르는 추세입니다. 각 문장이 어떻게 축약된 것인지 궁금하다면 가장 마지막 수업인 '축약 및 생략' 편을 참고하세요! 축약 및 생략은 대화체보다는 글에서 훨씬 더 많이 볼 수 있습니다.

이제 각 문장에 대한 답을 하나씩 확인해봅시다. 각 문장이 어떻게 다르게 해석되는지 잘 살펴봐야 합니다. 또한 답을 확인하는 데서 그치지 말고 영어 문장이 적힌 좌측 부분을 가린 후 해석을 보며 다시 영작해보는 것도 좋은 방법입니다.

지금까지 –ed와 –ing 형태를 한눈에 정리해보았습니다. 동일한 형태가 완전히 다르게 사용되기 때문에 –ed/ing 형태에 대한 개념은 위와 같이 표로 한 번에 정리해서 훑어보는 게 많은 도움이 됩니다. 주의할 점은 –ed나 –ing 형태를 볼 때마다 '이건 분사', '이건 진행형의 ing' 등으로 나누면서 암기할 필요는 없다는 겁니다. 각 형태가 어떻게 다양하게 사용되고, 또 문맥상 어떤 의미로 쓰인 것인지 파악하는 연습을 하는 게 좋습니다.

마지막으로 위에서 본 것처럼 break라는 단어를 다양하게 변화시켜 볼까요?

break	부수다, 깨뜨리다	She always breaks things.
broke	부쉈다	She broke my glasses.
broken	완료	She has broken her laptop.
	수동	And it is still broken.
	~된	Her broken laptop is beyond repair.
	~된 채로	Broken, the laptop was sitting on her desk.

breaking	진행	She was breaking the law. *break the law : 법을 어기다
	~하는 것	Breaking the law was a huge mistake.
	~하는	It was a record-breaking performance. *record-breaking : 기록적인, 전대미문의
	~하면서	She jumped over the fence, breaking several laws.

이렇게 -ed와 -ing 형태는 be동사가 왔는지, have가 왔는지, 축약된 형태인지에 따라 다양하게 해석됩니다. 위의 문장이 자연스럽게 해석된다면 동사는 걱정하지 않으셔도 됩니다. 매운맛 3단계까지 모두 배우고 나니 다른 품사에 비해 동사의 쓰임은 너무 복잡하다는 생각이 들지요? 많이 읽고, 듣고, 말하고, 쓰다 보면 동사의 쓰임에 어느새 익숙해질 겁니다. 기본적인 문법을 습득한 후에는 많이 읽고 써보세요!

정답

ANSWERS

Vol. 1

DAY 1. 명사 ①

PRACTICE 1

단수형	복수형
a pencil 연필	pencils
an elephant 코끼리	elephants
a glass 유리잔	glasses
a baby 아기	babies
a bus 버스	buses (or busses)
a match 성냥, 시합	matches
an apple 사과	apples
a sheep 양	sheep
a birthday party 생일 파티	birthday parties
a foot 발	feet
a day 날, 일	days
an ax 도끼	axes
a photo 사진	photos
a piano 피아노	pianos
a tooth 이(빨)	teeth
a mouse 쥐	mice
a child 어린이	children
a cargo 화물	cargo(e)s
a euro 유로	euros
a hero 영웅	heroes
a mug 머그잔	mugs
a knife 칼	knives
a wolf 늑대	wolves
a computer 컴퓨터	computers
a watch 손목시계	watches
a history book 역사책	history books
a lady 숙녀	ladies
a pencil case 필통	pencil cases
a box 상자	boxes
a man 남자	men
a woman 여자	women
an entry 입구	entries
a hundred-dollar ticket 100달러짜리 표	hundred-dollar tickets
a sports field 경기장	sports fields
a biology notebook 생물학 노트	biology notebooks
a tomato 토마토	tomatoes
a zoo 동물원	zoos
a country 나라	countries
a silk dress 실크 드레스	silk dresses
an ox 황소	oxen
a goose 거위	geese
an analysis 분석, 연구	analyses
a criterion 기준	criteria
a hypothesis 가설	hypotheses
a nucleus 핵	nuclei
a phenomenon 현상	phenomena
a stimulus 자극제	stimuli

PRACTICE 2

세지 않는 명사의 복수형	해석 써보기
pieces of equipment	장비 몇 개
bits of advice	몇 마디 조언
some advice	몇 마디 조언
a clap of thunder	천둥 소리
a glass of water	물 한 잔
too much rain	폭우
a lot of sugar	많은 설탕
a cube of sugar	각설탕 한 개
a scrap of food	음식 (조각, 조금)
plenty of room	충분한 공간
plenty of time	충분한 시간
loaves of bread	빵 몇 덩이
a speck of dust	먼지 한 점
little money	얼마 없는 돈
a little money	조금의 돈, 약간의 돈
a strip of land	한 지역, 땅 (구역)
a drop of oil	오일 한 방울
a grain of truth	어느 정도의 진실

DAY 3. 관사 ①

PRACTICE 3

의미	기본 단어	관사 써보기
시계 하나	watch	a watch
조언 하나	advice	a piece of advice
아기 한 명	baby	a baby
100만 명의 사람	people	a million people
역사책 한 권	history book	a history book
상자 하나	box	a box
여자 한 명	woman	a woman
사과 하나	apple	an apple
입구 한 곳	entry	an entry
하루	day	a day
도끼 한 자루	ax	an ax
유럽 사람 한 명	European	a European
셔츠 하나	shirt	a shirt
우산 하나	umbrella	an umbrella
1시간	hour	an hour
컵 하나	cup	a cup
영광스러운 일	honor	an honor
한 번	time	one time
두 번, 두 배	times	two times
백 번, 백 배	hundred times	a hundred times
천 번, 천 배	thousand times	a(one) thousand times
2천 번, 2천 배	thousand times	two thousand times
그 남자	man	the man
그 이야기	story	the story
그 컴퓨터	computer	the computer
그 펜	pen	the pen
그 컵	cup	the cup
거실	living room	the living room
그 사무실	office	the office
학교 운동장	playground	the school playground*

*보통 집 안에 하나 있는 거실, 학교에 있는 운동장 같은 단어 앞에는 the를 붙입니다.
맥락상 지칭하는 단어가 분명하거나 유일한 경우 the와 함께 쓸 수 있어요.

PRACTICE 4

the + 형용사	해석 써보기
the employed	피고용자들, 취업자들
the unemployed	실업자들
the obese	비만인 사람들
the rich	부자들
the poor	가난한 사람들
the homeless	집이 없는 사람들
the dead	죽은 사람들
the old	노인들
the young	젊은이들
the blind	시각 장애인들
the deaf	청각 장애인들
the French	프랑스 사람들
the Spanish	스페인 사람들

PRACTICE 5

the + 서수/최상급	해석 써보기
the first	첫 번째의 (것, 사람)
the second	두 번째의 (것, 사람)
the youngest son	막내아들
the oldest player	가장 나이가 많은 선수
the best movie in history	역사상 최고의 영화
It was the best movie in history.	역사상 최고의 영화였다.

ACTIVITY 1

1st First	21st Twenty–First	41st Forty–First	61th Sixty–First	81st Eighty–First
2nd Second	22nd Twenty–Second	42nd Forty–Second	62nd Sixty–Second	82nd Eighty–Second
3rd Third	23rd Twenty–Third	43rd Forty–Third	63rd Sixty–Third	83rd Eighty–Third
4th Fourth	24th Twenty–Fourth	44th Forty–Fourth	64th Sixty–Fourth	84th Eighty–Fourth
5th Fifth	25th Twenty–Fifth	45th Forty–Fifth	65th Sixty–Fifth	85th Eighty–Fifth
6th Sixth	26th Twenty–Sixth	46th Forty–Sixth	66th Sixty–Sixth	86th Eighty–Sixth
7th Seventh	27th Twenty–Seventh	47th Forty–Seventh	67th Sixty–Seventh	87th Eighty–Seventh
8th Eighth	28th Twenty–Eighth	48th Forty–Eighth	68th Sixty–Eighth	88th Eighty–Eighth
9th Ninth	29th Twenty–Ninth	49th Forty–Ninth	69th Sixty–Ninth	89th Eighty–Ninth
10th Tenth	30th Thirtieth	50th Fiftieth	70th Seventieth	90th Ninetieth
11th Eleventh	31st Thirty–First	51st Fifty–First	71st Seventy–First	91st Ninety–First
12th Twelfth	32nd Thirty–Second	52nd Fifty–Second	72nd Seventy–Second	92nd Ninety–Second

13th Thirteenth	33rd Thirty—Third	53rd Fifty—Third	73rd Seventy—Third	93rd Ninety—Third
14th Fourteenth	34th Thirty—Fourth	54th Fifty—Fourth	74th Seventy—Fourth	94th Ninety—Fourth
15th Fifteenth	35th Thirty—Fifth	55th Fifty—Fifth	75th Seventy—Fifth	95th Ninety—Fifth
16th Sixteenth	36th Thirty—Sixth	56th Fifty—Sixth	76th Seventy—Sixth	96th Ninety—Sixth
17th Seventeenth	37th Thirty—Seventh	57th Fifty—Seventh	77th Seventy—Seventh	97th Ninety—Seventh
18th Eighteenth	38th Thirty—Eighth	58th Fifty—Eighth	78th Seventy—Eighth	98th Ninety—Eighth
19th Nineteenth	39th Thirty—Ninth	59th Fifty—Ninth	79th Seventy—Ninth	99th Ninety—Ninth
20th Twentieth	40th Fortieth	60th Sixtieth	80th Eightieth	100th Hundredth

DAY 4. 관사 ②

PRACTICE 6

한국어 문장	영어 문장
개는 사랑스러운 동물이다.	Dogs are adorable animals.
나는 개를 좋아하지 않는다.	I don't like dogs.
컴퓨터는 커뮤니케이션 과정을 돕는다.	Computers help people communicate better.
코끼리는 육지에 사는 가장 큰 포유동물이다.	Elephants are the largest land mammals.
곱슬머리는 관리하기 힘들다.	Curly hair is hard to manage.
와인은 포도로 만든다.	Wine is made of grapes.
우리의 주식은 쌀(밥)이다.	Rice is the staple of our diet.
가솔린은 가연성 물질이다.	Gasoline is flammable.
나는 아이스크림을 좋아하지 않는다.	I don't like ice cream.
베이비파우더는 수렴성 분말이다.	Baby powder is an astringent powder.

ACTIVITY 2

① the **the Manor Farm** 존스 씨의 농장 이름

② the **the hen-houses** 존스 씨의 농장에 있는 (그) 닭장들

③ the **the yard** 존스 씨의 농장에 있는 (그) 마당, 뜰

④ a **a stirring** 부스럭거리는 소리(stirrings도 가능) *관용적 표현(관사를 포함하여 통째로 기억해두는 것을 추천합니다!)

⑤ the **during the day** (그날) 낮 동안 *관용적 표현

⑥ the **the prize Middle White boar** 동물 품평회에서 수상한 (그) 미들화이트종 수퇘지

⑦ a **a strange dream** 이상한 꿈 하나

⑧ an **an hour's sleep** 잠 한 시간 *관용적 표현

⑨ 관사 없음

⑩ a **a majestic-looking pig** 멋진 돼지 한 마리

⑪ the **in spite of the fact that** ~라는 사실에도 불구하고 *관용적 표현

⑫	the	**in front of the platform** (그) 연단 앞에 – 문단을 시작하며 이미 연단을 언급한 적이 있음 (a sort of raised platform)
⑬	a	**a stout motherly mare** 통통한 어미 말 한 마리
⑭	an	**an enormous beast** 아주 큰 짐승 한 마리
⑮	A	**a white stripe down his nose** 코를 따라 아래로 난 하얀 줄무늬 (하나)
⑯	the	
⑰	the	**the oldest animal on the farm, and the worst tempered** (그) 농장에서 가장 나이가 많고 성미가 가장 고약한 동물
⑱	the	
⑲	the	**among the animals on the farm** (그) 농장에 있는 (그) 동물들 중
⑳	the	**into the barn** (지금 다들 모여있는 그) 헛간
㉑	the	**at the last moment** 마지막 순간에 *관용적 표현
㉒	a	**take a place** 자리를 차지하다
㉓	the	**came the cat** (농장의 유일한) 고양이가 왔다
㉔	the	**(looked around) for the warmest place** 가장 따뜻한 곳(을 찾아 둘러보았다)
㉕	the	**the strange dream** 지난밤에 내가 꾼 (그) 이상한 꿈
㉖	the	**the dream = the strange dream**
㉗	the	**the nature of** ～의 본질 *관용적 표현
㉘	an	**come to an end** 끝이 나다 *관용적 표현
㉙	The	**the life of** ～의 삶 *관용적 표현
㉚	a	**a decent life** 괜찮은(살 만한) 삶 (하나)
㉛	a	**a dozen of** 열두 개의, 열두 마리의(Two dozens 스물네 개)
㉜	a	**a single word** 한 단어
㉝	the	**the only creature** 유일한 생명체
㉞	the	**the rest** 나머지, 남는 것
㉟	the	**the throats of our enemies** 적들의 (그) 목구멍들
㊱	The	**The rest** 나머지, 남는 것
㊲	the	**one of the** ～중 하나 *one of the lucky ones : 운이 좋은 사람(동물) 중 하나 *관용적 표현
㊳	a	**within a year** 1년 안에
㊴	the	**the dogs** (이 농장에 사는) 개들
㊵	the	**the produce of our labour** 우리의 노동이 가지고 오는 (그) 산물들
㊶	the	**the overthrow of the human race** 인간 타도 (인간을 모두 없애는 것)
㊷	a	**in a week** 일주일 후

ACTIVITY 3

Mr. Jones, of the Manor Farm, 장원농장의 존스 씨는 **had locked the hen-houses for the night,** 그날 밤 닭장을 잠갔다 **but** 하지만 **was too drunk to remember to shut the pop-holes.** 너무 술에 취해 쪽문을 닫는 것을 잊었다 **With the ring of light from his lantern** 등불의 동그란 불빛과 함께 **dancing from side to side,** 좌우로 움직이는 (불빛이 좌우로 움직이는 상태로) **he lurched across the yard,** 그는 비틀거리며 마당을 가로질러 갔다 **kicked off his boots at the back door,** 뒷문에서 장화를 벗어 던지고 **drew himself a last glass of beer** 마지막으로 맥주 한 잔을 따라 마시고 **from the barrel in the scullery,** 작은 부엌 방에 있는 통에서 **and** 그리고 **made his way up to bed,** 침대 위로 올라갔다 **where** 그곳에는 **Mrs. Jones** 존스 부인이 **was already snoring.** 이미 코를 골며 잠을 자고 있었다

장원농장의 존스 씨는 그날 밤 닭장 문을 걸어 잠갔지만, 술에 너무 취해 쪽문을 닫는 것을 깜빡 잊었다. 그는 비틀거리며 마당을 가로질러 건너 갔고, 등불에서 나오는 동그란 불빛이 좌우로 흔들렸다. 뒷문에서 장화를 걷어차듯 벗어 던지고는, 작은 부엌 방에 있는 통에서 자기 전 맥주 한 잔을 따라 마시고 침대로 올라갔다. 침대 위에는 존스 부인이 이미 코를 골며 자고 있었다.

As soon as the light in the bedroom went out 침실에 불이 꺼지자마자 **there was a stirring and a fluttering** 부스럭대는 소리와 펄럭거리는 소리가 났다 **all through the farm buildings.** 농장 건물 전체에서 **Word had gone round** ～라는 말이 돌았다 **during the day** 낮 동안 **that old Major,** 메이저 영감이 **the prize Middle White boar,** 품평회에서 입상한 (영국의) 미들화이트종 수퇘지인 (메이저 영감이) **had had a strange dream** 이상한 꿈을 꾸었다고 **on the previous night** 전날 밤에 **and wished to communicate it** 그것(꿈 이야기)을 전달하고 싶어 한다고 **to the other animals.** 다른 동물들에게 **It had been agreed** ～라고 동의되었다(다들 약속했다) **that they should all meet** 모두들 만나기로 **in the big barn** 큰 헛간에서 **as soon as Mr. Jones was safely out of the way.** 존스 씨가 자러 가면 (바로) **Old Major** 메이저 영감 **(so he was always**

279

called, 그는 이렇게(메이저 영감이라고) 불렸다 though the name under which he had been exhibited 그가 품평회에서 소개된 이름은 ~였음에도 불구하고 was Willingdon Beauty 윌링던 뷰티(였음에도 불구하고) was (메이저 영감은) so highly regarded on the farm 농장에서 아주 존경받아서 that everyone was quite ready 모두들 준비가 되어 있었다 to lose an hour's sleep 한 시간 정도 잠을 잃는 것을(덜 자는 것을) in order to hear what he had to say. 그의 말을 듣기 위해서

침실에 불이 꺼지자마자 농장 전체에서 부스럭대는 소리와 펄럭거리는 소리가 났다. 품평회에 나가 입상한 미들화이트종의 흰 수퇘지인 메이저 영감이 지난밤 이상한 꿈을 꾸었는데, 다른 동물들에게 그 꿈 이야기를 들려주고 싶어 한다는 소문이 낮에 돌았기 때문이다. 존스 씨가 자러 가면 모두 곧바로 헛간에서 모이자고 약속했다. 메이저 영감은 품평회에서는 '윌링던 뷰티'라고 불렸지만, 평소에는 늘 메이저 영감이라 불렸다. 이 농장에서는 큰 존경을 받고 있어서 그의 말을 듣기 위해서라면 한 시간 정도 잠을 덜 자는 것쯤은 별일이 아니었다.

At one end of the big barn, 큰 헛간의 한쪽 끝의 on a sort of raised platform, 높은 연단 위에 Major was already ensconced 메이저 영감은 이미 편히 앉아 있었다 on his bed of straw, 짚으로 만들어진 침대 위에 under a lantern 등불 아래에 which hung from a beam. 대들보에 매달린 He was twelve years old 영감은 올해 열두 살이었고 and had lately grown rather stout, 최근에 살이 좀 쪘다 but 하지만 he was still a majestic-looking pig, 그는 여전히 당당한 풍채였으며 with a wise and benevolent appearance 지혜롭고 자애로운 모습이다 in spite of the fact that ~에도 불구하고 his tushes had never been cut. 송곳니를 자른 적이 없음에도(불구하고) Before long 머지않아 the other animals began to arrive 다른 동물들이 도착하기 시작했다 and 그리고 make themselves comfortable 편하게 자리 잡았다 after their different fashions. 각기 다른 방식으로 First came the three dogs, 처음으로 세 마리의 개가 들어왔다 Bluebell, Jessie, and Pincher, 블루벨, 제시, 핀처라는 and then the pigs, 그리고 돼지들이 들어왔다 who settled down in the straw 짚에 자리 잡은 immediately in front of the platform. 연단 바로 앞의 The hens perched themselves 암탉들은 걸터앉았다 on the window-sills, 창틀에 the pigeons fluttered up to the rafters, 비둘기들은 서까래 위로 파닥이며 갔고 the sheep and cows lay down 양과 암소들은 앉았다 behind the pigs 돼지 뒤에 and 그리고 began to chew the cud. 되새김질을 시작했다 The two cart-horses, 짐마차를 끄는 말인 Boxer and Clover, 복서와 클로버는 came in together, 함께 들어왔다 walking 걸어서 very slowly 아주 천천히 and 그리고 setting down their vast hairy hoofs 그들의 아주 크고 털이 많은 발굽을 내려놓으면서 with great care 조심스레 lest there should be some small animal 작은 동물들이 있을까 봐 concealed in the straw. 짚에 숨어 있는 Clover was 클로버는 a stout motherly mare 살찐 암말이다 approaching middle life, 중년에 가까운 who had never quite got her figure back 완전히 예전 모습을 되찾지 못한 after her fourth foal. 네 번째 새끼를 낳은 이후에 Boxer was 복서는 an enormous beast, 몸집이 아주 큰 말이었다 nearly eighteen hands high, 키가 거의 열여덟 뼘이 되는 and 그리고 as strong as ~만큼이나 강한 any two ordinary horses put together. 보통 말 두 마리를 합쳐놓은 (만큼 강한) A white stripe down his nose 코 아래의 흰 줄무늬는 gave him a somewhat stupid appearance, 그에게 약간 멍청한 느낌을 주었는데 and in fact 그리고 사실은 he was not of first-rate intelligence, 그는 아주 똑똑하진 않았다 but 하지만 he was universally respected 그는 모두에게 존경받았다 for his steadiness of character 성실한 성격으로 and 그리고 tremendous powers of work. 엄청난 노동력으로 After the horses 말이 들어온 후에 came Muriel, the white goat, 흰 염소인 뮤리엘이 들어왔고 and Benjamin, the donkey. 당나귀 벤저민도 들어왔다 Benjamin was 벤저민은 the oldest animal on the farm, 농장에서 가장 나이가 많은 동물이다 and 그리고 the worst tempered. 성미가 가장 고약하다 He seldom talked 그는 거의 말을 하지 않는다 and when he did, 말을 할 때면 it was usually to make some cynical remark—주로 냉소적인 말을 하기 위해서이다 for instance, 예를 들어 he would say 그는 ~라 말하곤 했다 that God had given him a tail 신이 그에게 꼬리를 주었다(고 말하곤 했다) to keep the flies off, 파리를 쫓으라고 but 하지만 (say) that ~라 말했다 he would sooner have had no tail and no flies. 그는 차라리 꼬리도, 파리도 없었으면 좋을 거라 (말했다) Alone 혼자서 among the animals on the farm 농장에 있는 동물 중 he never laughed. 그는 웃은 적이 없다 If asked why, 왜냐고 물으면 he would say that 그는 ~라 말하곤 했다 he saw nothing to laugh at. 웃을 거리가 없다고 Nevertheless, 그럼에도 불구하고 without openly admitting it, 대놓고 인정하지는 않았지만 he was devoted to Boxer; 그는 복서에게 헌신적이었다 the two of them usually spent their Sundays together 둘은 주로 일요일을 함께 보냈다 in the small paddock beyond the orchard, 과수원 너머에 있는 작은 방목장에서 grazing side by side 나란히 풀을 뜯으며 and never speaking. 그리고 말은 하지 않고 (조용히)

큰 헛간의 한쪽 끝에 위치한 높은 연단 위에서 메이저 영감은 대들보에 매달린 등불 아래의 짚자리에 편하게 자리 잡고 있었다. 영감은 올해 열두 살이었고 최근 몸집이 좀 불었지만, 여전히 당당한 풍채를 자랑했다. 지금까지 송곳니를 자른 적이 한 번도 없지만 지혜롭고 자애로운 모습이었다. 머지않아 다른 동물들이 도착하여 저마다 편한 자세로 자리를 잡기 시작했다. 제일 먼저 블루벨과 제시, 핀처라는 개 세 마리가 들어왔고, 이어 돼지들이 들어와 연단 바로 앞쪽에 자리를 잡았다. 암탉들은 창틀에 걸터앉았으며, 비둘기들은 서까래 위로 파닥이며 올라갔고, 양과 암소들은 돼지 뒤에 앉아 되새김질하기 시작했다. 짐마차를 끄는 말인 복서와 클로버는 짚 속에 있는 작은 동물들을 밟을세라 천천히 다리를 옮기며 털이 수북한 발굽을 조심스레 움직이며 들어왔다. 클로버는 중년에 가까운 살찐 암말로, 네 번째 망아지를 낳은 후 완전히 예전 모습을 되찾지 못한 상태였다. 복서는 몸집이 아주 큰 말로, 키가 거의 열여덟 뼘이나 되었고 보통의 말 두 마리를 합친 것만큼 힘이 셌다. 코 아래 흰 줄무늬가 있어서 약간 멍청한 느낌을 주었는데, 실제로 아주 영리하진 않았으나 성실함과 뛰어난 노동력으로 모두에게 존경받았다. 말들의 뒤를 이어 뮤리엘이라는 흰 염소와 벤저민이라는 당나귀가 들어왔다. 벤저민은 농장에서 가장 나이가 많기도 하고, 성미가 아주 고약했다. 말이라곤 거의 하지 않는데 입을 열었다 하면 냉소적인 말을 내뱉었다. 예를 들어 하느님이 파리를 쫓으라고 자기에게 꼬리를 주었지만, 애초에 꼬리와 파리 모두 없다면 더 좋지 않겠냐는 식이었다. 농장에 사는 동물 중에서 벤저민은 지금까지 한 번도 웃어본 적이 없다. 왜 웃지 않느냐고 물으면, 그는 웃을 거리가 없다고 대답할 뿐이었다. 그런데도 대놓고 인정한 건 아니지만 그는 복서에게만은 헌신적이었다. 일요일이 되면 둘은 주로 과수원 너머에 있는 작은 방목장에서 나란히 풀을 뜯으며 조용히 시간을 보냈다.

The two horses had just lain down 두 마리의 말이 막 앉았다 when ~할 때 a brood of ducklings, 새끼 오리 무리가 which had lost their mother, 최근에 어미를 잃은 filed into the barn, 헛간으로 줄지어 들어왔(을 때) cheeping feebly and 힘없이 짹짹대며 wandering from side to side 이곳저곳을 돌아다니며 to find some place 어떤 장소를 찾으려고 where they would not be trodden on. 그들이 밟히지 않을 (장소) Clover made a sort of wall round them 클로버는 일종의 벽을 그들 주위로 만들었다 with her great foreleg, 그녀의 큰 앞발로 and the ducklings nestled down inside it 그리고 새끼 오리들은 그 안에 자리를 잡았다 and promptly fell asleep. 그리고 곧 잠이 들었다 At the last moment 마지막 순간에 Mollie, 몰리(가) the foolish, pretty white mare 멍청하지만 예쁜 흰 암말 who drew Mr. Jones's trap, 존스 씨의 경마차를 끄는 came 들어왔다 mincing daintily in 우아하게 사뿐거리며 안으로, chewing at a lump of sugar. 각설탕을 씹으면서 She took a place near the front 그녀는 앞쪽 가까이에 자리를 잡았다 and 그리고 began flirting her white mane, 그녀의 하얀 갈기를 휘휘 흔들었다 hoping to draw attention 주의를 끌기를 바라면서 to the red ribbons it was plaited with. 갈기에 땋아져 있는 빨간 리본에 (리본을 자랑하려고) Last of all came the cat, 마지막으로 고양이가 왔다 who looked round, 주위를 살펴보는 (고양이) as usual, 항상 그러하듯 for the warmest place, 따뜻한 곳을 찾기 위해 (주위를 살펴보는) and finally squeezed herself in 그리고 마침내 비집고 들어갔다 between Boxer and Clover; 복서와 클로버 사이로 there 그곳에서 she purred contentedly 만족스럽게 골골거렸다 throughout Major's speech 메이저 영감이 이야기하는 동안 내내 without listening to a word 한 단어도 듣지 않고 of what he was saying. 그가 말하는 (것)

말 두 마리가 자리를 잡자마자 최근에 어미를 잃은 새끼 오리 무리가 헛간으로 들어와 힘없이 짹짹대며 안전한 장소를 찾으려고 이곳저곳을 돌아다녔다. 클로버가 큼직한 앞발로 그들 주위에 벽을 만들어주자 새끼 오리들은 그 안에 자리를 잡고는 잠에 빠져들었다. 마지막 순간에 존스 씨의 경마차를 끄는 멍청하지만 예쁜 암말인 몰리가 각설탕을 씹으며 우아한 척 안으로 들어왔다. 암말은 자리를 잡자마자 하얀 갈기를 흔들며 그 위에 달린 빨간 리본을 자랑했다. 마지막으로 고양이는 가장 따뜻한 자리를 찾아 주위를 살펴보다 복서와 클로버 사이를 비집고 들어갔다. 그리고 메이저 영감이 이야기하는 동안 내내 연설은 하나도 듣지 않고 만족스럽게 가르랑거렸다.

All the animals were now present 이제 모든 동물이 참석했다 except Moses, 모지스를 제외하고 the tame raven, 길들여진 까마귀(모지스) who slept on a perch behind the back door. 뒷문 뒤에 있는 횃대에서 잠을 자는 When Major saw that they had all made themselves comfortable 메이저 영감이 모든 동물이 편하게 자리 잡은 것을 봤을 때 and 그리고 were waiting attentively, 영감에게 집중하며 기다리고 있을 때 he cleared his throat and began: 그는 목을 가다듬고 말을 시작했다

이제 뒷문 뒤쪽의 횃대에서 잠을 자고 있는 길들인 까마귀 모지스를 제외하곤 모든 동물이 참석했다. 메이저 영감은 동물들이 모두 편하게 자리를 잡고는 영감이 하는 말을 듣기 위해 기다리고 있는 것을 보고 목청을 가다듬은 뒤 연설을 시작했다.

"Comrades, 동무들 you have heard already about the strange dream 이미 이상한 꿈에 대해 들었지요 that I had last night. 내가 지난밤 꾼 (이상한 꿈) But I will come to the dream later. 하지만 꿈 이야기는 나중에 다시 하겠소 I have something else to say first. 먼저 해야 할 이야기가 있소. I do not think, 나는 생각하지 않소 comrades, 동무들 that I shall be with you 내가 동무들과 함께 있을 거라고 for many months longer, 앞으로 여러 달 동안 더 오래 (몇 달 안에 죽을 것 같다는 말) and before I die, 그리고 내가 죽기 전에 I feel it my duty 그것을 내 의무라고 생각하오 to pass on to you 동무들에게 전해주는 것이 such wisdom as I have acquired. 내가 얻은 지혜들을 I have had a long life, 나는 긴 삶을 살았소 I have had much time for thought 생각할 시간도 아주 많았소 as I lay alone in my stall, 혼자 외양간에 누워 있을 때 and I think 그리고 내 생각에 I may say that ~라 말할 수 있을 것 같소 I understand the nature of life on this earth 지상에서의 삶이 어떤 것인지 이해한다고 as well as any animal now living. 지금 살아 있는 그 어떤 동물보다도 It is about this 이것에 대한 것이오 that I wish to speak to you. 내가 동무들에게 말하고 싶은 것

동무들, 내가 지난밤에 꾼 이상한 꿈에 대한 이야기를 다들 들었을 거요. 하지만 꿈 이야기는 나중에 하기로 하겠소. 먼저 해야 할 이야기가 있소이다. 동무들, 내가 여러분과 함께 지낼 시간이 이제 별로 남지 않았다고 생각하오. 그래서 내가 죽기 전에 내가 얻은 지혜들을 동무들에게 모두 전해주는 것이 내 의무라고 생각하오. 나는 아주 오래 살았고, 홀로 외양간에 누워 생각할 시간도 많이 있었소. 그래서 지금 살아 있는 그 어떤 동물보다도 지상에서의 삶이 어떤 것인지 잘 알고 있다고 확신하는 바요. 내가 지금 동무들에게 말하려는 바는 이 문제에 대한 것이오.

"Now, comrades, 자, 동무들 what is the nature of this life of ours? 우리 삶의 본질은 무엇이오? Let us face it: 솔직히 말해서 our lives are miserable, 우리의 삶은 비참하고 laborious, and short. 힘들고 또 짧소 We are born, 우리는 태어나고 we are given just so much food 딱 ~할 만큼의 음식을 받소 as will keep the breath in our bodies, 숨이 끊기지 않을 정도(의 음식) and 그리고 those of us 우리 중 who are capable of it 할 수 있는 자는 are forced to work 강제로 일해야 하오 to the last atom of our strength; 마지막 힘까지 짜내서 and the very instant that ~인 딱 그 순간 our usefulness has come to an end 우리의 쓸모가 없어지(는 딱 그 순간) we are slaughtered 우리는 도살당하지요 with hideous cruelty. 끔찍하고 잔인한 방식으로 No animal in England knows 영국에 그 어떤 동물도 알지 못하오 the meaning of happiness 행복의 의미 或은 혹은 leisure 휴식 after he is a year old, 한 살 이후에는 No animal in England is free, 영국에 있는 그 어떤 동물도 자유의 존재가 아니오. The life of an animal is 동물의 삶은 misery and slavery: 고통이며 노예 생활이오 that is the plain truth. 그게 바로 명백한 사실이지요

자, 동무들, 우리의 삶이 지금 어떻다고 생각하오? 솔직히 말해서 우리의 삶은 비참하고, 힘들도 또 짧소. 우리는 세상에 태어나 겨우 숨 쉬며 살아갈 정도의 먹이를 받고 있소. 우리 중 노동력이 있는 동물은 마지막 힘까지 강제로 혹사당하오. 게다가 쓸모가 없어지는 순간 끔찍하고 잔인한 방식으로 도살당하지요. 영국에 사는 그 어떤 동물도 한 살 이후에는 행복이나 휴식이 뭔지 알지 못하오. 우리 동물은 살아가는 동안 비참한 노예 생활을 하고 있지요. 이는 아주 명백한 사실이오.

"But 하지만 is this simply part of the order of nature? 이것이 단순히 자연법칙의 일부일까요? Is it because ~때문일까요? this land of ours 우리의 땅이 is so poor that 너무 척박해서 (그런 걸까요?) it cannot afford a decent life 괜찮은 삶을 제공하기에는 to those who dwell upon it? 그 위에 사는 생명들에게 No, comrades, 아니오, 동무들 a thousand times no! 절대 아니지요 The soil of England is fertile, 영국의 땅은 비옥하고 its climate is good, 기후는 알맞으며 it is capable of affording food in abundance 충분히 음식을 제공할 능력이 있소 to an enormously greater number of animals 훨씬 더 많은 동물들에게 than now inhabit it. 지금 살고 있는 수보다 This single farm of ours would 우리가 살고 있는 이 농장 하나는 **support a dozen horses,** 말 열두 마리와 **twenty cows,** 소 스무 마리 **hundreds of sheep**—양 수백 마리를 먹여 살릴 수 있소 **and** 그리고 **all of them living in a comfort and a dignity** 모두 안락하고 품위 있게 살도록 **that are now almost beyond our imagining.** 지금은 상상할 수도 없을 정도로 **Why then do we** 그렇다면 왜 우리는 **continue** 계속 살아가 하나요 **in this miserable condition?** 이런 비참한 환경에서 **Because** 왜냐하면 **nearly the whole of the produce of our labour is** 우리의 노동으로 만든 거의 모든 생산물이 **stolen from us** 도둑맞기 (때문이지요) **by human beings.** 인간들에 의해 **There,** 거기에 **comrades,** 동무들 **is the answer** 답이 있소 **to all our problems.** 우리가 가진 모든 문제에 대한 (답) **It is summed up in a single word** 한 단어로 요약할 수 있소 —**Man.** 인간 **Man is the only real enemy** 인간이 진정하고 유일한 적이오 **we have.** 우리가 가진 **Remove Man from the scene, and** 인간을 농장에서 몰아내면 **the root cause of hunger and overwork** 배고픔과 과로의 근본적인 원인이 **is abolished** 사라지게 될 것이오 **for ever.** 영원히

하지만 이게 단순히 자연법칙의 일부이기 때문일까요? 우리가 사는 이 나라의 땅이 너무 척박하여 우리에게 풍요로운 삶을 보장해줄 수 없어서일까요? 아니요, 동무들. 영국의 땅은 비옥하고 기후 또한 알맞아 지금보다 훨씬 더 많은 동물을 충분히 먹여 살릴 수 있소. 이 농장만 해도 말 열두 마리와 암소 스무 마리, 그리고 양 수백 마리를 먹여 살릴 수 있소. 모든 동물이 지금 상상하는 것보다 더 안락하고 품위 있게 살 수 있지요. 그렇다면 우리는 왜 이처럼 비참한 생활을 계속해야 하겠소? 그것은 바로 우리가 힘들여 생산한 것을 인간이 빼앗아가기 때문이오. 거기에 바로 답이 있소, 동무들. 우리가 가진 모든 문제에 답은 '인간'이라는 한마디로 요약할 수 있소. '인간'이야말로 우리의 진정하고도 유일한 적이오. 인간을 농장에서 몰아내면 배고픔과 과로도 영원히 사라지게 될 거요.

"**Man is the only creature** 인간은 유일한 동물이오 **that consumes** 소비하는 **without producing.** 생산하지 않고 **He does not give milk,** 젖을 만들지도 못하고 **he does not lay eggs,** 알을 낳지도 않으며 **he is too weak to pull the plough,** 쟁기를 끌기에는 너무 약하고 **he cannot run fast enough** 인간은 충분히 빠르게 달리지 못하오 **to catch rabbits.** 토끼를 잡기에는 **Yet** 그럼에도 불구하고 **he is lord of all the animals.** 인간은 모든 동물의 왕 노릇을 하고 있소 **He sets them to work,** 인간은 동물에게 일을 시키고 **he gives back to them** 그들에게 돌려주오 **the bare minimum** 최소한의 식량을 **that will prevent them from starving,** 그들이 굶지 않도록 **and** 그리고 **the rest** 나머지는 **he keeps for himself.** 자기 주머니에 넣고 있소 **Our labour tills the soil,** 우리의 노동이 땅을 경작하고 **our dung fertilises it,** 우리의 똥이 땅을 비옥하게 하오 **and yet** 그런데도 **there is not one of us** 우리 중 하나 (없소) **that owns more than his bare skin.** 몸뚱이 외에 더 재산을 가지고 있는 자가 (없소) **You cows that I see before me,** 내 앞에 있는 암소들(에게 묻겠소) **how many thousands of gallons of milk** 몇천 갤런의 젖을 **have you given** 생산했소 **during this last year?** 지난해 동안 **And what has happened to that milk** 그리고 그 우유들은 어떻게 됐소 **which should have been breeding up sturdy calves?** 송아지를 튼튼하게 자라게 만드는 데 먹여야 했던 (송아지에게 먹여야 마땅한 그 우유들) **Every drop of it has gone down** 마지막 한 방울까지 내려갔소 **the throats of our enemies.** 우리 적의 목구멍을 타고 **And you hens,** 그리고 암탉들(에게 묻겠소) **how many eggs** 얼마나 많은 알을 **have you laid** 낳았소 **in this last year,** 지난해 동안 **and how many of those eggs** 그리고 그중 몇 개가 **ever hatched into chickens?** 지금까지 병아리로 부화했소? **The rest have all gone to market** 나머지는 모두 시장으로 갔소 **to bring in money** 돈을 벌어들이기 위해 **for Jones and his men.** 존스와 일꾼들을 위해 **And you,** 그리고 자네 **Clover,** 클로버 씨 **where are those four foals you bore,** 당신이 낳은 네 마리의 말은 어디로 갔소 **who should have been the support and pleasure of your old age?** 당신의 노후를 대비하고 또 즐거움이 되었어야 할 (말들) **Each was sold** 각각 팔려나갔소 **at a year old**—한 살이 되었을 때 **you will never see one of them again.** 당신은 절대 다시 그들을 볼 수 없을 거요 **In return for** (출산과 노동의) 대가로 **your four confinements and** 네 번의 출산과 **all your labour in the fields,** 밭에서 일한 당신의 노동 **what have you ever had** 지금까지 대체 무엇을 받았소(가지고 있소) **except your bare rations and a stall?** 굶어 죽지 않을 만큼의 먹이와 마구간 하나를 빼면

인간은 생산하지 않고 소비하는 유일한 동물이오. 우유나 알을 생산하지도 않고, 쟁기를 끌기에는 너무 약하오. 달리는 속도도 느려 토끼도 잡지 못하면서 모든 동물의 왕 노릇을 하고 있소. 인간은 동물에게 일을 시키고 굶지 않을 최소한의 식량만을 돌려주오. 그리고 나머지는 모두 자기 주머니에 넣고 있소. 우리가 노동하여 땅을 경작하고, 우리의 분뇨로 땅을 비옥하게 하는데도 우리는 제 몸뚱이 외 재산을 가진 자가 없소. 내 앞에 있는 암소들에게 묻겠소. 지난해 젖을 몇천 갤런이나 생산했소? 송아지에게 먹여야 마땅한 그 우유들은 다 어찌 되었소? 마지막 한 방울까지 우리 적의 목구멍을 타고 내려갔소. 그리고 암탉들에게도 묻겠소. 작년 한 해 얼마나 많은 알을 낳았소? 그리고 그중 몇 개가 병아리로 부화했소? 존스와 그 일당들이 나머지 알은 모두 시장에 가져다 팔았지요. 그리고 자네, 클로버 씨. 당신의 노후를 대비해주고 또한 즐거움이 되어줄 네 마리의 말은 다 어디로 갔소? 한 살이 되자마자 모두 팔려나갔지요. 이제 자식들의 얼굴을 볼 수 없게 되었소. 네 번에 걸친 출산과 농장에서 노동한 보답으로 당신은 도대체 무엇을 받았소? 굶어 죽지 않을 만큼의 먹이와 마구간 하나가 전부요.

"**And even the miserable lives we lead are** 게다가 우리가 사는 이 비참한 삶은 **not allowed to reach their natural span.** 타고난 수명에 닿을 때까지 허락되지 않소 (수명만큼도 살 수 없음) **For myself** 내 이야기를 하자면 **I do not grumble,** 나는 불만이 없소 **for I am one of the lucky ones.** 나는 운이 좋은 동물 중 하나였으니까 **I am twelve years old** 나는 나이가 열둘이고 **and have had over four hundred children.** 여태 400마리가 넘는 자식을 낳았소 **Such is the natural life of a pig.** 그것이 바로 원래 돼지의 삶이오 **But** 하지만 **no animal escapes the cruel knife** 그 어떤 동물도 잔인한 칼날을 피할 수 없소 **in the end.** 결국에는 **You** 너희 **young porkers** 어린 식용돼지들 **who are sitting in front of me,** 내 앞에 앉아 있는 **every one of you** 너희 돼지들은 모두 **will scream your lives out** 단말마를 지르게 될 거요 **at the block within a year.** 1년 안에 도살장에서 **To that horror** 그런 공포를 **we all must come**—우리는 다 마주하게 될 거요 **cows, pigs, hens, sheep, everyone.** 소, 돼지, 암탉, 양, 모두 다 **Even the horses and the dogs have no better fate.** 말이나 개의 운명도 더 나을 게 없소 **You,** 자네 **Boxer,** 복서 **the very day that those great muscles of yours lose their power,** 자네가 가진 그 엄청난 근육이 힘을 잃는 순간 **Jones will sell you** 존스는 자네를 팔 거요 **to the knacker,** 도살장에 **who will cut your throat and** 자네의 목을 자르고 **boil you down** 푹 삶아서 **for the foxhounds.** 사냥개를 위해 (사냥개들 먹이로 줌) **As for the dogs,** 개로(개들의 운명을) 말할 것 같으면 **when they grow old and toothless,** 나이가 들고 이빨이 다 빠지면 **Jones ties a brick round their necks and** 존스는 그들의 목 주위에 벽돌을 매달고 **drowns them** 그들을 빠뜨려 죽일 거요 **in the nearest pond.** 가까운 연못에

게다가 우리가 사는 이 비참한 삶은 타고난 수명을 채우지도 못하오. 나 자신으로 말하자면 큰 불평은 없소. 나는 운이 좋은 동물 중 하나였으니까. 나는 나이가 열둘이고 여태 400마리가 넘는 자식을 낳았소. 이는 돼지가 타고난 수명이오. 하지만 어떤 동물도 결국에는 잔인한 칼날을 피할 수는 없소. 내 앞에 앉은 어린 식용돼지들. 너희 돼지들은 모두 1년 안에 도살장에 끌려가 단말마를 지르며 죽게 될 거요. 그런 공포는 우리 모두에게 다 가올 거요. 소, 돼지, 암탉, 양 할 것 없이. 심지어 말이나 개의 운명도 더 나을 게 없소. 복서 자네. 자네가 가진 그 엄청난 근육이 힘을 잃는 순간 존스는 자네를 도살장에 팔아넘길 거요. 자네의 목을 자르고 푹 삶아 사냥개들의 먹이로 줄 게 분명하오. 개들의 운명을 말할 것 같으면, 나이가 들고 이빨이 다 빠지면 존스가 그 목에 벽돌을 달아 가까운 연못에 빠뜨려 죽일 거요.

"**Is it not crystal clear**, 아주 명백하지 않소 **then**, 그렇다면 **comrades**, 동무들 **that all the evils of this life of ours** 우리 이 삶의 모든 폐해는 **spring from the tyranny of human beings?** 인간의 독재로부터 일어난다는 것이 (명백하지 않소) **Only get rid of Man**, 인간들만 없애면 **and** 그러면 **the produce of our labour** 우리 노동의 산물은 **would be our own.** 우리의 것이 될 거요 **Almost overnight** 거의 하룻밤 사이에 **we could become rich and free.** 우리는 부유하고 자유로워질 수 있소 **What then must we do?** 그렇다면 우리는 어떻게 해야 하겠소? **Why**, 당연히 (~해야 하지 않겠소) **work night and day**, 밤낮으로 일하고 **body and soul**, 몸과 마음을 바쳐 **for the overthrow of the human race!** 인간을 타도하기 위해 **That is my message to you**, 그게 바로 내가 하고 싶었던 말이오 **comrades** 동무들 **Rebellion!** 반란을 일으킵시다 **I do not know** 나는 알지 못하오 **when that Rebellion will come**, 그 반란이 언제 올지 **it might be in a week or** 일주일 뒤에 올 수도 있고 **in a hundred years**, 100년 후에 올 수도 있소 **but I know**, 하지만 나는 알고 있소 **as surely as I see this straw** 이 짚을 보는 것처럼 분명히 (알고 있소) **beneath my feet**, 내 발 아래에 있는 **that sooner or later** 머지않아 **justice will be done.** 정의가 행해질 것이라는 것, 그 사실에 집중하시오 **comrades**, 동무들 **throughout the short remainder of your lives!** 얼마 남지 않은 여생 동안 **And above all**, 그리고 무엇보다도 **pass on this message of mine** 나의 이 메시지를 전달해주시오 **to those who come after you**, 다음으로 태어나는 동물들에게(자손들에게) **so that** 그래서 **future generations shall carry on the struggle** 미래 세대가 이 투쟁을 이어서 가도록 **until it is victorious.** 승리할 때까지

동무들, 그렇다면 우리 삶의 모든 폐해는 인간의 독재로부터 일어난다는 것이 명백하지 않소. 이제 인간들만 없애면 우리 노동의 산물은 우리의 것이 될 거요. 하룻밤 사이에 우리는 부와 자유를 되찾을 수 있소. 그러기 위해서는 우리는 어떻게 해야 하겠소? 밤낮으로 몸과 마음을 바쳐 인간 타도를 위해 일해야 하오! 동무들, 이게 바로 내가 전하고자 한 메시지요. 반란을 일으킵시다! 그날이 언제 올지는 나도 모르오. 일주일 뒤가 될 수도 있고, 100년이 지나 올 수도 있지만, 이 발밑에 있는 짚을 똑똑히 보고 있는 듯 머지않아 정의가 행해지리라는 것을 나는 알고 있소. 동무들, 짧은 여생 동안 이 신념을 한시도 잊어서는 안 되오! 무엇보다도 우리 자손이 승리의 그날까지 투쟁할 수 있도록 나의 메시지를 전해주길 바라오.

"**And remember**, 그리고 기억해야 하오 **comrades**, 동무들 **your resolution must never falter.** 자네들의 결심은 결코 흔들려서는 안 되오 **No argument must lead you astray.** 어떤 말을 듣더라도 자네들은 다른 생각을 하면 안되오 **Never listen** 절대 듣지 마시오 **when they tell you** 그들이 말하거든 **that Man and the animals have a common interest**, 인간과 동물들이 공통의 관심사(공동의 이해)를 가지고 있다고 해도 **that the prosperity of the one** 하나의 번영이(인간의 번영이) **is the prosperity of the others.** 나머지의 번영(동물들의 번영)과 같다고 (말하더라도) **It is all lies.** 모두 거짓말이오 **Man serves the interests of no creature** 인간은 어떤 동물의 이익에도 기여하지 않소 **except himself.** 자기 자신을 빼면 **And among us animals** 그리고 우리 동물들 사이에 **let there be** ~가 있으라(~가 있어야 한다) **perfect unity**, 완벽한 화합이 **perfect comradeship** 완벽한 우애가 **in the struggle.** 투쟁에서 **All men are enemies.** 모든 인간은 적이오 **All animals are comrades.**" 모든 동물은 동무요

동무들, 절대 결심이 흔들려서는 안 되오. 어떤 말을 들더라도 다른 생각을 해선 안되오. 인간과 동물이 공동의 이해를 가지고 있다고, 인간의 번영이 동물들의 번영과 같다는 말을 하거든 절대 귀 기울이지 마시오. 이는 모두 새빨간 거짓말이오. 인간은 자기 자신을 빼면 그 어떤 동물의 이익에도 기여하지 않소. 이 투쟁을 위해 우리 동물들이 철저하게 단결하고 서로를 아끼길 바라는 마음이오. 모든 인간은 적이오. 모든 동물은 동무요.

At this moment 이 순간 **there was a tremendous uproar.** 아주 큰 소란이 벌어졌다 **While Major was speaking** 메이저 영감이 말하는 동안 **four large rats had crept out** 네 마리의 큰 쥐가 기어 나왔다 **of their holes** 쥐구멍에서 **and were sitting** 그리고 앉아 있었다 **on their hindquarters**, 뒷다리로 **listening to him.** 그의 말을 들으면서 **The dogs had suddenly caught sight of them**, 갑자기 개들이 그들을 언뜻 보았다 **and** 그리고 **it was only by a swift dash** (그것은) 오로지 재빠른 돌진이었다 **for their holes** 쥐구멍을 향한 **that the rats saved their lives.** 쥐들을 살린 것은 **Major raised his trotter** 메이저 영감은 발을 들었다 **for silence.** 다들 조용히 하라고

바로 이때 아주 큰 소란이 벌어졌다. 메이저 영감의 연설 도중 네 마리의 큰 쥐가 쥐구멍에서 빠져나와 뒷다리를 쪼그리고 앉아 그의 이야기를 듣고 있었다. 그런데 갑자기 개들이 흘끗 쳐다보자 쥐들은 날쌔게 쥐구멍으로 뛰어가 간신히 목숨을 건졌다. 메이저 영감은 앞발을 들어 모두 조용히 하라고 했다.

"**Comrades**," 동무들 **he said**, 그가 말했다 "**here is a point that must be settled.** 지금 결정해야 할 문제가 있소 **The wild creatures**, 야생동물들 **such as rats and rabbits**—쥐나 토끼 같은 **are they our friends or our enemies?** 그들은 우리의 친구요 아니면 적이오 **Let us put it to the vote.** 이 문제는 표결에 부치겠소 **I propose this question to the meeting**: 이 문제를 모임의 안건으로 제안하겠소 **Are rats comrades?**" 쥐는 동무인가

동무들, 지금 결정해야 할 문제가 생겼소. 쥐나 토끼와 같은 야생동물들은 우리의 편이오 아니면 적이오? 이 문제는 표결에 부치겠소. '쥐는 동무인가'하는 문제를 안건으로 제안하는 바요.

The vote was taken at once, 즉시 투표가 치뤄졌다 **and** 그리고 **it was agreed** 동의되었다(다들 찬성했다) **by an overwhelming majority** 압도적인 다수표로 **that rats were comrades.** 쥐들도 동무라는 것에 **There were only four dissentients**, 반대표는 겨우 네 개였다 **the three dogs and the cat**, 세 마리의 개와 고양이 한 마리(의 표) **who was afterwards discovered** (고양이는) 나중에 밝혀졌다 **to have voted** 투표를 했던 것으로 **on both sides.** 양쪽 모두에 **Major continued:** 메이저 영감이 이어 말했다

투표를 곧바로 한 결과 압도적인 다수표로 쥐들도 동무로 결정되었다. 반대표는 겨우 네 표가 나왔는데, 개가 세 표, 고양이가 한 표를 던졌다. 나중에 밝혀진 사실이지만 고양이는 찬반 양쪽 모두에 표를 던졌다. 메이저 영감은 다시 연설을 이어갔다.

"I have little more to say. 나는 이제 하고픈 말을 다 했소 I merely repeat, 단지 다시 말하는 것뿐이오 remember always 항상 기억하시오 your duty of enmity towards Man 인간을 향한 증오를 and all his ways. 그리고 인간의 방식들(을 향한 증오를) Whatever goes upon two legs 두 다리로 걷는 거라면 뭐든 is an enemy. 적이오 Whatever goes upon four legs, 네 다리로 걷는 거라면 뭐든 or has wings, 혹은 날개가 있다면 is a friend. 동무요 And remember also 그리고 또 기억하시오 that in fighting against Man, 인간과 싸울 때 we must not come to resemble him. 그들을 절대 닮아가서는 안되오 Even when you have conquered him, 인간을 정복했을 때조차도 do not adopt his vices. 그들의 악을 그대로 따라하지 마시오 No animal must ever live in a house, 동물이라면 집 안에 살지 않고 or sleep in a bed, 침대에서 자지 않고 or wear clothes, 옷을 입지 않으며 or drink alcohol, 술을 마시지도 않고 or smoke tobacco, 담배를 피우지도 않고 or touch money, 돈을 만지지도 않고 or engage in trade. 장사를 해서도 안되오 All the habits of Man 인간의 모든 습관은 are evil. 사악하오 And, above all, 그리고 무엇보다도 no animal must ever tyrannise over his own kind. 동물은 다른 동포에게 폭군같이 굴어서도 안되오 Weak or strong, 약하거나 강하거나 clever or simple, 똑똑하거나 모자라거나 we are all brothers. 우리 모두는 형제요 No animal must ever kill any other animal. 동물은 절대 다른 동물을 죽여서는 안되오 All animals are equal. 모든 동물은 평등하오

이제 내가 하고 싶은 말은 다 했소. 다만 다시 한번 말하고 싶은 것은, 인간과 그들이 하는 모든 행동에 적개심을 품는 것이 동무들의 의무라는 것을 기억해야 하오. 두 발로 걷는 자는 모두가 적이오. 네 발로 걷는 자와 날개를 가진 자는 동무요. 또한 인간과 투쟁할 때 그들을 절대 닮아서는 안 되오. 인간을 정복했을 때조차 그들의 악을 절대 반복하지 마시오. 동물이라면 집 안에 살지 않고, 침대에서 자지 않으며, 옷을 입거나 술을 마시지 않소. 담배를 피우지도 않고, 돈을 만지지도 않으며, 장사해서도 안되오. 인간의 모든 관습은 사악하오. 그리고 무엇보다도 같은 동물에게 횡포를 부려서도 안 되오. 똑똑하거나 모자라거나, 우리는 모두 형제요. 동물은 절대 다른 동물을 죽여서는 안 되오. 모든 동물은 평등하오.

"And now. 그렇다면 이제 comrades, 동무들 I will tell you 내가 자네들에게 말하겠소 about my dream of last night. 어젯밤에 꿈에 관해 I cannot describe that dream 그 꿈을 자세히 묘사할 수는 없소 to you. 자네들에게 It was a dream 그것은 꿈이었소 of the earth as it will be 미래에(앞으로 펼쳐질) 이 세상에 대한 when Man has vanished. 인간이 추방되었을 때 But 하지만 it reminded me of something 그 꿈은 나에게 무언가를 생각나게 했소 that I had long forgotten. 내가 오랫동안 잊고 있었던 (무언가를) Many years ago, 수년 전 when I was a little pig, 내가 어린 새끼 돼지였을 때 my mother and the other sows 나의 엄마와 다른 암퇘지들이 used to sing an old song 오랜 노래 하나를 부르곤 했소 of which they knew only the tune 그들이 곡조만 알고 있는 and the first three words. 그리고 첫 세 마디만 알고 있는 (오랜 노래) I had known that tune 나도 그 선율을 알고 있었소 in my infancy, 어린 시절에 but 하지만 it had long since passed out of my mind. 그것은 오래전에 잊혀졌소 Last night, however, 하지만 어젯밤 it came back to me 그 노래가 나에게 돌아왔소(생각이 났소) in my dream. 내 꿈에서 And what is more, 그리고 더해서 the words of the song also came back—words, 그 노래의 가사도 돌아왔소 I am certain, 나는 확신하오 which were sung by the animals 동물들이 불렀던/동물들에 의해 불렸던 (그 노래 가사) of long ago 오래전에 and have been lost to memory 그리고 기억 저편으로 사라진 for generations. 여러 세대에 걸쳐 I will sing you that song now, 이제 그 노래를 불러 보겠소 comrades. 동무들 I am old and 나는 나이가 많이 들었고 my voice is hoarse, 목소리가 쉬었소 but 하지만 when I have taught you the tune, 내가 자네들에게 곡조를 알려주면 you can sing it better for yourselves. 자네들은 더 잘 부를 수 있을 거요 It is called 'Beasts of England'." 노래 제목은 '영국의 동물들'이오

동물들, 이제 어젯밤 꿈에 관해 말해주겠소. 자네들에게 그 꿈을 생생히 묘사해줄 수는 없지만, 인간이 추방된 뒤에 펼쳐질 세상에 대한 꿈이었소. 하지만 그 꿈 덕에 나는 오래간 잊고 지냈던 뭔가가 생각났소. 수년 전 내가 어린 새끼 돼지였던 시절, 어머니와 다른 암퇘지들이 불러주던 노래 하나가 있었소 그런데 그들은 그 노래의 곡조와 가사 중 첫 세 마디만을 알고 있었소 나도 어린 시절 그 선율을 알고 있었지만 까맣게 잊고 살았소. 그런데 어젯밤에 그 노래가 꿈속에서 생각이 났소. 그뿐만 아니라 노래 가사까지 되살아났소. 오랜 옛날에는 여러 동물이 함께 불렀던, 하지만 잊히고 말았던 그 가사가 말이오. 동무들, 이제 그 노래를 불러 보겠소. 나이가 나이인 만큼 목이 쉬어 잘 부를 순 없겠지만 자네들은 배우고 나면 더 잘 부를 수 있을 거요. 노래 제목은 '영국의 동물들'이오.

DAY 5. 대명사 ①

PRACTICE 7

I 나(항상 대문자)

Nobody knows where I am.	내가 어디에 있는지 아무도 모른다.
I should do my best.	최선을 다해야겠다.
I kissed him goodnight.	나는 그에게 잘 자라고 입맞추었다.
I planned to visit my grandmother.	나는 할머니 댁에 방문하기로 했다.

me 나를, 나에게

She hates me very much.	그녀는 나를 매우 싫어한다.
Give me the pen.	그 펜 나에게 줘.
Are you talking to me?	나한테 말하는 거야?
Look me in the eyes.	내 눈 똑바로 봐.

my 나의 (내)

My dog is 3 years old.	나의 개는 3살이다.
Have you seen my jeans?	내 청바지 봤어?
My stomach hurts.	배가 아프다.
My hands are cold.	내 손은 차다.

mine 나의 것

This book is not mine.	이 책은 내 것이 아니다.
The red car is mine.	그 빨간 차는 내 것이다.
He is an old friend of mine.	그는 나의 오랜 친구이다.
That bag used to be mine.	저 가방은 한때 내 것이었다.

myself 나 자신(에게), 나 스스로, 직접

I blamed myself for not noticing.	눈치채지 못한 건 내 탓이었다.
I told them so myself.	내가 직접 그들에게 그렇게 말했어.
I was proud of myself for finishing the course.	나는 그 과정을 끝낸 내가 자랑스러웠다.
I'm going to get myself a new bag.	새 가방을 살 거야.

You 너, 너희, 너를, 너에게

You are absolutely wrong.	네 말 완전히 틀렸어.
You are so amazing!	넌 정말 멋져!
You boys, stop talking!	얘들아, 그만 떠들어!
Between you and me, I think she broke it.	우리끼리 하는 얘기지만, 내 생각엔 그녀가 부순 것 같아.

he 그

He is my father.	그는 나의 아버지다.
He is a kind person.	그는 친절한 사람이다.
He was very confident.	그는 매우 자신만만했다.
It was he who suggested the idea.	그 생각을 제안한 건 바로 그였다.

him 그에게, 그를

I already told him that.	나는 이미 그에게 그걸 말했다.
I often hang out with him.	나는 자주 그와 어울린다.
Do you know him?	(당신은) 그를 아나요?
Are you in love with him?	(당신은) 그를 사랑하나요?

his 그의, 그의 것

I already read some of his novels.	나는 이미 그의 소설을 몇 권 읽었다.
This is not his problem.	이것은 그의 문제가 아니다.
The book is his.	그 책은 그의 것이다.
At that moment, he took my hand in his.	그 순간, 그는 내 손을 잡았다.

himself 그 자신, 그 스스로

He shyly introduced himself.	그는 수줍게 자기소개를 했다.
He doesn't like to wash himself.	그는 씻는 걸 좋아하지 않는다.
He introduced himself to me.	그는 나에게 자기소개를 했다.
Everyone* should learn to love himself. (herself/themselves)	모든 사람은 자신을 사랑하는 방법을 배워야 한다.

*everyone은 주로 단수 취급하며 개개인을 고려하여 복수로도 취급할 수 있습니다. 따라서 himself, herself도 되지만 themselves라고도 할 수 있습니다.

she 그녀

She is my mother.	그녀는 나의 어머니다.
She was a doctor.	그녀는 의사였다.
She planned the trip.	그녀는 여행을 계획했다.
She is my mother, too.	그녀는 나의 어머니이기도 하다.

her 그녀를, 그녀(에게), 그녀의

She bought her house last week.	그녀는 지난주에 집을 샀다.
That must be her.	틀림없이 그녀일 거야.
What is her name?	그녀의 이름은 뭐니?
Did you invite her, too?	그녀도 초대했어?

hers 그녀의 것

The idea was hers.	그 아이디어는 그녀의 것이었다. (그녀가 그 아이디어를 냈다.)
The choice was hers.	선택은 그녀가 했다.
Hers is the one on the right.	그녀의 것은 오른쪽에 있다.
Marie is a friend of hers.	Marie는 그녀의 친구이다.

herself 그녀 자신, 그녀 스스로

She was talking to herself.	그녀는 혼잣말을 하고 있었다.
She set the table herself.	그녀는 혼자서 밥상을 차렸다.
Maggie was sitting by herself on the couch.	Maggie는 소파에 혼자 앉아 있었다.
She made herself a cup of tea.	그녀는 직접 차를 끓여 마셨다.

it 그것, 그것을, 그것에게

A : Where's the notebook? B : It's on your desk.	A : 공책 어디에 있어? B : 네 책상 위에 있어.
She ate it!	그녀가 그걸 먹었어!
Did you see it?	(혹시 방금 그거) 봤어?
I immediately punched it.	나는 곧바로 그것을 주먹으로 쳤다.

its 그것의/ itself 그 자신, 스스로

Each region has its own recipes.	각 지역마다 고유한 요리법이 있다.
The house has its own pool.	그 집에는 수영장이 있다.
Nature can heal itself.	자연은 스스로 치유하는 능력이 있다.
The cat was washing itself on the bed.*	고양이는 침대에서 몸을 핥고 있었다.

*The cat was washing itself on the bed. 대신 다음과 같이 말해도 됩니다. → The cat was washing herself/himself.

we 우리

We had a party last night.	우리는 어젯밤에 파티를 했다.
We would like a table for four.	4인용 테이블로 주세요.
We traveled around the world.	우리는 세계를 여행했다.
We will offer you a new job.	우리는 당신에게 새 일자리를 제안하려고 합니다.

us 우리를, 우리에게

She looked at us.	그녀는 우리를 쳐다보았다.
Give us more time.	시간을 더 주세요.
They invited us both.	그들은 우리 둘 다 초대했다.
They showed us a new guitar.	그들은 우리에게 새 기타를 보여주었다.

our 우리의

Do you want to stay at our house?	우리 집에서 지내실래요?
Do you want to see our dog?	우리 집 강아지 보여줄까?
Our family is not normal.	우리 가족은 평범하지 않다.
Our parents are so generous.	우리 부모님은 정말 너그럽다.

ours 우리의 것

The book is ours.	그 책은 우리 것이다.
The bags are ours.	그 가방들은 우리 것이다.
She is a friend of ours.	그녀는 우리의 친구다.
That's not ours.	그건 우리 것이 아니다.

ourselves 우리 자신, 우리 스스로, 직접

We can do it ourselves.	우리가 스스로 할 수 있어.
We saw it for ourselves.	우리가 직접 봤어.
We consider ourselves very lucky.	우리는 아주 운이 좋다고 생각해.
We built the temple ourselves.	우리가 직접 그 절을 지었다.

they 그들

They don't have an apartment.	그들은 아파트를 소유하고 있지 않다.
They don't have any ideas.	그늘는 아무 생각이 없다.
Do they have uniforms?	그들은 유니폼을 가지고 있나요?
They are salesmen.	그들은 판매원이다.

them 그들을, 그들에게

She is angry with them.	그녀는 그들에게 화가 났다.
I was in front of them.	나는 그들 앞에 있었다.
No one was near them.	그들 근처에는 아무도 없었다.
I still haven't met them.	아직 그들을 만나지 못했다.

their 그들의

They freely expressed their opinions.	그들은 자유롭게 의견을 말했다.
Their eyes met.	그들의 시선이 마주쳤다.
Their three small children are playing basketball.	그들의 세 아이는 농구를 하고 있다.
She heard their conversation through the wall.	그녀는 벽을 통해 그들의 대화를 들었다.

theirs 그들의 것

The cars are theirs.	그 차들은 그들의 것이다.
He is a friend of theirs.	그는 그들의 친구이다.
That house is probably theirs.	저 집은 아마 그들의 집일 것이다.
Our house is just as big as theirs.	우리 집은 그들의 집만큼 크다.

themselves 그들 자신, 그들 스스로

To protect themselves, hedgehogs use spines.	스스로를 보호하려고 고슴도치는 가시를 사용한다.
They bought themselves a new computer.	그들은 새 컴퓨터를 샀다.
They are at home by themselves.	그들은 자기들끼리(만) 집에 있다.
They disagreed among themselves.	그들은 서로 의견이 달랐다.

PRACTICE 8

Anybody 누군가, 누구든지, 아무도/ **Anyone** 누구(나), 아무나
Anything 무엇(이든), 아무것이나/ **Anywhere** 어디든, 아무데나

If anybody asks, tell them I am not here.	누가 물어보면 나 없다고 말해줘.
Is anybody out there?	밖에 누구 있나요?
She did not see anybody in the garden.	그녀는 정원에서 아무도 보지 못했다.
Anybody can do that!	누구라도 할 수 있어!
Anyone can join.	누구나 가입할 수 있다.
Ask anyone. They'll answer.	아무나 잡고 물어봐. 대답해줄 거야.
I didn't hear anything.	난 아무 소리도 못 들었어.
I didn't do anything.*	난 아무 짓도 안 했어.

*any로 시작하는 단어는 부정문과 의문문에서 자주 사용합니다. 따라서 'I didn't do something.' 혹은 'I didn't do everything.'이 아니라 'I didn't do anything.'이라고 말합니다.

Everybody 누구든지, 모두/ **Everyone** 모든 사람, 모두
Everything 모든 것, 전부/ **Everywhere** 어디나, 모든 곳

Where is everybody?	다들 어디 있어?/ 다들 어디 갔지?
We have to invite everyone!	모두들 초대해야 해!
Everyone else is working.	다른 사람들은 모두 일하고 있다.
Everything is fine.	별일 없어.
People purchase everything he makes.	사람들은 그가 만드는 것이라면 다 구입한다.
They went everywhere they could.	그들은 갈 수 있는 모든 곳을 방문했다.

Nobody 아무(도) ~않다/ **No one** 아무(도), 누구도 ~않다
Nothing 아무것도 (아니다)/ **Nowhere** 아무 데도 (없다, 않다)

Nobody knows the truth.	아무도 진실을 알지 못한다.
Nobody came to the party.	아무도 파티에 오지 않았다.
This is nobody's business but mine.	이건 철저히 내 일이야.
This is no one's problem.	이것은 누구의 문제도 아니야.

I called earlier. but no one answered.	아까 전화했는데 아무도 받지 않았다.
There is nothing you can do.	네가 할 수 있는 건 아무것도 없어.
There was nothing you could do.	네가 할 수 있는 건 아무것도 없었어.
I had nowhere to go.	나는 갈 곳이 없었다.
Nobody called. did they?	아무도 전화 안 했지?

Somebody 누군가/ **Someone** 누군가, 어떤 사람, 누구
Something 어떤 것, 어떤 일/ **Somewhere** 어딘가에

There's somebody at the door.	문 앞에 누가 있다.
I think somebody just shouted.	방금 누가 소리친 것 같은데.
There's someone at the door.	문 앞에 누가 있다.
This is someone else's bag.	이것은 다른 사람의 가방이다.
Would you like something to eat?	뭐 좀 드시겠어요?
Would you like something to drink?	음료수 좀 드시겠어요?
Would you like some more coffee?	커피 좀 더 드시겠어요?
Somewhere over the rainbow, bluebirds fly.	무지개 너머 어딘가에 파랑새들이 날아다닌다.

DAY 6. 대명사 ②

PRACTICE 9

Just talk to him tomorrow.	o	Check it out! This is me in Paris.	o
Just talk to he tomorrow.	x	Check it out! This is I in Paris.	x
She is waiting for us.	o	Hello, mom, it's me.	o
She is waiting for we.	x	Hello, mom, it's I.	x
We were at his house with him.	o	Between you and I	x
We were at his house with he.	x	Between you and me	o
I saw her yesterday.	o	Stop punching him!	o
I saw she yesterday.	x	Stop punching his!	x

DAY 7. 형용사

PRACTICE 10

형용사	해석 써보기	형용사	해석 써보기
beautiful	아름다운	true	진실인, 사실인(비교 : truth 진실)
nice	좋은	untrue	거짓인
cold	차가운	unable	할 수 없는
hot	뜨거운	well	잘, 좋게
warm	따뜻한	obvious	분명한, 뻔한
cool	멋진, 차가운	vague	모호한, 애매한
annoyed	짜증이 난	fun	즐거운, 재미있는
interested	관심 있어 하는	funny	우스운, 재미있는, 괴상한
glad	기쁜, 반가운	easy	쉬운
pleasant	쾌적한, 즐거운	difficult	어려운
happy	행복한	deep	깊은

unhappy	불행한	long	긴
sad	슬픈	old	오래된
afraid	두려운	tall	키가 큰
alive	살아 있는	stupid	멍청한
alone	혼자인	crazy	정상이 아닌, 미친
asleep	잠이 든	indoor	실내의
sleepy	졸린	outdoor	야외의
sure	확신하는	designate	(직책) 지명된
unsure	확신하지 못하는, 자신이 없는	designated	지정된
main	주요한	intricate	복잡한
high	높은	able	할 수 있는
short	짧은	willing	기꺼이 하는
total	전체의, 완전한	unwilling	마지못해 하는
proper	적절한, 올바른	small	작은
concerned	걱정하는, 관심이 있는	big	큰
involved	관련된, 열심인	bound	할 가능성이 큰
responsible	책임이 있는	due	~하기로 예정된
expected	예상되는	ready	준비된
greedy	욕심이 많은	anxious	불안해하는
normal	보통의, 평범한	early	초기의, 이른
red	빨간	blind	눈이 먼, 맹목적인
blue	파란	interesting	흥미로운, 재미있는
gray	회색의	adorable	사랑스러운
absent	결근한, 없는	right	옳은, 정확한
addictive	중독성이 있는	wrong	틀린, 잘못된
great	훌륭한, 멋진	different	다른
affordable	감당할 수 있는	appealing	매력적인, 호소하는

형용사가 포함된 문장	해석 써보기
He is **old**.	그는 나이가 많다.
You are completely **wrong**.	네 말 완전히 틀렸어.
You might be **right**.	네 말이 맞을지도 몰라.
Are you **ready**?	준비됐어?
Are you **sure**?	확실해?
Tom lives all **alone**.	Tom은 아무도 없이 혼자 산다.
She is so **adorable**.	그녀는 정말 사랑스럽다.
I love **indoor** sports.	나는 실내 스포츠를 좋아한다.
It was a nice **big** house.	그것은 멋지고 큰 집이었다.
I feel **cold**.	추워.
The day was **cold** and **dusty**.	그날은 춥고 먼지가 많았다.
Maggie has a **beautiful** smile.	Maggie는 아름다운 미소를 가지고 있다.
This cake tastes **funky**.	이 케이크 맛이 이상해.
She seemed **annoyed**.	그녀는 짜증이 나 보였다.
The lake is **deep**.	그 호수는 깊다.
This book is for people **eager** to earn easy money.	이 책은 쉽게 돈을 벌고 싶은 사람들을 위한 것이다.
She grew **taller** every month.	그녀는 매달 키가 자랐다.

He was the devil **incarnate**.	그는 인간의 탈을 쓴 악마였다.
When is the assignment **due**?	그 과제는 언제까지야?
The baby was **due** in only two weeks.	출산 예정일은 겨우 2주 뒤였다.
It was **bound** to rain.	비가 올 것 같았다.
Who's the **designated** driver?	지명 운전자* 누구야?
The water is 30 meters **deep**.	그 물은 수심이 30미터다.
He is 39 years **old**.	그는 서른아홉 살이다.
I am 6 feet **tall**.	나는 키가 6피트이다.

*함께 술집 등에 갈 때 나중에 운전을 하기 위해 술을 마시지 않기로 약속한 사람. 보통 친구들 중 돌아가며 지명 운전자가 됩니다.

PRACTICE 11

He was present at the meeting.	그는 미팅에 참석했다.
There are heavy metals present in the river.	그 강에는 중금속이 있다. (존재한다)
We need to examine the present situation.	우리는 현재 상황을 검토해야 한다.

PRACTICE 12

That noise annoys me.	저 소리 거슬려. (나를 짜증 나게 해)
She was so annoyed by that noise.	그녀는 그 소리(소음)에 매우 짜증이 났다.
That noise is so annoying.	저 소리 너무 짜증 나.

interest 관심을 끌다	**interested** 관심이 있는	**interesting** 관심을 가지게 하는, 흥미로운
European history doesn't interest me.	유럽 역사는 나의 흥미를 끌지 못해.	
I am not interested in European history.	(나는) 유럽 역사에 관심이 없어.	
European history is not at all interesting.	유럽 역사는 전혀 흥미롭지 않아.	

bore 지루하게 하다	**bored** 지루해하는, 지루하게 된	**boring** 재미없는, 지루하게 하는
The class bored him.	그 수업은 그를 지루하게 했다.	
Everyone was bored by the class.	모두가 그 수업 때문에 지루해했다.	
The class was very boring.	그 수업은 아주 지루했다.	

challenge 도전하다, 싸움을 걸다	**challenged** 어려움이 있는, 도전을 받는	**challenging** 도전적인, 도전하게 하는
He is technologically challenged.	그는 기술적으로 어려움이 있다. (핸드폰이나 컴퓨터 등을 잘 사용하지 못한다.)	
He is directionally challenged.	그는 길치이다.	
The task was challenging but interesting.	그 일은 도전적이었지만(힘들었지만) 흥미로웠다.	

satisfy 충족시키다, 만족시키다	**satisfied** 만족스러워하는, 만족된	**satisfying** 만족시키는, 만족하게 하는
The new job satisfies her.	새로운 직장은 그녀를 만족시킨다. (그녀는 새로운 직장에 만족한다.)	
They were very much satisfied with the result.	그들은 결과에 매우 만족했다.	
The zombie movie was satisfying.	그 좀비 영화는 만족스러웠다. (재미있었다)	

disappoint 실망시키다	**disappointed** 실망한	**disappointing** 실망스러운, 실망하게 하는
Do not disappoint me!	나를 실망시키지 마!	
I'm really disappointed in you, Anne.	너한테 정말 실망했어, Anne.	
Dinner was very disappointing.	저녁 식사는 매우 실망스러웠다.	

tire 피곤하게 하다, 지치다		tired 지친		tiring 지치게 하는
The picnic tired them.	소풍이 그들을 지치게 했다.			
He never tires of listening to her singing.	그는 그녀의 노래를 듣는 것에 싫증이 나지 않는다. (항상 그녀의 노래를 듣고 싶어 한다.)			
I am really tired.	나 정말 피곤해.			
I am so tired of listening to your problems.	네 고민 듣는 것도 정말 지긋지긋하다.			
The picnic was very tiring.	소풍은 매우 피곤하게 했다. (지치게 했다)			

DAY 8. 동사 ①

PRACTICE 13

be동사가 들어간 문장	문장 해석
I am pretty.	나는 예쁘다.
I am late.	나 늦었어.
She is cute.	그녀는 예쁘다. (그녀는 귀엽다.)
He is fifteen.	그는 열다섯 살이다.
You are next.	다음은 네 차례다.
They are my parents.	그들은 나의 부모님이다.
My brother is sick.	내 동생은 아프다.
You are right.	네 말이 맞다.
She is home right now.	그녀는 지금 집에 있다.
The key is on the table.	열쇠는 테이블 위에 있다.
Mothers are always busy.	엄마들은 항상 바쁘다.
We are fine.	우리는 괜찮다.
She is here.	그녀는 여기에 있다.

현재 상황(am, is, are)	과거 상황(was, were)	
I am pretty.	나는 예뻤다.	I was pretty.
I am late.	나는 늦었다.	I was late.
She is cute.	그녀는 예뻤다.	She was cute.
He is fifteen.	그는 열다섯 살이었다.	He was fifteen.
You are next.	다음은 네 차례였다.	You were next.
They are my parents.	그들은 나의 부모님이었다.	They were my parents.
My brother is sick.	내 동생은 아팠다.	My brother was sick.
You are right.	네 말이 맞았다.	You were right.
She is home right now.	그녀는 (어제) 집에 있었다.	She was home (yesterday).
I am thirty.	나는 서른 살이었다.	I was thirty.
The key is on the table.	열쇠는 테이블 위에 있었다.	The key was on the table.
Mothers are always busy.	엄마들은 항상 바빴다.	Mothers were always busy.
We are fine.	우리는 괜찮았다.	We were fine.
She is here.	그녀는 여기에 있었다.	She was here.

현재 상황(am, is, are)	미래 상황(will be)	
I am pretty.	나는 예쁠 것이다.	I will be pretty.
I am late.	나는 늦을 것이다.	I will be late.
She is cute.	그녀는 예쁠 것이다.	She will be cute.
He is fifteen.	그는 열다섯 살이 될 것이다.	He will be fifteen.

You are next.	다음은 네 차례일 것이다.	You will be next.
They are my parents.	그들은 나의 부모님이 될 것이다.	They will be my parents.
My brother is sick.	내 동생은 아프게 될 것이다.	My brother will be sick.
You are right.	네 말이 맞게 될 것이다.	You will be right.
She is home right now.	그녀는 집에 있을 것이다.	She will be home.
I am thirty.	나는 서른 살이 될 것이다.	I will be thirty.
The key is on the table.	열쇠는 테이블 위에 있을 것이다.	The key will be on the table.
Mothers are always busy.	엄마들은 항상 바쁠 것이다.	Mothers will always be busy.
We are fine.	우리는 괜찮아질 것이다.	We will be fine.
She is here.	그녀는 여기에 있을 것이다.	She will be here.

PRACTICE 14

현재 상황(am, is, are)		반대되는 의미(부정문)
I am pretty.	나는 예쁘다.	I am not pretty.
I am late.	나는 늦었다.	I am not late.
She is cute.	그녀는 예쁘다.	She is not cute.
He is fifteen.	그는 열다섯 살이다.	He is not fifteen.
You are next.	다음은 네 차례다.	You are not next.
They are my parents.	그들은 나의 부모님이다.	They are not my parents.
My brother is sick.	내 동생은 아프다.	My brother is not sick.
You are right.	네 말이 맞다.	You are not right.
She is home right now.	그녀는 지금 집에 있다.	She is not home right now.
I am thirty.	나는 서른 살이다.	I am not thirty.
The key is on the table.	열쇠는 테이블 위에 있다.	The key is not on the table.
Mothers are always busy.	엄마들은 항상 바쁘다.	Mothers are not always busy. 엄마들이 항상 바쁜 건 아니다. Mothers are always not busy. 엄마들은 항상 바쁘지 않다
We are fine.	우리는 괜찮다.	We are not fine.
She is here.	그녀는 여기에 있다.	She is not here.
과거 상황(was, were)		반대되는 의미(부정문)
I was pretty.	나는 예뻤다.	I was not pretty.
I was late.	나는 늦었다.	I was not late.
She was cute.	그녀는 예뻤다.	She was not cute.
He was fifteen.	그는 열다섯 살이었다.	He was not fifteen.
You were next.	다음은 네 차례였다.	You were not next.
They were my parents.	그들은 나의 부모님이었다.	They were not my parents.
My brother was sick.	내 동생은 아팠다.	My brother was not sick.
You were right.	네 말이 맞았다.	You were not right./ You were wrong.
She was home (yesterday).	그녀는 (어제) 집에 있었다.	She was not home (yesterday).
I was thirty.	나는 서른 살이었다.	I was not thirty.
The key was on the table.	열쇠는 테이블 위에 있었다.	The key was not on the table.
Mothers were always busy.	엄마들은 항상 바빴다.	Mothers were not always busy. 엄마들이 항상 바쁜 건 아니었다. Mothers were always not busy. 엄마들은 항상 바쁘지 않았다.
We were fine.	우리는 괜찮았다.	We were not fine.
She was here.	그녀는 여기에 있었다.	She was not here.

293

미래 상황(will be)		반대되는 의미(부정문)
I will be pretty.	나는 예쁠 것이다. (예쁘게 될 것이다.)	I will not be pretty.
I will be late.	나는 늦을 것이다.	I will not be late.
She will be cute.	그녀는 예쁠 것이다.	She will not be cute.
He will be fifteen.	그는 열다섯 살이 될 것이다.	He will not be fifteen.
You will be next.	다음은 네 차례일 거야.	You will not be next.
They will be my parents.	그들은 나의 부모님이 될 것이다.	They will not be my parents.
My brother will be sick.	내 동생은 아프게 될 것이다.	My brother will not be sick.
You will be right.	네 말이 맞게 될 것이다.	You will not be right.
She will be home.	그녀는 집에 있을 것이다.	She will not be home right now.
I will be thirty.	나는 서른 살이 될 것이다.	I will not be thirty.
The key will be on the table.	열쇠는 테이블 위에 있을 것이다.	The key will not be on the table.
Mothers will always be busy.	엄마들은 항상 바쁘게 될 것이다.	Mothers will not always be busy. 엄마들이 항상 바쁘지는 않을 것이다. Mothers will always be not busy. 엄마들은 항상 바쁘지 않을 것이다.
We will be fine.	우리는 괜찮아질 것이다.	We will not be fine.
She will be here.	그녀는 여기에 있을 것이다.	She will not be here.

PRACTICE 15

현재 상황(am, is, are)		물어보기(의문문)
I am pretty.	나는 예쁘다.	Am I pretty?
I am late.	나는 늦었다.	Am I late?
She is cute.	그녀는 예쁘다.	Is she cute?
He is fifteen.	그는 열다섯 살이다.	Is he fifteen?
You are next.	다음은 네 차례다.	Are you next?
They are my parents.	그들은 나의 부모님이다.	Are they my parents?
My brother is sick.	내 동생은 아프다.	Is my brother sick?
You are right.	네 말이 맞다.	Are you sure?
She is home right now.	그녀는 지금 집에 있다.	Is she home right now?
I am thirty.	나는 서른 살이다.	Am I thirty?
The key is on the table.	열쇠는 테이블 위에 있다.	Is the key on the table?
Mothers are always busy.	엄마들은 항상 바쁘다.	Are mothers always busy?
We are fine.	우리는 괜찮다.	Are we fine?
She is here.	그녀는 여기에 있다.	Is she here?
과거 상황(was, were)		물어보기(의문문)
I was pretty.	나는 예뻤다.	Was I pretty?
I was late.	나는 늦었다.	Was I late?
She was cute.	그녀는 예뻤다.	Was she cute?
He was fifteen.	그는 열다섯 살이었다.	Was he fifteen?
You were next.	다음은 네 차례였다.	Were you next?
They were my parents.	그들은 나의 부모님이었다.	Were they my parents?
My brother was sick.	내 동생은 아팠다.	Was my brother sick?
You were right.	네 말이 맞았다.	Were you right?
She was home (yesterday).	그녀는 (어제) 집에 있었다.	Was she home (yesterday)?
I was thirty.	나는 서른 살이었다.	Was I thirty?

The key was on the table.	열쇠는 테이블 위에 있었다.	Was the key on the table?
Mothers were always busy.	엄마들은 항상 바빴다.	Were mothers always busy?
We were fine.	우리는 괜찮았다.	Were we fine?
She was here.	그녀는 여기에 있었다.	Was she here?
미래 상황(will be)		물어보기(의문문)
I will be pretty.	나는 예쁠 것이다.	Will I be pretty?
I will be late.	나는 늦을 것이다.	Will I be late?
She will be cute.	그녀는 예쁠 것이다.	Will she be cute?
He will be fifteen.	그는 열다섯 살이 될 것이다.	Will he be fifteen?
You will be next.	다음은 네 차례일 거야.	Will you be next?
They will be my parents.	그들은 나의 부모님이 될 것이다.	Will they be my parents?
My brother will be sick.	내 동생은 아프게 될 것이다.	Will my brother be sick?
You will be right.	네 말이 맞게 될 것이다.	Will you be right?
She will be home.	그녀는 집에 있을 것이다.	Will she be home?
I will be thirty.	나는 서른 살이 될 것이다.	Will I be thirty?
The key will be on the table.	열쇠는 테이블 위에 있을 것이다.	Will the key be on the table?
Mothers will always be busy.	엄마들은 항상 바쁘게 될 것이다.	Will mothers always be busy?
We will be fine.	우리는 괜찮아질 것이다.	Will we be fine?
She will be here.	그녀는 여기에 있을 것이다.	Will she be here?

PRACTICE 16

동사의 현재형	3인칭 단수	과거	과거 분사	−ing 형태
add ~을 더하다, 추가하다	(she) adds (Gary) adds	added ~을 더했다	added	adding
allow ~을 허락하다	(she) <u>allows</u> (Tom) <u>allows</u>	allowed ~을 허락했다	allowed	allowing
anticipate 기대하다, 예상하다	(she) anticipates (Tim) anticipates	anticipated 기대했다	<u>anticipated</u>	anticipating
be ~이다, 있다, 존재하다	(she) <u>is</u> (Danny) <u>is</u>	was/were ~였다	<u>been</u>	being
become ~이 되다	(he) <u>becomes</u> (she) <u>becomes</u>	became ~이 되었다	become	becoming
begin 시작하다	(she) <u>begins</u> (it) <u>begins</u>	began 시작했다	<u>begun</u>	beginning
believe ~을 믿다	(he) <u>believes</u> (she) <u>believes</u>	believed ~을 믿었다	believed	believing
break ~을 깨다	(she) <u>breaks</u> (the car) <u>breaks</u>	broke ~을 깼다	broken	breaking
bring ~을 가져오다	(he) brings (she) brings	brought ~을 가져왔다	brought	<u>bringing</u>
build ~을 짓다	(she) <u>builds</u> (he) <u>builds</u>	built ~을 지었다	<u>built</u>	building
buy ~을 사다	(he) buys (Mary) buys	bought ~을 샀다	<u>bought</u>	buying
call ~에게 전화하다, ~을 부르다	(Elizabeth) <u>calls</u> (he) <u>calls</u>	called ~에게 전화했다, 불렀다	called	calling
catch ~을 잡다	(Sarah) catches (he) catches	caught ~을 잡았다	<u>caught</u>	catching
change 변하다, ~을 변화시키다	(it) <u>changes</u> (he) <u>changes</u>	changed 변했다, ~을 변화시켰다	changed	<u>changing</u>
choose ~을 고르다	(he) chooses (she) chooses	chose ~을 골랐다	<u>chosen</u>	choosing
come 오다	(he) <u>comes</u> (she) <u>comes</u>	came 왔다	come	coming
consider ~을 고려하다	(he) considers (she) considers	considered ~을 고려했다	<u>considered</u>	considering
continue 계속되다, ~을 계속하다	(it) <u>continues</u> (he) <u>continues</u>	continued 계속되었다, ~을 계속했다	continued	continuing
cost (비용)이 들다	(it) <u>costs</u> (the bag) <u>costs</u>	cost (비용)이 들었다	<u>cost</u>	costing
create 창조하다, 만들다	(he) <u>creates</u> (she) <u>creates</u>	created 창조했다, 만들었다	created	creating
cut ~을 자르다	(he) cuts (she) cuts	cut ~을 잘랐다	<u>cut</u>	cutting
decline 감소하다	(it) <u>declines</u> (memory) <u>declines</u>	declined 감소했다	<u>declined</u>	<u>declining</u>
die 죽다	(the man) <u>dies</u> (a cat) <u>dies</u>	died 죽었다	<u>died</u>	dying
disappear 사라지다	(she) disappears (he) disappears	disappeared 사라졌다	disappeared	disappearing

동사의 현재형	3인칭 단수	과거	과거 분사	−ing 형태
dislike ~을 싫어하다	(she) dislikes (he) dislikes	disliked ~을 싫어했다	disliked	disliking
do ~을 하다	(she) does (he) does	did ~을 했다	done	doing
drink 마시다	(she) drinks (he) drinks	drank 마셨다	drunk	drinking
drive 운전하다	(she) drives (he) drives	drove 운전했다	driven	driving
eat 먹다	(she) eats (he) eats	ate 먹었다	eaten	eating
expect ~을 예상하다	(she) expects (he) expects	expected ~을 예상했다	expected	expecting
fail 실패하다	(the student) fails (he) fails	failed 실패했다	failed	failing
fall 떨어지다	(the leaf) falls (a ball) falls	fell 떨어졌다	fallen	falling
feel (감정)을 느끼다	(she) feels (he) feels	felt (감정)을 느꼈다	felt	feeling
find ~을 찾다	(she) finds (he) finds	found ~을 찾았다	found	finding
found ~을 설립하다	(she) founds (he) founds	founded ~을 설립했다	founded	founding
fly 날다	(the bird) flies (he) flies	flew 날았다	flown	flying
follow 따라가다, ~을 따르다	(the child) follows (he) follows	followed 따라갔다	followed	following
forget ~을 잊다	(she) forgets (he) forgets	forgot ~을 잊었다	forgotten	forgetting
get ~을 얻다	(she) gets (he) gets	got ~을 얻었다	got/gotten	getting
give ~을 주다	(she) gives (he) gives	gave ~을 주었다	given	giving
go 가다	(she) goes (he) goes	went 갔다	gone	going
grow 자라다	(the plant) grows (he) grows	grew 자랐다	grown	growing
hang ~을 걸다	(he) hangs (she) hangs	hung ~을 걸었다	hung	hanging
hang ~을 교수형에 처하다	(he) hangs (she) hangs	hanged ~을 교수형에 처했다	hanged	hanging
happen (어떤 일이) 생기다	(this) happens (it) happens	happened (어떤 일이) 생겼다	happened	happening
hate ~을 싫어하다	(she) hates (he) hates	hated ~을 싫어했다	hated	hating
have ~을 가지다	(she) has (the man) has	had ~을 가졌다	had	having
hear ~을 듣다	(he) hears (she) hears	heard ~을 들었다	heard	hearing
help ~을 돕다	(she) helps (he) helps	helped ~을 도왔다	helped	helping
hide 숨다, ~을 숨기다	(she) hides (he) hides	hid 숨었다, ~을 숨겼다	hidden	hiding

동사의 현재형	3인칭 단수	과거	과거 분사	-ing 형태
hold ~을 잡다	(she) holds (he) holds	held ~을 잡았다	held	holding
include ~을 포함하다	(it) includes (the meal) includes	included ~을 포함했다	included	including
keep ~을 지키다, 유지하다	(she) keeps (he) keeps	kept ~을 지켰다, 유지했다	kept	keeping
kill ~을 죽이다	(cancer) kills (he) kills	killed ~을 죽였다	killed	killing
know ~을 알다	(he) knows (everyone) knows	knew ~을 알았다	known	knowing
lay ~을 두다, (알을) 낳다	(the bird) lays	laid ~을 두었다, 낳았다	laid	laying
lead ~을 이끌다	(he) leads (the road) leads	led ~을 이끌었다	led	leading
learn ~을 배우다	(a baby) learns (he) learns	learned ~을 배웠다	learned	learning
leave 떠나다	(he) leaves (she) leaves	left 떠났다	left	leaving
let ~하게 내버려두다	(she) lets (he) lets	let ~하게 내버려뒀다	let	letting
lie 눕다, 놓여 있다	(she) lies (he) lies	lay 누웠다, 놓여 있었다	lain	lying
lie 거짓말하다	(she) lies (he) lies	lied 거짓말했다	lied	lying
like ~을 좋아하다	(she) likes (he) likes	liked ~을 좋아했다	liked	liking
listen ~을 듣다	(she) listens (he) listens	listened ~을 들었다	listened	listening
live 살다	(he) lives (she) lives	lived 살았다	lived	living
look (의식하며 쳐다)보다	(he) looks (she) looks	looked 보았다	looked	looking
lose 지다, ~을 잃다	(the team) loses (she) loses	lost 졌다, ~을 잃었다	lost	losing
love ~을 사랑하다, 좋아하다	(he) loves (she) loves	loved ~을 사랑했다, 좋아했다	loved	loving
make ~을 만들다	(he) makes (it) makes	made ~을 만들었다	made	making
mean ~을 의미하다	(he) means (she) means	meant ~을 의미했다	meant	meaning
meet ~을 만나다	(he) meets (she) meets	met ~을 만났다	met	meeting
move 이동하다	(he) moves (she) moves	moved 이동했다	moved	moving
need ~을 필요로 하다	(she) needs (he) needs	needed ~을 필요로 했다	needed	needing
offer ~을 제공하다, 제안하다	(she) offers (it) offers	offered ~을 제공했다, 제안했다	offered	offering
pay 지불하다	(she) pays (he) pays	paid 지불했다	paid	paying

동사의 현재형	3인칭 단수	과거	과거 분사	−ing 형태
play 놀다, ~을 연주하다	(she) <u>plays</u> (he) <u>plays</u>	played 놀았다, ~을 연주했다	played	playing
provide ~을 제공하다	(he) provides (a bank) provides	provided ~을 제공했다	provided	providing
put ~을 놓다, 두다	(she) puts (he) puts	put ~을 놓았다, 두었다	put	<u>putting</u>
raise 들어올리다	(the child) raises (he) raises	raised 들어올렸다	raised	raising
read /riːd/ ~을 읽다	(my mother) reads (he) reads	read /red/ *발음 유의 ~을 읽었다	read /red/ *발음 유의	<u>reading</u>
receive ~을 받다, 받아들이다	(he) <u>receives</u> (she) <u>receives</u>	received ~을 받았다, 받아들였다	received	<u>receiving</u>
remember ~을 기억하다	(she) remembers (he) remembers	remembered ~을 기억했다	<u>remembered</u>	remembering
ride ~을 타다	(she) <u>rides</u> (he) <u>rides</u>	rode ~을 탔다	ridden	riding
rise 오르다	(the sun) rises (heat) rises	rose 올랐다	<u>risen</u>	rising
run 달리다	(the dog) runs (the child) runs	ran 달렸다	run	running
say ~을 말하다	(she) <u>says</u> (he) <u>says</u>	said ~을 말했다	<u>said</u>	saying
see ~을 (눈이 있어서) 보다	(the bird) sees (she) sees	saw ~을 봤다	<u>seen</u>	seeing
seem ~인 것 같다	(it) <u>seems</u> (he) <u>seems</u>	seemed ~인 것 같았다	seemed	<u>seeming</u>
sell ~을 팔다	(the store) sells (he) sells	sold ~을 팔았다	<u>sold</u>	selling
send ~을 보내다	(she) <u>sends</u> (he) <u>sends</u>	sent ~을 보냈다	<u>sent</u>	sending
set ~을 놓다	(she) sets (he) sets	set ~을 놓았다	<u>set</u>	setting
show ~을 보여주다	(he) shows (it) shows	showed ~을 보여주었다	<u>showed</u>	showing
shut ~을 닫다	(he) shuts (the door) shuts	shut ~을 닫았다	shut	shutting
sing 노래하다	(he) sings (the bird) sings	sang 노래했다	sung	<u>singing</u>
sit 앉다	(he) <u>sits</u> (a child) <u>sits</u>	sat 앉았다	<u>sat</u>	sitting
sleep 자다	(he) sleeps (she) sleeps	slept 잤다	<u>clopt</u>	clooping
smell 냄새를 맡다	(he) <u>smells</u> (she) <u>smells</u>	smelled 냄새를 맡았다	smelled	smelling
speak 말하다	(he) speaks (the man) speaks	spoke 말했다	<u>spoken</u>	speaking
spend ~을 쓰다	(that lady) spends (she) spends	spent ~을 썼다	spent	spending
stand 일어서다	(he) stands (she) stands	stood 일어섰다	<u>stood</u>	standing

동사의 현재형	3인칭 단수	과거	과거 분사	-ing 형태
start 시작하다	(he) starts (she) starts	started 시작했다	started	starting
stay 머무르다	(he) stays (she) stays	stayed 머물렀다	stayed	staying
steal ~을 훔치다	(he) steals (she) steals	stole ~을 훔쳤다	stolen	stealing
stop 멈추다	(he) stops (she) stops	stopped 멈췄다	stopped	stopping
study 공부하다	(he) studies (she) studies	studied 공부했다	studied	studying
swim 수영하다	(he) swims (she) swims	swam 수영했다	swum	swimming
take ~을 가지고 가다	(it) takes (he) takes	took ~을 가지고 갔다	taken	taking
talk 말하다	(he) talks (she) talks	talked 말했다	talked	talking
teach ~을 가르치다	(he) teaches (she) teaches	taught ~을 가르쳤다	taught	teaching
tell ~에게 말하다	(he) tells (she) tells	told ~에게 말했다	told	telling
think 생각하다	(he) thinks (she) thinks	thought 생각했다	thought	thinking
turn 돌다, ~을 돌리다	(he) turns (she) turns	turned 돌았다, ~을 돌렸다	turned	turning
understand ~을 이해하다	(he) understands (she) understands	understood ~을 이해했다	understood	understanding
wait 기다리다	(he) waits (she) waits	waited 기다렸다	waited	waiting
walk 걷다	(he) walks (she) walks	walked 걸었다	walked	walking
want ~을 원하다	(he) wants (she) wants	wanted ~을 원했다	wanted	wanting
wear ~을 입다	(he) wears (she) wears	wore ~을 입었다	worn	wearing
win 이기다	(he) wins (she) wins	won 이겼다	won	winning
work 일하다	(it) works (he) works	worked 일했다	worked	working
write ~을 쓰다	(John) writes (my mom) writes	wrote ~을 썼다	written	writing

PRACTICE 17

원래 문장	지시 사항	변형 문장
She studied hard.	현재형	She studies hard.
She went to the kitchen.	현재형	She goes to the kitchen.
It took 6 hours.	현재형	It takes 6 hours.
Did you just see that?	현재형	Do you just see that?
They have everything they want.	과거형	They had everything they wanted.
She has a house in New York.	과거형	She had a house in New York.

She does look nice in that black dress. *이 문장은 동사가 두 개(does, look)라 좀 이상하죠? 동사 do 는 이렇게 다른 동사를 강조하는 용도로 사용할 수 있으며 이 때는 '정말'이라고 해석됩니다.	과거형	She did look nice in that black dress.
She looks nice in that black dress.	과거형	She looked nice in that black dress.
"Is that you?" he says.	과거형	"Is that you?" he said.
I want more tea.	과거형	I wanted more tea.
She thinks that she knows everything.	과거형	She thought that she knew everything.
She works from 9 to 6.	미래형	She will work from 9 to 6.
They work in the supermarket.	미래형	They will work in the supermarket.
He works in uniform.	미래형	He will work in uniform.
Mom gave me a bike for my birthday.	미래형	Mom will give me a bike for my birthday.
Did you come?	미래형	Will you come?
She does everything for them.	의문문	Does she do everything for them?
It gets cold outside.	의문문	Does it get cold outside?
She knows everything. *be동사가 아닌 know와 같은 일반적인 동사를 의문문이나 부정문으로 만들 때는 do/does/did 등을 사용합니다.	의문문	Does she know everything?
She knows everything.	의문+과거	Did she know everything?
She gets up at 7. *be동사가 아닌 get과 같은 일반적인 동사를 의문문이나 부정문으로 만들 때는 do/does/did등을 사용합니다.	부정문	She does not get up at 7.
He gets up late on the weekend.	부정문	He doesn't get up late on the weekend.
I work every day.	부정문	I don't work every day.
It works!	부정문	It doesn't work!

DAY 10. 동사 ③

PRACTICE 18

현재형 문장	해석 써보기
I feel sick	몸이 안 좋아. (토할 것 같아.)
Do you live around here?	근처에 사세요?
I am not a foodie, but he sure is.	나는 음식에 큰 관심이 없는데, 그 사람은 확실히 관심 있는 것 같아.
Do you know how to ride a bike?	자전거 탈 줄 아세요?
I'm sorry to hear that you're not well.	몸이 안 좋다니 유감입니다. (너 아파서 어떻게 해.)
Do you not eat meat?	고기는 안 드세요?
It takes a good two hours to get there.	거기까지 가는 데 두 시간은 족히 걸린다.
Do you want blue or red?	파란색으로 하실래요, 아니면 빨간색?
I promise I won't be late.	늦지 않겠다고 약속할게.
We live in a small apartment.	우리는 작은 아파트에 산다.
She doesn't like being late.	그녀는 늦는 걸 싫어한다.

현재형 문장	해석 써보기
It gets hot in summer here.	이곳은 여름이 오면 더워진다.
It snows every winter.	겨울에는 항상 눈이 온다.
A magnet attracts iron.	자석은 쇠를 끌어당긴다.

The moon orbits the earth.	달은 지구 주위를 돈다.
Water boils at 100 degrees Celsius.	물은 100도에서 끓는다.
None of us speaks Korean.	우리 중에 한국어 할 줄 아는 애가 없어.
It doesn't snow here.	이 지역에는 눈이 내리지 않아.
I have three sons.	나는 아들이 셋 있다.

현재형 문장	해석 써보기
I wear a suit to work.	나는 정장을 입고 출근한다.
We go to the movies on Sundays.	우리는 일요일마다 영화를 본다.
My mom never eats raw meat.	우리 엄마는 생고기를 절대 드시지 않는다.
I get up early in the morning.	나는 아침에 일찍 일어난다.
She eats a lot.	그녀는 많이 먹는다.
Mary watches a lot of TV.	Mary는 TV를 많이 본다.
My father smokes and drinks.	아빠는 담배도 피우고 술도 마신다.
She makes too many mistakes.	그녀는 실수를 너무 많이 한다.

PRACTICE 19

It is very rare 참 드문 일이다 **that ordinary people like John and myself** 존과 나처럼 이렇게 평범한 사람들이 **get ancestral halls** 유서 깊은 저택을 빌리는 건 **for the summer.** 여름 한 철을 지내려고 **A romantic colonial mansion,** 독립 전에 지어진 낭만적인 저택이라지만 **but I would say a haunted house,** 내가 보기엔 귀신 들린 집 같다. **"I think there is something weird about it.** 뭐가 살짝된 것 같아. **Else, why should it be let so cheaply?** 아니면 왜 이렇게 싸게 나왔겠어? **And why have left so long untenanted?"** 왜 이렇게 오랫동안 비어 있었을까? **John laughs at me, of course,** 존은 날 비웃었지만 **but one expects that in marriage.** 어차피 결혼 생활에서 그런 일은 자주 일어나니까 **John is practical in the extreme.** 존은 극단적으로 실용적인 사람이라 **He has no patience with faith, an intense horror of superstition,** 신앙이나 미신 이야기는 극도로 싫어하고 **and he scoffs openly at** 대놓고 비웃는다 **any talk of things not to be felt and seen.** 실제로 만질 수 없고 볼 수 없는 것들에 대해 이야기하면

존과 나처럼 이렇게 평범한 사람들이 여름 한 철을 지내려고 유서 깊은 저택을 빌리는 건 참 드문 일이다. 독립 전에 지어진 낭만적인 저택이라지만 내가 보기엔 귀신 들린 집 같다. "뭐가 잘못된 것 같아. 아니면 왜 이렇게 싸게 나왔겠어? 왜 이렇게 오랫동안 비어 있었을까?" 내 말에 존은 날 비웃었지만 어차피 결혼 생활에서 그런 일은 자주 일어나니까. 존은 극단적으로 실용적인 사람이라 신앙이나 미신 이야기는 극도로 싫어하고, 실제로 만질 수 없고 볼 수 없는 것들에 대해 이야기하면 대놓고 비웃는다.

PRACTICE 20

과거형 문장	해석 써보기
We all stayed in that hotel last month.	우리는 지난달에 모두 그 호텔에 묵었다.
We all had to stay in that hotel for a month.	우리는 모두 그 호텔에 한 달 동안 머물러야 했다.
They finally finished all the tasks when other teams arrived in the morning.	아침에 다른 팀들이 도착했을 때 그들은 마침내 모든 일을 끝냈다.
I lived in LA for two years when I was little.	나는 어렸을 때 LA에서 2년 동안 살았다.
Did you get home safely last night?	어제저녁에 집에 잘 들어갔어?
Did you tell them about us?	그 사람들한테 우리 이야기 했어?
When did you buy all this?	이걸 언제 다 산 거야?
Maggie was too nice a woman to cheat.	Maggie는 바람을 피우기엔 너무 착한 여자였다.
She cried, and I didn't know what to say.	그녀가 울었고, 나는 무슨 말을 해야 할지 몰랐다.
Mark broke my glasses.	Mark가 내 안경을 망가뜨렸다.
We often saw his dogs on his porch.	우리는 종종 그의 집 현관에서 개들을 보았다.
She was deserving of praise.	그녀는 칭찬받을 만했다.
He thought to himself how amazing it would feel.	그는 그렇게 된다면 얼마나 좋을지 혼자 생각했다.

PRACTICE 21

In my younger and more vulnerable years 내가 지금보다 더 어리고 여렸던 시절에 **my father gave me some advice** 아버지가 조언을 해주셨다 **that I've been turning over in my mind** 나는 이 말을 두고두고 되새기곤 한다 **ever since**. 그 이후로 "**Whenever you feel like criticizing anyone,** 남들을 이렇다 저렇다 평가하고 싶은 맘이 들거든 **he told me,** 아버지가 내게 말씀하셨다 "**just remember** 이 점을 명심해라 **that all the people in this world** 다른 사람들이 **haven't had the advantages** 좋은 조건을 타고난 게 아니라는 걸 **that you've had.**" 너처럼

내가 지금보다 더 어리고 여렸던 시절에 아버지가 하셨던 말씀이 있는데 나는 이 말을 두고두고 되새기곤 한다. "남들을 이렇다 저렇다 평가하고 싶은 맘이 들거든 이 점을 명심해라. 다른 사람들이 다 너처럼 좋은 조건을 타고난 게 아니라는 걸."

PRACTICE 22

미래형 문장	해석 써보기
It will be warm and foggy tomorrow.	내일은 따뜻하고 안개가 짙게 끼겠습니다.
I think it's going to rain.	비가 올 것 같아.
I will be there.	내가 그쪽으로 갈게.
The next few months are going to be very tough.	앞으로 몇 달간 아주 힘들 것 같다.
Who do you think will win this time?	이번에는 누가 이길 것 같아?
We will keep working on this issue.	저희는 이 문제에 대해 계속 연구할 예정입니다.
You'll be in time if you go now.	지금 출발하면 제시간에 도착할 거야.
Will Tom and Maggie be there?	Tom이랑 Maggie도 온대?
I'll give you a ride.	내가 태워줄게.
You'll never win this game.	넌 절대 이번 시합에서 우승하지 못할 거야.
We're going to buy a new house.	우리는 새집을 살 거야.
I'm going to bring some wine.	와인은 제가 좀 가져갈게요.

DAY 11. 동사 ④

PRACTICE 23

진행형 문장	해석 써보기
We are talking.	우리는 이야기 중이다.
It is raining.	비가 오고 있다.
It is snowing.	눈이 오고 있다.
It is not raining.	비가 오고 있지 않다.
Life is getting easier thanks to you.	네 덕에 사는 게 편해지고 있어.
My health is improving.	건강이 좋아지고 있다.
His health is failing.	그의 건강이 나빠지고 있다.
They are having a meeting.	그들은 회의 중이다.
My friends always ping me when I'm trying to study.	공부하려고 할 때마다 친구들에게 연락이 온다.
I'm listening to the news.	나는 뉴스를 듣고 있다.
You are being stupid. *'You are stupid.'와는 다른 뜻의 문장이죠? 행동을 설명할 때 being + stupid, smart, rude, ignorant, nervous, annoying이 쓰이면 (원래 그런 사람은 아닌데) '~처럼 굴다'라는 의미를 가지게 됩니다.	너는 바보처럼 굴고 있구나.
She's just messing with you.	(그녀는) 그냥 너에게 장난치는 거야.
What are you thinking about?	무슨 생각하고 있어?
She's growing so fast.	그녀는 아주 빨리 자라고 있다.
The universe is expanding.	우주는 팽창하고 있다.
The global population is growing exponentially.	세계 인구는 기하급수적으로 증가하고 있다.

진행형 문장	해석 써보기
I'm staying at my friend's house.	나는 (요즘) 친구 집에 묵고 있어.
I'm not feeling well today.	오늘은 몸이 안 좋아.
Maggie is working as a cashier.	Maggie는 계산대 점원으로 일하고 있다.
She's spending the winter in Sweden.	그녀는 (요즘) 스웨덴에서 겨울을 보내고 있다.
Do you know if he's still playing football these days?	그 사람 요즘도 축구 해요?
She's traveling a lot lately.	그녀는 최근에 여행을 많이 다니고 있다.
I'm studying at Harvard.	나는 하버드에 다니고 있다.
I'm watching new episodes of ⟨Modern Family⟩.	나는 (요즘) ⟨모던 패밀리⟩의 새로운 에피소드를 보고 있다.
My mom's always losing her car keys.	엄마는 항상 차 키를 잃어버린다.

PRACTICE 24

진행형 문장	해석 써보기
My English was improving.	내 영어 실력이 늘고 있었다.
Students were still waiting for their turn.	학생들은 여전히 차례를 기다리고 있었다.
Kids were growing up so quickly.	아이들은 아주 빨리 자라고 있었다.
She hurt herself when she was walking her dog.	그녀는 개를 산책시키다가 다쳤다.
I thought he was going to make dinner.	나는 그가 저녁을 준비할 거라고 생각했다.
We were talking over the phone when the doorbell rang.	초인종이 울렸을 때 우리는 통화 중이었다.
We were all sitting on the sofa when we heard the thud.	쿵 소리를 들었을 때 우리는 모두 소파에 앉아 있었다.
I told Sam that he was going to come to the dinner party.	나는 Sam에게 그가 저녁 파티에 올 것이라고 말했다.

DAY 12. 동사 ⑤

PRACTICE 25

완료형 문장	해석 써보기
Have you been to America?	미국에 가본 적 있어?
I have never been to America.	나는 미국에 가본 적이 없다.
I have been to Canada.	나는 캐나다에 가본 적이 있다.
How many times have you been to Canada?	캐나다에 몇 번 가봤어?
Have you ever seen a unicorn?	유니콘을 본 적이 있니?
I have known them for years.	나는 그들을 몇 년 동안 알고 지냈다.
I've only been there once.	거기에 한 번밖에 안 가봤어.
I have lived here for 10 years.	나는 여기서 10년째 살고 있다.
He has been here since this morning.	그는 오늘 아침부터 여기 있었다.
I have done it at least twice.	적어도 (그것을) 두 번은 해봤다.
Have you seen his movies?	그 사람(그 감독) 영화 본 적 있어요?
You haven't eaten much.	많이 안 먹었구나.
I've had enough of this job!	이 일은 이제 지긋지긋해!
This is the first time that I have lived alone.	혼자 사는 건 이번이 처음이다.
I have never lived alone.	나는 혼자 살아본 적이 없다.
Maggie has never lived alone.	Maggie는 혼자 살아본 적이 없다.
He has never lived alone.	그는 혼자 살아본 적이 없다.
I have written 10 books so far.	나는 지금까지 열 권의 책을 썼다.

I have already finished that book.	나는 이미 그 책을 다 읽었다.
I have not finished the book yet.	나는 아직 그 책을 다 읽지 못했다.
I've already seen that movie.	나는 이미 그 영화를 봤다.
We have just finished the project.	우리는 그 프로젝트를 방금 끝냈다.
I've just seen them at the bank.	방금 은행에서 그들을 봤다.
Have you finished your homework yet?	이제 숙제 다 했니?
Have you not finished your homework yet?	아직도 숙제 다 안 했니?
I have already finished it.	저는 이미 다 끝냈어요.
I've never seen anything like this before.	이런 건 전에 본 적이 없어요. (처음 봐요.)
How long have you been married?	결혼하신 지 얼마나 되셨어요?
I haven't played the piano since I left college.	나는 대학을 졸업한 이후로 피아노를 연주하지 않았다.

완료+진행형 문장	해석 써보기
How long have you been studying English?	영어를 공부한 지 얼마나 되었나요?
How long have you been working from home?	재택근무한 지 얼마나 되었나요?
Maggie has been working as a waitress.	Maggie는 식당 종업원으로 일하고 있다.
I have been reading 《Guns, Germs, and Steel》 for two weeks now. I'm enjoying it so much!	2주째 《총, 균, 쇠》를 읽고 있어요. 내용이 아주 흥미롭네요!
The gaming industry has been developing quickly.	게임 산업은 빠르게 발전하고 있다.
I have been going to church since I was a kid.	저는 어렸을 때부터 교회에 다녔어요.
I haven't been feeling well lately.	요즘 몸이 안 좋아.
We've been traveling for months.	우리는 몇 달째 여행 중이다.
We have been waiting here since 5.	우리는 5시부터 여기서 기다리고 있어.
She has been studying all day.	그녀는 온종일 공부하고 있다.
I have been going to school since last year.	나는 작년부터 학교에 다니고 있다.
It has been snowing since last week.	지난주부터 눈이 오고 있다.
He has been working really hard.	그는 정말 열심히 일해왔다.
She's been reading a book all day.	그녀는 온종일 책을 읽고 있다.
My mom's been cooking since this morning.	엄마가 아침부터 (시작해서 지금까지) 요리를 하고 계신다.

PRACTICE 26

완료형 문장	해석 써보기
She was feeling exhausted because she had just finished the race.	그녀는 경주가 막 끝나고 기진맥진했다.
I had lived there for 10 years, so I knew every nook and cranny of that place.	나는 (예전에) 그곳에서 10년 동안 살았기 때문에 구석구석 잘 알고 있었다.
She didn't know anything about rock climbing, so she had never heard of 'quick release buckle'.	그녀는 암벽 등반에 대해 전혀 알지 못해서 '퀵 릴리즈 버클'에 대해 들어본 적이 없었다.
They had not arrived yet when we left.	우리가 떠났을 때 그들은 아직 도착하지 않았다.
I had heard it was a grand exhibition of Jazz, so we decided to check it out.	(예전에) 재즈 전시회 중에 괜찮다고 들어서 함께 한번 가보기로 했어.
Miraculously, she had worked her way up to head of finance.	놀랍게도 그녀는 재무부 부장으로 승진한 상태였다.
They had known each other for 10 years.	그들은 서로 10년간 알고 지냈었다.
I remembered we had met before.	우리가 만난 적이 있다는 게 기억났다.
It was the first time that I had lived alone.	그때 나는 처음으로 혼자 살아봤다.

PRACTICE 27

영어 문장 및 힌트	해석 써보기
Did you lock the door?	문은 잠갔어?
The door is not locked.	문이 잠기지 않았어.
You all have to finish the job by tomorrow.	너희 모두 내일까지 일을 끝내야 해.
The job will be finished by tomorrow.	내일까지 일이 마무리될 거야.
You'll never get finished at this rate.	이런 식으로 하면 절대 일이 마무리되지 않을걸.
We are going to build a new mall.	우리는 새로운 쇼핑몰을 건설할 예정이다.
A mall is going to be built.	쇼핑몰이 하나 지어질 예정이다.
I have not sent the gifts yet.	아직 선물을 보내지 않았어.
The gifts have not been sent yet.	선물은 아직 발송되지 않았다.
I invited Gin over for dinner.	나는 Gin을 저녁 식사에 초대했다.
Gin was invited over for dinner.	Gin은 저녁 식사에 초대되었다.
He offered them a new job.	그는 그들에게 새 일자리를 제안했다.
They were offered a new job.	그들은 새 일자리를 제안받았다.
I can do this.	내가 할 수 있어.
This can be done.	이건 될(할) 수 있어. (처리 가능한 일이야.)
She took care of it.	그녀가 그 일을 처리했다.
It was taken care of (by her).	그 일은 (그녀에 의해) 처리되었다.
She was taking care of it.	그녀가 그 일을 처리하고 있었다.
It was being taken care of (by her).	그 일은 (그녀에 의해) 처리되고 있었다.
The deer was killed with an arrow.	사슴은 화살에 맞아 죽었다.
Curiosity killed the cat.	괜한 호기심이 고양이를 죽였다 (너무 많이 알려고 하지 마, 다쳐.)
Did you kill them?	네가 그들을 죽인 거야?
Mom gave me a bike for my birthday.	엄마는 내 생일에 자전거를 주셨다.
I have been given a present.	나는 선물을 받았다.
He was given a second chance.	그는 두 번째 기회를 받았다.
The door opened.	문이 열렸다.
Maggie opened all the doors and windows.	Maggie는 문과 창문을 모두 열어젖혔다.
Please forgive me.	용서해주세요.
He wanted to be forgiven.	그는 용서받기를 원했다.
She woke up and stretched.	그녀는 일어나서 기지개를 켰다.
She woke him as usual with a cup of black coffee.	그녀는 여느 때처럼 블랙커피 한 잔으로 그를 깨웠다.
Did you watch the game last night?	어젯밤에 경기 봤어?
We didn't know that we were being watched by the police.	우리가 경찰의 감시를 받고 있는지 몰랐어.
She invited us out to dinner.	그녀는 우리를 저녁 식사에 초대했다.
Sorry, but you are not invited.	미안하지만 넌 초대되지 않았어.
I looked at him and smiled.	나는 그를 보고 미소를 지었다.
This issue is now being looked at.	이 문제는 지금 검토 중이다.
They like being looked at.	그들은 시선을 즐긴다.
I already paid the rent last week.	나는 지난주에 이미 집세를 냈다.
We're going to get paid next week.	우리는 다음 주에 월급을 받는다.
I sent a letter to her.	나는 그녀에게 편지를 보냈다.
The army has been sent to defend the northern border.	북부 국경을 방어하기 위해 군대가 파견되었다.
She shouted at me.	그녀는 나에게 소리쳤다.

I hate to be shouted at.	누가 나에게 소리 지르는 거 질색이야.
I hate being shouted at.	누가 나에게 소리 지르는 거 질색이야.
They decided to cancel the meeting.	그들은 회의를 취소하기로 결정했다.
We decided to discontinue the volunteer program.	우리는 그 자원봉사 프로그램을 중단하기로 결정했다.
It was decided to discontinue the volunteer program.	그 자원봉사 프로그램은 중단하기로 결정되었다.
We made a series of transactions.	우리는 연이어 거래를 했다.
They were made to admit to the crime.	그들은 범죄를 시인하도록 강요받았다.
We made it clear that we didn't like the idea.	우리는 그 생각이 마음에 들지 않는다고 확실히 했다.
We elected him as our leader.	우리는 그를 지도자로 뽑았다.
He was elected President.	그는 대통령으로 선출되었다.
I always consider your feelings.	난 항상 네 기분을 생각해.
We are considering you for the project.	우리는 그 프로젝트에 너를 투입할까 생각하고 있어.
She was considered a genius.	그녀는 천재라고 여겨졌다.
It was initially considered impossible.	그것은 처음에는 불가능하다고 여겨졌다.
It is always considered rude to cancel a meeting at the last minute.	막판에 회의를 취소하는 건 항상 무례한 일로 여겨진다.
I called him yesterday.	나는 어제 그에게 전화했다.
I call him Christopher.	나는 그를 Christopher라고 불러.
I think he was called Christopher.	내 생각에 그는 Christopher라고 불렸던 것 같아.
I painted it purple.	나는 그것을 보라색으로 칠했다.
It was painted purple.	그것은 보라색으로 칠해져 있었다.
We catapulted rocks at the shop window.	우리는 가게 창문으로 돌을 던졌다.
She was catapulted out of the moving car.	그녀는 움직이는 차에서 튕겨져 나왔다.

DAY 15. 동사 ⑧

PRACTICE 28

① **too drunk to remember to shut the pop-holes** : 너무 취해서 닭장의 쪽문을 닫는 것을 잊은
② **dance from side to side** : 이리저리 흔들리다
③ **wish to communicate it to the other animals** : 그것을 다른 동물들에게 전달하기를 바라다(말해주고 싶어 하다)
④ **(be) ready to lose an hour's sleep** : 한 시간의 잠을 잃을 준비가 되어 있다(한 시간 정도 덜 잘 준비가 되어 있다)
⑤ **in order to hear something** : ~을 듣기 위해
⑥ **what he had to say** : 그가 할 말을
⑦ **the other animals began to arrive** : 다른 동물들이 도착하기 시작했다
⑧ **it was to make some cynical remark** : (그것은) 냉소적인 말을 하기 위해서였다
⑨ **he would say that he saw nothing to laugh at**. : 그는 웃을 일이 없다고 말하곤 했다.

DAY 17. 동사 ⑩

PRACTICE 29

기본 동사	+ 전치사/ 부사	구동사 의미
come 오다, 어떤 상태에 이르다	across 가로질러 along ~을 따라 back 뒤로, 다시 down 아래로 down with 아래로, ~와 함께 from ~부터 up 위로 in 안으로	우연히 발견하다, 마주치다 따라가다, (실력이) 나아지다 돌아가다, 돌아오다 추락하다, 무너지다 (감기 등) 병에 걸리다 ~에서 나오다, 출신이다 (싹이) 트다, 생기다 밀려들어 오다
look 보다	around 주변을 at 특정 장소를 콕 짚어서 back 고개를 돌려서 뒤로 down on 아래로 내려서 after 뒤를	둘러보다 ~을 자세히 살피다 돌아보다, 회상하다 업신여기다 건사하다, 돌보다
get 얻다	along with ~을 따라서, ~와 함께 on with ~위에, ~와 함께 by ~옆에 붙어 있는 away with 멀리, ~와 함께 back 뒤로, 다시 into 안으로	~와 잘 지내다 ~을 계속하다, 잘 지내다 그럭저럭 살다 교묘히 빠져나가다 돌아오다, 되찾다 ~에 들어가다, 시작하다
go 가다	after 뒤쫓아 against ~을 거슬러, 대항하여 away 멀리 back 뒤로 into 안으로 on 계속하여 through 관통하여 under 아래로	뒤쫓다 ~에게 반대하다, 저항하다 멀리 가다 되돌아가다 ~에 들어가다, 시작하다 계속하다 어떤 일을 겪다 파산하다
put (얹어)두다	aside 비켜서, 한쪽으로 away 멀리 back 뒤로 down 아래로 forward 앞으로 in 안에 on 위에 together 함께 up with 위로, 함께	제쳐놓다, 무시하다 저축하다, 치우다 제자리에 갖다놓다 내려놓다, 적어두다 의견을 내다 집어넣다, 시간을 들이다 ~을 입다, 바르다 조립하다, 합치다 참고 견디다
turn 돌리다, 돌다	against ~을 거슬러, 대항하여 around 빙 둘러, 주위에 back 뒤로 down 아래로 in 안으로 off 꺼진 on 켜진	의절하다, 등지다 방향을 바꾸다, 호전되다 되짚다, 되돌아가다 거절하다 제출하다, 잠자리에 들다 (가스, 불 등) 끄다 (가스, 불 등) 켜다

PRACTICE 30

동사	부정형	동사	부정형
have	have not / haven't do not have / don't have	has	has not / hasn't does not have / doesn't have
had	had not / hadn't did not have / didn't have	do	do not / don't

does	does not / doesn't	did	did not / didn't
will	will not / won't	would	would not / wouldn't
can	cannot / can't	could	could not / couldn't
may	may not	might	might not / mightn't
must	must not / mustn't	ought	ought not / oughtn't
shall	shall not / shan't	should	should not / shouldn't
need	need not / needn't	dare	dare not / daren't did not dare/ didn't dare

평서문	부정문
It is easy.	It is not easy.
They are nice.	They are not nice.
It was amazing.	It was not amazing.
They were rich.	They were not rich.
I have done it.	I have not done it. / I haven't done it.
I have money.	I don't have (any) money. I haven't (any) money.
She has many cars.	She doesn't have many cars.
They had something to eat.	They didn't have anything to eat.
I like her.	I don't like her.
She likes me.	She doesn't like me.
They came home last night.	They didn't come home last night.
I will bring wine.	I will not bring wine.
He would help us out.	He would not help us out.
I can decide what to do by myself.	I can't decide what to do by myself.
She could get the tickets.	She couldn't get the tickets.
There may be enough money to buy a new car.	There may not be enough money to buy a new car.
Jerry might want to come with us.	Jerry might not want to come with us.
You must do it!	You must not do it!
Audrey ought to be ashamed of herself.	Audrey ought not to be ashamed of herself.
We shall meet again.	We shall not meet again.
You should leave now.	You shouldn't leave now.
You need to worry about her.	You needn't worry about her. You don't need to worry about her.
I dare (to) go home.	I daren't go home.
I dare (to) say something negative about her.	I daren't say anything negative about her.
We stood there, knowing exactly what to do.	We stood there, not knowing exactly what to do.
They have been ordered to leave home.	They have been ordered not to leave home.
I try to break it.	Try not to break it.

DAY 18. 동사 ⑪

PRACTICE 31

−ed 형태 | have/ had/ will have done

My wallet **has been** stolen.	지갑을 도둑맞았다.
I **have been** there only once.	나는 그곳에 딱 한 번 가보았다.
I **have** already **rejected** that offer.	나는 이미 그 제안을 거절했다.
She **has forgotten** your name.	그녀는 너의 이름을 잊어버렸다.
They **had known** each other for 10 years.	그들은 서로 10년간 알고 지냈었다.
The concert **will have ended** by the time he joins us.	그가 올 때쯤이면 콘서트는 끝났을 것이다.

be −ed (~되다)

I **was rejected**.	거절당했어.
She **is** completely **forgotten**.	그녀는 완전히 잊혀졌다.
This dish **is prepared** by Daniel.	이 요리는 Daniel이 준비했어요.
I **was denied** that opportunity.	나는 그 기회를 거부당했다.
We **were challenged** by a patrol.	우리는 경비원에게 검문을 받았다.

−ed (~된, ~되어버린)

a **broken** vase	깨진 꽃병
the **forgotten** town	잊혀진 도시
a **used** car	중고차
faded memories	희미해진 기억들
used books	중고 서적들
a **fallen** leaf	떨어진 잎
vanished empires	사라진 제국
a **recently-built** apartment	최근에 지어진 아파트
a group of **concerned** parents	걱정하는 학부모들
a meeting of the **concerned** parties	관계자 미팅
We have our **well-read** staff.	우리에게는 책을 많이 읽는 직원들이 있다.
This is a **rejected** application.	이것은 거절된 신청서입니다.
The witnesses **questioned** gave different statements. (= The witnesses who were questioned gave different statements.)	심문을 받은 증인들은 서로 다른 진술을 했다.

콤마 + −ed (~되면, ~되어서, ~된 채로)

Rejected by his family, he cut all ties with the community. (= Because he was rejected by his family, he cut all ties with the community.)	그는 가족들로부터 거절을 당해 지역 사회와의 모든 관계를 끊었다.
Very **surprised** at the news, she became speechless.	그 소식에 매우 놀란 그녀는 할 말을 잃었다.
If **asked** to look after luggage for someone else, inform the police at once.	다른 사람이 짐을 맡아달라고 부탁하면 즉시 경찰에 신고하세요.
Hands **held** high, they marched into the church.	손을 높이 치켜든 채로 그들은 교회로 행진해 들어갔다.

−ing 형태 be/will be −ing

I have **been waiting** for you.	나는 너를 계속 기다렸어.
This dish **is being** prepared by Daniel.	이 요리는 Daniel이 준 비 중이다.
The air conditioners **are being** installed.	에어컨이 설치되고 있다.
His health **is failing**.	그의 건강이 나빠지고 있다.
She hurt herself when she **was walking** her dog.	그녀는 개를 산책시키다가 다쳤다.
I **will be meeting** with the staff.	나는 직원들과 만날 예정이다.

-ing (~하는 것)

Rejecting it would be a huge mistake.	거절하는 것은 큰 실수다.
Smoking is bad for you.	흡연은 몸에 해롭다.
a **sleeping** pill	수면제(수면 약)
I love **reading** romance novels.	나는 로맨스 소설을 읽는 것을 좋아한다.
My kids like **being** complimented.	우리 애들은 칭찬받는 걸 좋아해요.
The doctor suggested **having** a meal routine.	의사는 규칙적 식사를 하는 것을 권했다.

-ing (~하는, ~하고 있는)

falling leaves	떨어지는 잎
waiting trains	대기하고 있는 열차 여러 대
the **burning** log	불타는 통나무
exciting moments	신나는 순간들
interesting places	흥미로운 장소들
boring parties	지루한 파티들
a **mind-numbing** job	아주 지루한 일(직장)
her **inspiring** speech	그녀의 감동적인 연설
Who is that man **standing** over there?	저기 서 있는 저 사람은 누구야?
They are **meat-eating** animals.	그 동물들은 고기를 먹는다.
Maggie noticed her two sons **walking** along the beach.	Maggie는 해변을 따라 걷고 있는 두 아들을 보았다.
He is the man **making** me cry like a baby.	그는 나를 아기처럼 울게 만드는 사람이다.
She walked across the road **leading** up to the hotel.	그녀는 호텔로 이어지는 길을 건너갔다.

콤마 + ~ing (~해서, ~하면서, ~한 후에)

Maggie drifted in and out of sleep, **watching** an old black and white movie.	Maggie는 오래된 흑백영화를 보며 자다 깨다를 반복했다.
After **rejecting** his help, they packed and left.	그의 도움을 거절하고 그들은 짐을 싸서 떠났다.
Not **knowing** what to do, he called the police.	그는 어찌할 바를 몰라 경찰에 신고했다.
He said goodbye, **making** me cry.	그는 작별 인사를 했고, 나를 울게 만들었다.(만들면서)
Having lost all his money, he decided to kill himself. (Because he had lost all his money, he decided to kill himself.)	그는 돈을 몽땅 잃고 자살하기로 결심했다.
Everyone was so angry, **having been locked** up for so long.	모두 너무 오랫동안 갇혀 있어서 너무 화가 나 있었다.
Maggie noticed her two sons, **walking along** the beach.	Maggie는 해변가를 걷는 동안 자신의 두 아들을 발견했다.

*콤마는 의미 단위를 나누고 문장의 뜻을 명확히 하기 위해 사용됩니다.
마지막 문장 'Maggie noticed her two sons, walking along the beach.'에서 콤마를 빼면 해석은 전혀 달라집니다.
Maggie noticed her two sons walking along the beach. (여기서 해변을 걷고 있는 건 두 아들입니다.)
Maggie noticed her two sons, walking along the beach.
= Walking along the beach, Maggie noticed her two sons. (여기서 해변을 걷고 있는 건 Maggie입니다.)

*콤마 + 일반 동사 ing : ing 형태로 축약되는 경우 현재 진행형과 같은 느낌을 줍니다.
Maggie drifted in and out of sleep, watching an old black and white movie.
= Maggie drifted in and out of sleep, **and Maggie was** watching an old black and white movie.

*콤마 + having done : having (been/done) 형태로 축약되는 경우 일의 전후 관계를 알려줍니다.
Having lost all his money, he decided to kill himself.
= **Because he had lost** all his money, he decided to kill himself.

바른독학영어(바독영) 시리즈 2

나 혼자만 알고 싶은 영어책 매운맛(Vol. 1)

초판 1쇄 발행 2022년 3월 18일
초판 3쇄 발행 2023년 1월 6일

지은이 피유진

대표 장선희 **총괄** 이영철
책임편집 현미나 **기획편집** 이소정, 정시아, 한이슬
디자인 김효숙, 최아영 **외주디자인** 이창욱
마케팅 최의범, 임지윤, 강주영, 김현진, 이동희
경영관리 김유미

펴낸곳 서사원 **출판등록** 제2021-000194호
주소 서울시 영등포구 당산로 54길 11 상가 301호
전화 02-898-8778 **팩스** 02-6008-1673
이메일 cr@seosawon.com
블로그 blog.naver.com/seosawon
페이스북 www.facebook.com/seosawon
인스타그램 www.instagram.com/seosawon

ⓒ 피유진, 2022

ISBN 979-11-6822-047-8 13740

서사원은 독자 여러분의 책에 관한 아이디어와 원고 투고를 설레는 마음으로 기다리고 있습니다.
책으로 엮기를 원하는 아이디어가 있는 분은 이메일 cr@seosawon.com으로 간단한 개요와 취지, 연락처 등을 보내주세요.
고민을 멈추고 실행해보세요. 꿈이 이루어집니다.